JIAZU CAIFU GUANLI XILIE LUNCONG

家族财富管理系列论丛

U0611337

家族财富管理概论

JIAZU CAIFU GUANLI GAILUN

张洪君 代吉林 ◎ 编著

中国财经出版传媒集团

经济科学出版社

Economic Science Press

图书在版编目（CIP）数据

家族财富管理概论/张洪君，代吉林编著 . —北京：
经济科学出版社，2017. 12
（家族财富管理系列论丛）
ISBN 978 - 7 - 5141 - 8846 - 2

Ⅰ . ①家… Ⅱ . ①张… ②代… Ⅲ . ①家族-私营企
业-企业管理-财务管理-概论 Ⅳ . ①F276. 5

中国版本图书馆 CIP 数据核字（2017）第 314628 号

责任编辑：杜 鹏
责任校对：郑淑艳
责任印制：邱 天

家族财富管理概论

张洪君 代吉林／编著

经济科学出版社出版、发行 新华书店经销
社址：北京市海淀区阜成路甲 28 号 邮编：100142
总编部电话：010 - 88191217 发行部电话：010 - 88191522
网址：www. esp. com. cn
电子邮件：esp_bj@163. com
天猫网店：经济科学出版社旗舰店
网址：http：//jjkxcbs. tmall. com
北京季蜂印刷有限公司印装
710×1000 16 开 17. 75 印张 320 000 字
2017 年 12 月第 1 版 2017 年 12 月第 1 次印刷
ISBN 978 - 7 - 5141 - 8846 - 2 定价：38. 00 元
（图书出现印装问题，本社负责调换。电话：010 - 88191502）
（版权所有 翻印必究 举报电话：010-88191586）
电子邮箱：dbts@esp. com. cn

前　　言

　　家族企业是当今世界最主要的企业组织形式之一，它对推动世界经济的发展、促进就业、保证社会稳定起到了基础性作用。中国家族企业的发展曾有过辉煌的历史，但也曾消失匿迹。改革开放以来，中国家族企业再次成长起来并日益成为我国经济舞台上不容忽视的重要角色。当时间跨入新的纪元，伴随着家族财富不断积累和持续增长，家族企业的各种问题也随之而来：竞争红海、互联网冲击、代际传承、投资机会缺乏、国际化……西方发达国家用一两百年的时间才解决的家族企业难题却在我国改革开放不到四十年的时候集中爆发，让家族企业有些应接不暇。这些难题的破解，不仅需要国家宏观政策的支持、法律的完善、市场竞争秩序的优化，同时更需要一大批具有理论功底扎实、专业技能过硬、职业精神高尚的家族企业管理人才充实到家族企业中去，帮助我国家族企业再次焕发创业创新精神，在经济新常态和国际化道路上获取新的竞争力。

　　尽管关于经济管理和家族企业的研究论著浩如烟海，但相对缺乏针对家族及家族企业财富创造和管理的论著，这显然不能适应当前我国家族企业转型发展的需要。基于这一认识，我们编写了本书。

　　本书综合了国内外有关家族企业研究的各种学术理论和文献著作，以家族财富创造和家族财富管理作为全书的基本主线，以家族、家族企业、治理、组织管理、传承、财富管理、绩效评价等概念作为基本框架，力求基于家族文化和企业管理视角、家族企业的基本概念和发展过程、家族财富创造以及家族财富管理三个方面对有关家族企业各个方面内容进行概括式的归纳和总结。

　　本书由宁波大红鹰学院张洪君教授、代吉林教授进行全书策划、统稿和总纂。全书共三篇11章，参编人员具体分工如下：第一章由代吉林执笔，第二章由朱玲执笔，第三章由伍兆祥执笔，第四章由李强执笔，第五章由高雯执笔，第六章由代吉林和恒昌财汇宁波分公司张爱丽经理执笔，第七章由李繁执笔，第八章由张洪君执笔，第九章由许宁、应韵执笔，第十章由任培政执笔，第十一章由马春光执笔。

　　本书的创新之处在于，融合了有关家族企业最经典的研究理论和最新研究成果，而且每一章都有案例分析，从而更好地帮助读者学习和理解。

由于家族财富管理是一个兼具理论性、实践性、艺术性的主题，因此，一本论著难以完全囊括，再加上编著者水平有限，其错误疏漏在所难免，敬请读者谅解和指正。

编　者

2017 年 11 月

目 录

第一篇　家族财富管理导论

第二篇　家族财富创造：创业与成长

第三篇　家族财富管理：传承与守成

第一篇　家族财富管理导论

第一章 家族与企业

第一节　家庭与家族

一、家庭的概念

（一）家庭的出现与演变

家庭并不是同人类和人类社会一起产生的，它是生产力及人类意识发展到一定阶段的产物。人类迄今为止，共经历了四种家庭形态：血缘家庭、亚血缘群婚、对偶家庭和个体家庭。这四种家庭形态是由四种婚姻形态决定的，即血族群婚、亚血族群婚、对偶群婚和一夫一妻制的个体婚姻。前三种是原始的群体婚姻和群体家庭，后一种是现代的个体婚姻和个体家庭。

所谓血族群婚就是同一辈的兄弟姐妹互为夫妻，对应产生血缘家庭。如传说中伏羲和女娲兄妹成婚，繁衍出人类。亚血缘群婚又叫族外群婚，是指婚配必须在两个原始群之间进行，而且仍然限制在相当的行辈之内，对应产生了亚血缘家庭。族外群婚的一个特点在于，婚姻生活的对象是不固定的，本氏族同一辈的所有妇女，把另一氏族同一辈的所有男子视为夫，反之亦然。由于婚姻生活对象不固定，所生孩子不能确知其生父，孩子也就随其母亲生活，属于母亲氏族成员，血统按母系计算，同父亲们的氏族没有关系。对偶群婚是从群婚到个体婚姻的过渡，基本属于群婚范围的婚姻形态。不过在这个阶段，女子出现主夫，男子出现主妻，主妻和主夫较长时间地组织成一个家庭，这就是对偶家庭。个体婚姻是从对偶群婚中产生的。在对偶群婚中，随着主夫和主妻不能随意随时离异和更换，一夫一妻制的个体婚姻就出现了，并逐渐在习惯和法律上固定下来。这也就是我们现代所讲的家庭。

（二）家庭的概念

汉语中家庭的"庭"，本义就是庭院、院落。在早期的古代文献中，"家"指家庭，"家庭"的意思是家的庭院。给"家庭"一词赋予今天人们通常理解的含义，是较晚的事情了。

所谓家庭，就其一般性的特征说来，是以特定的婚姻形态为纽带结合起来的社会组织形式。按其性质来说，可以分为群体家庭和个体家庭。群体家庭是原始社会中以群婚为纽带结合而成的家庭形式，是同当时的原始人群和氏族结合在一起的。个体家庭或称为现代家庭，出现于原始社会末期，以一夫一妻的个体婚姻为纽带，是最基础的婚姻、经济和社会生活单位。与群体家庭不同之处在于，个体家庭从附属于氏族的单纯的婚姻社会单位变成一个独立的婚姻、经济和社会生活单位。

（三）家庭的特征与功能

家庭是现代社会最基础的婚姻、经济和社会生活单位，同时扮演着相应的功能。

首先，家庭是一个婚姻生活单位。人们被组织在家庭中，按照特定的婚姻制度和道德规范过着婚姻生活，生育和抚养子女，同时进行两性生活的管理。

其次，家庭是一个经济生活单位。人们以家庭为单位进行生产和消费。其特点在于"同居、共财、合爨①"。"同居"表示家族所有成员长期稳定地居住在一所或毗邻的几所房屋之内，或者登记在国家的一个户籍之中；"共财"表示家族的全部生产资料和生活资料为全体家族成员所共有；"合爨"，就是在一个锅里吃饭。

最后，家庭是一个社会生活单位。人们以家庭为单位教育后代，为其婚配，保障成员的安全等。

（四）家庭结构类型

所谓家庭结构类型，是以家庭中夫妻对数和代数为依据来划分的。家庭结构类型一般分为核心家庭、主干家庭、联合家庭、单亲家庭和重组家庭等。

1. 核心家庭

核心家庭是指由已婚夫妇和未婚子女或收养子女两代组成的家庭。核心家庭

---

① 爨：音 cuàn，表示烧火做饭。

已成为我国主要的家庭类型。核心家庭的特点是人数少、结构简单，家庭内只有一个权力和活动中心，家庭成员间容易沟通、相处。其核心要素是：一对夫妇，未婚子女或未婚孙辈或无子女。

2. 主干家庭

主干家庭又称直系家庭，是指由两代或两代以上夫妻组成，每代最多不超过一对夫妻，且中间无断代的家庭。在我国，主干家庭曾为主要家庭类型，但随着社会的发展，此家庭类型已不再占主导地位。主干家庭特点是家庭内不仅有一个主要的权力和活动中心，还有一个权力和活动的次中心存在。其核心要素是：两对夫妇或以上，且直系（纵向）关系。

3. 联合家庭

联合家庭是指包括父母、已婚子女、未婚子女、孙子女、曾孙子女等几代居住在一起的家庭。联合家庭的特点是人数多、结构复杂，家庭内存在一个主要的权力和活动中心，以及几个权力和活动的次中心。其核心要素是：至少两对夫妇，关系是横向的，也可以是直系和横向并存。

4. 单亲家庭

单亲家庭是指由离异、丧偶或未婚的单身父亲或母亲及其子女或领养子女组成的家庭。单亲家庭的特点是人数少、结构简单，家庭内只有一个权力和活动中心，但可能会受其他关系的影响。此外，经济来源相对不足。其核心要素是：离异、丧偶或未婚。

5. 重组家庭

重组家庭是指夫妇双方至少有一人已经历过一次婚姻，并可有一个或多个前次婚姻的子女及夫妇重组的共同子女。重组家庭的特点是人数相对较多、结构复杂。

二、家族的概念与特征

（一）家族的概念

"族"原指盛箭矢的袋子，把许多支矢装在一起叫族（即"簇"）。用它来命名家族的族，就是很多家庭聚集在一起的意思。因此，家族是以家庭为基础的，是指同一个男性祖先的子孙，虽然已经分居、异财、各爨，成了许多个体家庭，但是还世代相聚在一起（比如共住在一个村落之中），按照一定的规范，以血缘关系为纽带结合成为一种特殊的社会组合形式。

因此，所谓家族，从狭义上说，是指血缘关系较近、经济联系密切但又不同居共炊共财的父系组织。当然，到了现代社会，在市场经济的冲击下，家族的概念已经变得不像过去那么严格，不仅包括纵向的血缘关系的父族，横向的以姻缘关系为主的母族和妻族通常也被看做家族成员。

（二）家族关系结构

一般来说，家族是由两个或两个以上有共同男性祖先的家庭组成的。在中国文化背景下，家族是由九族或五服内的所有亲属（户及户内成员）所形成的群体。所谓"九族"，是指从高祖到玄孙的九代宗亲；所谓"五服"，是指"斩衰"、"齐衰"、"大功"、"小功"和"缌麻"五种丧服服饰。其中，穿"斩衰"服饰，表明与死者的血缘关系最亲密。"齐衰"、"大功"、"小功"和"缌麻"服饰所表明的亲密程度依次降低。基于血缘和姻亲关系的家族结构如图1-1所示。

家族关系结构是从"九族"、"五服"的角度予以理解的。事实上，从高祖到玄孙共九代人，几乎不可能同时活在世上，因此，实际生活中的家族关系远没有图1-1中所显示的那样复杂。

基于"九族"、"五服"角度界定的家族概念，其经济基础来自于小农经济为主、人口流动性差的农业经济社会，因而对家族成员的限制非常严格。而在现代市场经济社会，人口流动频繁性、家庭结构小型化以及家族成员通常不在同一个地区居住，家族概念也不再如以往那样严格。女性后裔的配偶（婿）和子女以及男性后裔配偶（妻）的兄弟姐妹及父母也常常被纳入家族成员的范围之内。因此，在市场经济的影响下，家族结构或者家族关系就相对扩大了，常常把姻亲也纳入泛化的家族概念之中。如图1-2所示。

（三）家族的特征与功能

1. 家族关系具有复杂性特征

家族是各个家庭通过血缘、姻缘关系维系在一起，涉及多个家庭、多种关系、多级层次，因而具有很高的复杂性。

2. 家族管理具有制度化特征

在中国，家族内各个家庭能够维系在一起，不仅要依赖于血缘关系，还要通过祠堂、族长和族规、族谱、族田等一系列的习俗和制度。其中，宗祠是家族的标志，是祭祖的圣地，是家族精神的象征。宗祠同时也是家族事务的管理机构。

				高祖父母 齐衰三月				
			曾祖姑 在室缌麻 出嫁无服	曾祖父母 齐衰五月	曾伯叔祖 父母 缌麻			
		族祖姑 在室缌麻 出嫁无服	祖姑 在室小功 出嫁缌麻	祖父母 齐衰不杖 期	伯叔祖父 母 小功	族伯叔祖 父母 缌麻		
	族姑 在室缌麻 出嫁无服	堂姑 在室小功 出嫁缌麻	姑 在室期年 出嫁大功	父母 斩衰三年	伯叔父母 期年	堂伯叔父 母 小功	族伯叔父 母 缌麻	
族姐妹 在室缌麻 出嫁无服	再从姐妹 在室小功 出嫁缌麻	堂姐妹 在室大功 出嫁小功	姐妹 在室期年 出嫁大功	己身	兄弟 兄弟妻 小功	堂兄弟 大功 堂兄弟妻 缌麻	再从兄弟 小功 再从兄弟 妻　无服	族兄弟 缌麻 族兄弟妻 无服
	再从侄女 在室缌麻 出嫁无服	堂侄女 在室小功 出嫁缌麻	侄女 在室期年 出嫁大功	子　期年 长子妇 期年 众子妇 大功	侄 期年 侄妇 大功	堂侄 小功 堂侄妇 缌麻	再从侄 缌麻 再从侄妇 无服	
		堂侄孙女 在室缌麻 出嫁无服	侄孙女 在室小功 出嫁缌麻	嫡孙 期年 嫡玄妇 小功 众孙　大功 众玄孙 缌麻	侄孙 小功 侄孙妇 缌麻	堂侄孙 缌麻 堂侄孙妇 无服		
			曾侄孙女 在室缌麻 出嫁无服	曾孙 缌麻 曾孙妇 无服	曾侄孙 缌麻 曾侄孙妇 无服			
				玄孙 缌麻 玄孙妇 无服				

图 1 - 1　家族关系结构

注：（1）"期年"即杖期，为齐衰中的一种，服期一年。（2）"无服"指祖免亲，仍属亲属。遇丧葬则服素服，尺布缠头（与非亲属仍有区别）。

资料来源：韩海浪. 家族研究中的几个概念问题［J］. 学海，2001.

族长是家族中的领导者，主持分家、立嗣、财产继承及调解纠纷。族规则是家族成员需要遵从的管理条例。族谱是家族联系的纽带，也是家族历史。

3. 家族具有一定的经济职能

家族还具有一定的经济职能，族田则是家族的经济命脉，为家族活动提供了物质基础。比如，利用族田赡养孤寡老人或孤儿等。

4. 家族具有防御功能

当遇到外部侵犯时，家族还能够将成员组织起来抵御外部侵略。宗族居住群落具有防御功能。比如，我国福建民居土楼即为典型的家族聚居建筑，一座土楼

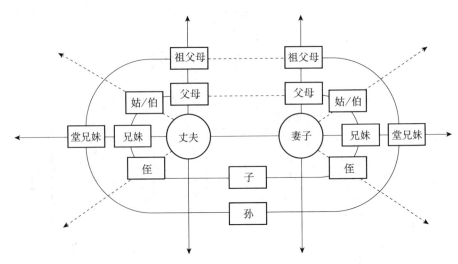

图 1-2　扩大的家族关系基本结构

可以居住数十户到上百户家族成员。这种土楼在结构设计上不仅具备居住生活功能，同时也具备对外防御功能。

（四）家庭和家族的关系

家庭和家族既有相同的一面也有不同之处，因此，不可以将家庭等同于家族。

1. 家庭和家族的统一性

家庭和家族的关系，主要是个体和群体的关系。其中，家庭是个体，是基础；家族是群体，是多个家庭的组合。

2. 家庭和家族的差异性

两者的区别在于是否"同居、共财、合爨"。因此，人数多寡并不是区分家庭和家族的指标。如果一个大家庭有几百上千人口，聚居于一个村落，且没有分家别籍时，家庭和家族就是合而为一的。当然，这种情况在历史上是非常少见的。

三、中国近现代家族制度的变迁

中国几千年自给自足的农业社会为家族的产生、存在和繁衍提供了自然和物质经济条件。但随着大规模工业化、城市化的到来，劳动力人口的地区性迁移，以及国家政策制度的影响，家族制度在近现代开始出现弱化甚至消失的现象。

（一）家族制度的弱化

明末至清，特别是清末及民国，由于商品经济的发展和资本主义列强的入侵，中国自给自足的自然经济基础遭到破坏，近代资本主义工商业逐渐出现；戊戌变法到辛亥革命推翻了封建君主专制制度，从而动摇了家族制度的经济和政治基础；五四运动对封建家族制度及其伦理进行了抨击，家族制逐渐弱化。

（二）家族制度的消失

1949 年，中华人民共和国成立以后，我国对农村进行了一系列的社会改造，农村发生了巨大变化。农民走上了集体化的道路，土地、生产工具均入了公社，成为集体的财产，农民参加集体生产，靠工分进行分配，家庭只是生活单位，集体组织代替了家族的主要功能。因此，家族制度的经济和政治基础被摧毁了，宗祠、族长、家谱、族田、族规也随之消失了。

（三）家族制度的复苏

党的十一届三中全会是新中国成立以来中国历史上具有深远意义的转折。经济体制的改革使农村实行家庭联产承包责任制，集体所有的土地长期包给各家农户使用。农民可以自主支配自身和家庭的劳动力去从事农业或非农业生产及经营活动。家庭原有的地位和功能又得到恢复，家族的势力也逐渐活跃起来，并在政治、经济和社会中起着积极或消极的作用。

在我国，家族企业无疑是私有企业或者称私营企业的主体形态。中国家族企业的发展经历了四个阶段：第一阶段，1978～1987 年。1978 年 12 月党的十一届三中全会以后，私营企业开始萌芽探索。第二阶段，1988～1991 年。1988 年国家颁布了《私营企业暂行条例》，私营企业得到了立法保护。第三阶段，1992～1996 年。1992 年春邓小平同志"南方谈话"，鼓励私营企业发展。第四阶段，1997 年党的十五大肯定了非公有制经济是社会主义市场经济的重要组成部分，私营企业进入稳步发展阶段。

第二节　家族企业的概念与特征

一、企业的概念

（一）企业的出现与演变

人类社会最早的生产组织是氏族和部落，到原始社会末期，家庭成为重要的生产组织形式。原始社会解体后，奴隶主庄园经济和封建庄园经济相继成为社会的主导经济形式。商品生产还是交换，基本上是以个人和家庭为主。商品生产的主要单位是手工业作坊。

18 世纪工业革命前后，随着生产力的提高和商品生产的发展，作为社会基本经济单位的企业开始大量出现。随着社会生产力的进一步发展，企业技术装备的不断现代化，现代企业开始出现。以工业企业为例，它是在简单协作的手工作坊的基础上，逐步发展为工场手工业，最后才发展为以现代机器技术为基础的工厂制度，即现代工业企业。

企业的发展经历了"工场手工业、工厂制、现代企业制"三个时期。

工场手工业在 16 世纪开始兴起，到 18 世纪中叶发展到顶峰，主要出现在采矿、冶金、造船、建筑等行业。其特点主要是，在手工工场中，资本和劳动已实现初步的分离，即工场主不再参加劳动，成为专业的经营管理者，负责提供场地、设备、原料，雇用工人进行生产；劳工出卖自己的自由劳动力，成为纯粹的工资劳动者。

工厂制是在 18 世纪后半叶的工业化早期阶段，随着机器大规模使用而在英国出现的，是在工场手工业的基础上发展起来的。因此，马克思对此曾这样阐述："通常都是先经过手工业生产，然后经过工场手工业生产的过渡阶段，最后到达工厂生产。"① 工厂制的主要特征包括：资本高度集中，尤其是固定资本在工厂总投资中所占比重明显上升；劳动力高度集中，劳动分工进一步增强，劳动生产率大大提高；通过规范化和制度化管理来保证生产的有序进行。

现代企业制度或现代公司制是在 16 世纪末及 17 世纪初荷兰和英国的特许贸易公司（charted trading company）、19 世纪初期的特许专营公司（franchised corporations）、18 ~ 19 世纪的合股公司或股份公司（joint-stock company）的基础上衍生出来的。1856 年，英国议会确认了注册公司对债务的有限责任制，从而确立了现代公司制度的基本框架。生产力的不断发展带动着公司规模的日益扩大，大公司的股权在第一次世界大战以后出现分散化趋势，高层管理逐渐移到支薪雇员手中，现代企业制度开始形成。美国经济学家钱德勒在其名著《看得见的手》中指出，现代公司源于 19 世纪 80 年代开始的大规模生产和大规模销售的结合。在公司从事多方面经营活动的情况下，企业的经营管理只能交由专业经营人员来负责，于是，公司制企业就从旧时的"企业主企业"（entrepreneurial enterprises）

---

① 马克思，郭大力、王亚南译. 资本论：政治经济学批判（第 1 卷）［M］. 北京：人民出版社，1964：504.

演化为现代的"经理人员企业"（managerial enterprises）①。钱德勒由此对现代企业做出了界定：由一组支薪的高、中层经理人员所管理的多单位企业，就可以恰当地被称为现代企业。这种企业在 1840 年的美国还不存在。到第二次世界大战时，这类公司已在美国经济的许多部门中成为占优势的企业制度。现代公司有两个鲜明的特点：第一，公司是一个法人团体（corporation），具有法人地位（the status of legal-person），由此确保股东只在其出资范围内对公司债务负有限责任；第二，公司是由一个法人治理结构（corporate governance）即由所有者、董事会和高级经理人员三方共同管理，彼此制衡。

（二）企业的概念与特征

"企业"来源于英语中的"enterprise"。它由两部分组成，即"enter-"和"prise"。前者表示"获得，开始享有"，可以引申为"盈利、收益"；后者表示"撬起、撑起"，可以引申为"杠杆、工具"。两个部分结合在一起，表示"获取盈利的工具"。

美国《现代经济词典》将企业定义为：设在一定地点、拥有一个或一个以上雇员的工厂、商店或办事机构。

《中国企业管理百科全书》将企业定义为：从事生产、流通等经济活动，为满足社会需要并获取盈利，进行自主经营，实行独立核算，具有法人资格的基本经济单位。

从上述定义中可以看出，企业主要具备如下基本特征。

1. 企业是一种商业性组织

企业作为从事商品（或劳务）生产经营活动的基本经济单位，所从事的活动具有明显的商业性，是为卖而买、为交换而生产、为社会消费而生产经营并以盈利为目的。

2. 企业是一种营利性组织

企业经营的目的是为了盈利，它是从事商品生产和经营的社会组织。一些社会组织也是以市场为导向，但经营目的是非盈利的，因而就不是企业，例如学校。

3. 企业是具有法律独立性的组织

企业必须严格依照法律程序，经由工商行政管理机关核准登记才能设立，并

---

① 钱德勒. 看得见的手——美国企业中的经理革命（中译本）[M]. 北京：商务印书馆，1987：1-6，571-591.

要在规定的经营范围和期限内进行生产经营活动。它是具有民事权利能力和民事行为能力、独立享有民事权利和承担民事义务的组织，它拥有自己能够独立支配和管理的财产，并达到法定界线。这是企业的人格特征。

（三）企业的类型

按照不同标准，企业可以划分为不同的类型。如表 1-1 所示。

表 1-1　　　　　　　　　　　　　　　　企业类型

划分标准	企业类型
所属行业	农业企业、工业企业、建筑安装企业、运输企业、商业企业、物资企业、邮电企业、旅游企业、金融企业和服务企业等
生产要素比重	劳动密集型、资本密集型、知识密集型
所有制形式	国有企业、集体企业、私营企业、合资企业及外资企业
企业规模	特大型企业、大型企业、中型企业和小型企业
财产的组织形式	个人独资企业（个人业主制企业）、合伙企业、公司制企业

二、家族企业的概念与特征

家族企业自 18 世纪工业革命时代产生起，在 200 多年的发展历程中，始终在全球经济活动中扮演着重要的角色。根据克林·盖尔西克（1997）的研究，由家族所有或经营的企业在全世界企业中占 65% ~ 80%，世界 500 强企业中有 40% 由家族所有或经营，许多名声显赫的大公司如杜邦、福特、柯达、安利、摩托罗拉等都是家族公司。在欧洲，43% 的企业是家族企业，在亚洲特别东南亚华人社会中，家族企业这种组织形式更是非常普遍。据一项统计表明，在东南亚各国和地区中，最大的 15 个家族控制的上市公司总值占其国内生产总值的百分比是非常高的，如中国香港为 84.2%，马来西亚为 76.2%，新加坡为 48.3%，菲律宾为 46.7%，泰国为 39.3%。中国自改革开放以来，由家族所有或经营的企业发展极为迅猛，特别是在东南沿海一带。著名管理学家德鲁克曾指出，大部分企业——包括美国的和所有其他发达国家的——都是由家族控制和管理的。因此，家族企业不论在发达国家还是发展中国家都有着极其重要的现实价值。

（一）家族企业的概念

家族企业并不是一个在经济法意义上可以注册登记的企业组织名称，也不是一个仅仅从经济学角度就可以界定清楚的企业组织，它还具有社会学和文化人类学的特征，因此，可以从不同的视角予以界定。

1. 资本所有权的视角

盖尔西克（1998）指出，家族拥有所有权是界定家族企业最重要的指标。

Donckels 和 Frohlich（1991）认为，如果某一家庭（或家族）的成员拥有一个企业 60% 的财产所有权，则该企业就是家族企业。但其他学者如 Hayward（1992）、Reynolds（1995）则认为，家族控制 50% 资产所有权的企业就是家族企业。

实际上，由于不同家族企业的财产所有权的集中程度不同，再加上不同国家或地区有关公司法的差异，所以用一个明确的量化标准来界定家族企业是不太合适的。比如，在西方发达国家，一些大企业的股权非常分散，家族成员拥有不到 10% 的股权就可以达到控股。而在华人家族企业中，这个比例却高很多。

美国著名经济学家小艾尔弗雷德·D. 钱德勒（1977）在《看得见的手——美国企业的管理革命》一书中对家族企业给出了一个定性的界定，即企业创始者及其最亲密的合伙人（和家族）一直掌有大部分股权，他们与经理人员维持紧密的私人关系，且保留高阶层管理的主要决策权，特别是在有关财务政策、资源分配和高阶人员的选择方面。

我国台湾学者叶银华（1999）认为，家族持股比例大于临界控股持股比例时，就可以认定为家族企业。

2. 经营控制权的视角

我国学者孙治本（1995）提出，当一个家族或数个具有紧密联盟关系的家族直接或间接掌握一个企业的经营权时，这个企业就是家族企业。所谓直接掌握经营权是指家族成员亲自担任企业的主管；该家族或家族联盟可能拥有也可能未拥有企业过半数的股份。间接掌握则指企业主管由外来专业经理人担任，作为企业主要所有者的家族或家族联盟，系透过外来专业经理人间接掌控企业的经营。

3. 家族参与程度的视角

哈佛大学教授 Robert G. Donnely 认为，家族企业是指同一家族至少有两代参与这家公司的经营管理，并使公司的政策与家族利益和目标有相互影响的关系。

Churchill 和 Hatten（1997）指出，家族企业的重要特征是有家族关系卷入企业的管理，并且权杖的交接是在家族成员间以非市场导向的方式进行。

4. 所有权和经营权统一的视角

潘必胜（1998）认为，当一个家族或数个具有紧密联盟关系的家族拥有全部或部分所有权，并直接或间接掌握企业经营权时，这个企业就是家族企业。

5. 社会关系网络及文化的视角

前述有关家族企业的定义主要建立在所有权和经营权的基础上，事实上，家族企业由于涉足了复杂的家族关系，因此，还可以从社会关系网络和文化视角上予以理解。这一点在华人家族企业中显得尤为突出。

由于家族文化的存在，家族企业的运营也会受到家族文化规则的深刻影响。雷丁（1993）认为，华人家族企业"实质上是一种文化产物"。我国学者储小平（2004）认为，华人家族企业是一种组织行为受到家族文化规则影响的经济组织。

因此，在考察家族企业的概念时，从多个视角予以思考和把握，才能够较为全面地理解家族企业的基本内涵和性质。

基于上述定义，本书对家族企业做出了如下界定。所谓家族企业就是符合如下条件的企业组织类型：（1）家族拥有企业的全部或部分所有权，企业直接或间接被家族控制；（2）家族成员参与企业日常决策和管理活动；（3）家族文化对企业成长有着重要的影响；（4）家族为企业成长提供各种资源，企业为家族提供财富回报。

（二）家族企业的特征

1. 集中型产权特征

一般而言，家族企业的产权具有集中化特征，即企业主家庭或家族在企业所有权结构中常常占绝对优势。这一点在华人家族企业中尤为普遍。这种集中型股权在家族企业创业初期因为能够获取家族资源支持、提高决策速度、降低代理成本而极大地促进了企业的发展，但当家族企业发展到一定阶段时，这种集中产权因为限制了市场资源（包括财务资源和人力资源）的进入、不愿分权、决策失误概率增大而成为企业成长的掣肘。

2. 二元系统结构特征

家族企业是家族系统和企业系统的融合，从而使家族企业出现二元系统的管理特征。家族系统和企业系统在动力机制、生命周期、人事关系、价值观等方面均存在着巨大差异（如表 1 - 2 所示），所以家族企业在结构上存在先天的矛盾。

表 1 - 2　　　　　　　　　　　家族企业二元系统结构特征

家族系统	企业系统
血缘关系是永久的	员工关系是暂时的
无条件接受要求	要求绩效和表现
互相关怀	培育人才
根据家庭里的辈分确定	根据在企业里的角色和职务
非正式的行为关系	正式的雇佣关系
培养子女成年	获取利润
世代相传的人生周期	有限的工作和生产周期

资料来源：张强. 自家人、自己人和外人——中国家族企业的用人模式［J］. 社会学研究，2003（1）.

3. 强烈的家族主义文化特征

所谓家族主义就是一种以家族利益至上的思想意识和行为表现。这种家族主义会影响家族成员的价值观，同时也会对企业的管理和文化产生深刻的影响。家族主义文化的优势在于能够实现家族团结，形成凝聚力和共同目标，激发家族成员吃苦耐劳和互帮互助的精神，推动家族创业成功，促进家族企业成长。

但家族主义文化的劣势也非常明显，有时甚至是致命的。家族主义文化的排他性特征，使在用人方面常常以任人唯亲为主要原则，导致非家族成员很难得到家族的信任和重用。随着家族企业规模的扩大、企业管理复杂性的上升，家族主义排他性就会不断加剧日益加深的专业化分工与专业化管理水平低下之间的矛盾，为企业的进一步成长带上思想意识枷锁，企业常常由此而走向衰败。

（三）家族企业的类型

一般来说，根据家族成员对企业所有权和经营权掌握情况的不同，可以把家族企业分为以下三种类型。

1. 家族所有型

在这种类型的家族企业中，家族是企业的所有者，但不参与企业的经营。企业的具体运作由非家族成员进行。这种情况虽然存在，但不多见。

2. 家族经营型

这种类型的家族企业中，家族成员不是企业的所有者，只负责对企业进行经营。例如，家族成员通过对某一企业的承包，在一定时期内和一定程度上拥有较大的经营权。这种情况在中国的集体乡镇企业中曾比较常见。

3. 混合型

这类家族企业的成员既拥有全部或部分所有权又完全或部分控制经营权。

表1-3对这三类家族企业作了简要比较。

表1-3　　　　　　　　　三种类型家族企业的特征比较

类型		特征		
		"两权"关系	优点	缺点
I	家族所有型	分离	易发挥职业经理人优势	易失去对企业的控制
II	家族经营型	分离	经营者之间较易协调、企业内信息传递成本较低	家族成员的经营者易与所有者发生冲突
III	混合型：所有与经营完全一体化	合一	较易实施有效的激励机制	企业发展受到经营者素质限制
	全部所有权、部分经营权	部分分离	较易发挥职业经理人的优势	较易产生内部人控制
	全部经营权、部分所有权	部分分离	经营者之间比较容易协调	存在与非家族成员冲突的可能性，内部人控制较严重

资料来源：于立，马丽波，孙亚锋. 家族企业治理结构的三环模式［J］. 经济管理，2003（2）.

（四）家族企业的生命周期

伊查克·麦迪思在其《企业生命周期》一书中以人的生命过程来划分企业的生命周期，把企业划分为三个阶段九个时期：（1）成长阶段，包括孕育期、婴儿期、学步期；（2）成熟阶段，包括青春期、盛年期前期、盛年期后期；（3）老化阶段，包括贵族期、官僚期和死亡期。

麦迪思认为，企业的每个阶段和时期都有自己特定的矛盾与需要解决的问题，每个阶段都可以通过灵活性和可控性两个指标来体现：当企业初建或年轻时，充满灵活性，做出变革相对容易，但可控性较差，行为难以预测；当企业进入老化期，企业对行为的控制力较强，但缺乏灵活性，直到最终走向死亡。伊查克·麦迪思对企业生命周期的划分如图1-3所示。

美国学者盖尔希克（Kelin E. Gersick）及其合作者推出了家族企业发展的三维模型（如图1-4所示）。

盖尔西克将企业的发展分为初创期、扩张期和成熟期，并从所有权的发展、家族成员在企业中的发展两个维度来说明家族企业不同发展阶段的特征。该模型较好地将家族成员在家族企业中工作的生命周期、企业的生命周期与家族企业所有权之间联系起来，清晰地展现了家族企业生命周期的特点。

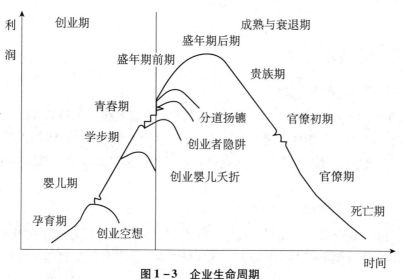

图1-3 企业生命周期

资料来源：伊查克·麦迪思．企业生命周期理论［M］．北京：中国社会科学出版社，1997.

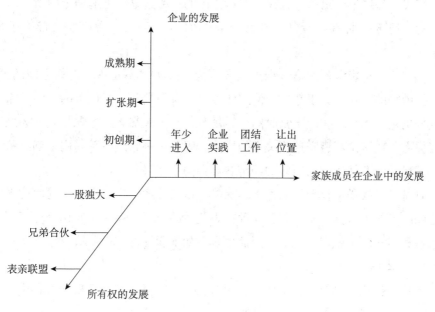

图1-4 盖尔西克家族企业生命周期模型

资料来源：克林·盖尔西克等．家族企业的繁衍——家族企业的生命周期［M］．北京：经济日报出版社，1998.

第三节 家族企业研究的相关理论

一、产权理论

（一）产权的概念与属性

产权（property rights）即一套可执行的、关于特定生产工具的人际间法律关系，其本质上是一种物权，规范人与人之间的财产关系，旨在防阻他人干预产权所有人对于财产行使其权利。在马克思看来，产权是以法律形式存在的所有权。他指出："只是由于社会赋予实际占有的法律的规定，实际占有才具有合法占有的性质，才具有私有财产的性质。"①

新制度经济学鼻祖、诺贝尔经济学奖获得者科斯对产权进行了这样的解读，即产权是资源或物品所有者实际上所拥有能够对该资源或物品实施一定行为的权利，且这种行为权将受到时空的限制。科斯举例予以说明：有人在自己土地上开枪，惊飞了邻居设法诱捕的野鸭，是不应该的。在这里，土地和枪的所有权都是明确的，但枪的所有权者却不应该开枪。因为其开枪行为给他人带来了负面影响。

产权经济学家菲吕博腾和配杰威齐认为，产权"不是指人与物之间的关系，而是指由物的存在及关于它们的使用所引起的人们之间相互认可的行为关系。产权安排确定了每个人相应于物时的行为规范，每个人都必须遵守与其他人之间的相互关系，或承担不遵守这些关系的成本。因此……它是一系列用来确定每个人相对于稀缺资源使用时的地位的经济和社会关系"②。

可见，产权是由社会强制力予以保障、以某种经济物品为载体的两种平等主体之间的责权利行为关系，并且这种行为关系的产生、存在、变化会对不同主体的收益和损失产生相应的影响。因而也具有如下属性。

1. 排他性

产权的排他性是指产权主体在行使对某一特定资源的一束权利时，排斥了任

---

① 马克思恩格斯全集［M］. 北京：人民出版社，1985（1）：382.

② 菲吕博腾和配杰威齐. 产权与经济理论：近期文献的一个综述［M］. 载《财产权利与制度变迁》. 上海三联书店，上海人民出版社，2003.

何其他产权主体对同一资源行使相同的权利。

2. 自由性

产权的自由性是指个人可以在社会界定的权利范围内自由选择使用和处置经济物品的方式。

3. 有限性

产权的有限性,一是指任何产权主体之间对各自所拥有的产权必须具有明晰的界限;二是指任何产权必须有限度,要受到时空的限制。

4. 可分解性

产权的可分解性是指产权的各项权项可以隶属不同主体的性质。一项完整的产权包括狭义所有权、占有权、支配权和使用权,这些权项既可归属为同一主体,也可分属不同主体,这些权项分属不同主体,是随着社会经济发展、财产关系日益复杂化的必然结果。

5. 可交易性

产权的可交易性是指产权在不同主体之间的转手和让渡。产权交易既包括把产权作为一个整体进行交易,也包括产权中某一项权项或几项权项的组合交易。前一交易行为是指财产权的全部让渡,是一次性的和永久性的;后一交易行为是指产权的部分转让,其交易是有期限和有条件的。

(二)产权的类型

按照产权是否具有排他性、收益独享性以及自由转让性,产权可以分为共有、国有和私有三类。

共有产权是指财产在法律上为公共所有,共同体内的每一个成员都分享这些权利,它排除了共同体外部其他主体对共同体内权利的分享。

国有产权是指产权归国家所拥有,由国家及其代理人来行使财产权利。

私有产权是指财产的归属主体是私人,并且对所有权利行使的决策完全是私人做出的。

(三)产权的功能

产权主要具有资源配置功能、外部性内部化功能、激励和约束功能。

1. 资源配置功能

这是指产权具有对社会资源进行重新分配的功能。通过这种配置功能,社会资源可以通过市场交易方式或行政手段进行新的组合,并产生不同的资源使用效率及收益。

2. 外部性内部化功能

这是指在产权界定或明晰的条件下，个人或组织在追逐私利的过程中给他人或社会所带来的负面效应能够被抑制。产权的这种功能可以降低资源浪费，提高资源配置效率。

3. 激励和约束功能

这是指产权能够对人们的行为产生物质激励和行为约束，一方面激励人们的主观能动性和创造性，另一方面对人们不规范行为进行制约，从而促进社会生产力的发展，提高人们的社会福利并形成规范有序的社会秩序。

（四）产权理论与家族企业

家族企业即家族拥有全部或部分所有权且能获得相应收益的企业。因此，产权是家族企业建立、生存和发展的重要理论基础，产权理论是分析家族企业的基本理论。

家族企业是建立在私有产权基础上的一种企业组织形式，其财产归属于拥有股权的家族或个人。家族或个人依据自己所拥有的所有权比例对家族企业进行决策和管理，对企业拥有获取收益、自由处置和交易的权利。当然，家族企业的这些权利会受到相关法律、社会道德规范的制约。

二、契约理论

美国新制度经济学家科斯是企业主流契约理论的开创者。之后，该理论又由阿尔钦和德姆塞茨、威廉姆森、詹森和麦克林、张五常、格罗斯曼和哈特、杨小光和黄有光等学者加以拓展。契约理论认为，企业是"一系列合约的联结"（nexus of contracts）。交易费用理论和代理理论是契约理论中最有影响的两种分支理论。前者的重点在于研究企业与市场；后者侧重于企业内部结构与企业中的代理关系。

（一）交易费用理论

所谓交易费用就是在交易过程中产生的各种成本，比如信息收集、讨价还价、价格发现与制定等。

交易费用理论主要研究企业与市场之间的关系（即企业的边界是什么？为什么会有企业存在？）。科斯认为，市场和企业都是资源配置的两种可相互替代的手段，其不同之处在于：在市场上，资源的配置由非人格化的价格来调节；在企业中，资源则通过权威来配置。究竟选择何种机制来配置资源，取决于市场定价成本与企业内官僚组织成本之间的平衡关系。企业之所以出现，是因为权威关系能大量减少市场分散定价的成本，即降低了市场交易费用。

在科斯的基础上，张五常进一步指出，企业并非为取代市场而设立，说一个"企业"取代"市场"是不太准确的。企业的出现仅仅是用要素市场来取代产品市场，或者说是用"一种合约取代另一种合约"。企业和市场不同之处在于，市场的交易对象是产品或商品，企业的交易对象则是生产要素（资本和劳动力）。

威廉姆森、克莱因、格罗斯曼和哈特等人再次发展了科斯的理论。他们将企业看成是连续生产过程之间不完全合约所导致的纵向一体化实体，认为企业之所以会出现，是因为当合约是不完全的时候，纵向一体化能够消除或至少减少资产专用性所产生的机会主义行为。

（二）委托—代理理论

委托—代理理论（the principal-agent theory）是过去 40 多年里契约理论最重要的发展之一。其中心任务是研究在利益相冲突和信息不对称的环境下，委托人如何设计最优契约激励代理人。

委托—代理理论以两个基本假设为前提：一是委托人和代理人之间利益相互冲突；二是委托人和代理人之间信息不对称。第一个假设意味着委托人和代理人都是经济人，行为目标都是为了实现自身效用最大化。委托人与代理人相互之间的利益是不一致的，甚至是相互冲突的。由于利益的相互冲突，代理人便可能利用委托人委托的资源决策权谋取自己的利益，即可能产生代理问题。因此，委托人与代理人之间需要建立某种机制（契约）以协调两者之间相互冲突的利益。第二个假设表示委托人并不能直接观察到代理人的努力工作程度，而代理人自己却很清楚付出的努力水平。由于委托人无法知道代理人的努力水平，代理人便可能利用自己拥有的信息优势谋取自身效用最大化，从而可能产生代理问题。因此，委托人必须设计某种契约或机制，诱使代理人选择适合委托人利益的最优努力水平。

（三）契约理论与家族企业

从契约理论来看，家族企业就是一组契约。这组契约中，既包括企业内部正式的显性制度型契约，也包括一系列非正式或隐性契约（如家族关系、家族规范、信任、习惯等）。家族关系、规范、信任等隐性契约有助于提高家族成员之间的凝聚力、增进家族团结，有利于家族创业和成长，但其所具有的排他性弊端或自我封闭性则限制了家族企业规模化发展。因此，家族企业发展到一定阶段之后，就要从非正式契约管理向正式契约管理转变，通过设计科学的组织架构，制定规范的企业规章制度来配置资源，激励和约束员工，实现家族企业可持续成长。

三、资源理论

（一）概念与基本观点

资源理论（the resource-based theory）将企业看做一组特定资源和特殊能力的结合体。其起源可以上溯到亚当·斯密和马歇尔。英国经济学家彭罗斯（1959）认为，企业既是一个由许多个体和群体协作活动组成的行政结构，又是一束生产性资源，这两者共同限制了企业的成长。在彭罗斯等人的启发下，众多学者从资源和能力角度对企业竞争优势的来源进行研究。

资源理论认为，企业之所以不同是因为所拥有的资源具有独特性，企业利用这些独特性的资源或能力建立或实施自己的战略，如低成本战略或差异化战略，从而为企业带来良好绩效。美国战略管理学家巴尼教授指出，对于企业而言，并不是所有的物质、人力和组织资本都是战略相关资源，只有那些能够促使企业创造和实施战略并改善其效率和效果的资本才是战略相关资源，也就是说，只有能够促进企业实现持续竞争优势的资源才是企业的"战略性资源"（strategic resource）。这种资源应该具有四个特性，即有价值的、稀少的、难以模仿的和能够被组织起来。

（二）资源理论与家族企业

资源理论能够较为合理地解释家族企业竞争优势的来源。一方面，家族企业的成长需要家族投入各种资源，如财务、人力和其他有形资产。这些家族资源的投入对于家族企业创业和初期成长具有关键性作用。另一方面，家族价值观、家族文化等无形资源也会对家族企业的运营产生强烈的影响。开放、包容、和谐、团结的家族文化更有利于吸引社会资源进入家族企业并发挥积极作用，而排他、猜疑的家族文化则会将专业型人才拒之门外或无法发挥价值，从而影响家族企业的健康可持续成长。因此，美国学者 Habbershon 和 Williams（1999）指出，家族、家族成员和企业之间的系统性互动是家族企业所具有的独特性资源，并将这种资源定义为"家族性"（familiness）。他们认为，这种"家族性"的存在对于影响家族企业竞争优势具有关键作用。

四、利益相关者理论

（一）概念与基本观点

利益相关者理论起源于20世纪60年代的西方国家，其产生既是对传统主流企业理论"股东至上主义"的一种"理论反思"，又是对西方社会所掀起的一系列社会责任运动的"理论回应"。企业"为什么承担、承担什么、怎样承担"社会责任成为研究企业的一种新的视角。

美国学者弗里曼在其著作《战略管理：利益相关者方法》一书中对利益相关者（stakeholder）进行了如下界定：企业利益相关者是指那些能影响企业目标的实现或被企业目标的实现所影响的个人或群体。这些个人或群体包括股东、债权人、经理人（管理层）、雇员、消费者、供应商、政府、社区和环境等。因此，所谓利益相关者理论，是指任何一个企业的发展都离不开各利益相关者的投入或参与，由于他们投资的"专用性"或"专有性"以及由此承担的企业剩余风险，企业就必须满足他们对企业剩余索取权和控制权的诉求，将剩余索取权和控制权分散对称分布于不同的利益相关者，实行利益相关者共同治理，以保证各个利益相关者利益的实现。同时，将各个利益相关者利益的实现一并纳入企业社会责任的范畴，认为企业社会责任问题可以依赖利益相关者共同治理来解决和实现。

利益相关者理论的提出，丰富了有关企业社会责任研究的理论基础，明确了企业社会责任维度和对象的界定，促进了企业社会责任的定量分析，明确了企业承担社会责任的实现机制，因此，对重新界定企业目标、界定企业边界、完善企业绩效的评价机制、最终促进企业与社会的和谐发展，具有积极意义。

（二）利益相关者理论与家族企业

家族企业虽然是家族所有或控制的企业，但家族企业的成长和发展不仅仅是家族利益问题，同时也会对非家族员工、其他股东、债权人、经理人（管理层）、消费者、供应商、政府、社区和环境等利益相关者的利益产生影响。通过利益相关者共同治理机制，有助于改变家族企业排他性和自我封闭特征，帮助家族企业获得更多的社会资源，实现家族企业从自我成长逐渐走向市场化发展和规范化发展，并为各利益相关者带来更多的福祉。

五、社会资本理论

（一）概念与基本观点

近年来，社会资本理论（social capital theory）已成为社会学、经济学、政治学以及管理学等诸多学科理论分析的重要视角。

皮埃尔·布迪厄（Pierre Bourdieu）最早将"社会资本"这一概念引入社会学的研究领域，认为社会资本是指实际的或潜在的资源集合体，那些资源是同对某种持久的网络的占有密不可分的；这一网络是大家共同熟悉的、得到公认的、而且是一种制度化的关系网络。

詹姆斯·科尔曼（James Coleman）则被认为是从理论上对社会资本给予全面而具体的界定和分析的第一位社会学家。科尔曼结合实证研究对社会资本进行了较为深入的论述。他于1988年在《美国社会学杂志》上发表的题为《社会资本创造人力资源》一文中指出，所谓社会资本，是指个人拥有的以社会结构资源为特征的资本财产，由构成社会结构的各个要素所组成，存在于人际关系的结构之中，并依赖于人与人之间的关系及行动方式而改变。社会资本具备三个特性：一是不可转让性，因为它是一种社会关系，不是一种私有财产；二是具有公共物品性质，如信任、规范、信息网络等；三是与其他形式的资本地位同等重要，且同样具有资本的生产性。

社会资本理论的提出对于帮助人们理解社会行动、社会流动、社会组织、社会制度以及社会发展都是很有帮助的，被认为是用来解释经济增长、政治稳定、企业成长以及个人发展等现象的一个关键性因素。

（二）社会资本理论与家族企业

家族企业与社会资本有着极为密切的关系。可以说，家族企业创业成长的过程实际上就是一个与社会资本融合发展的过程。在家族创业初期，家族在依靠自身资金的同时，也常常通过各种社会网络关系来获取家族外部金融资本的支持。随着家族企业规模的扩大，为了弥补人力资本的缺口，家族会通过泛家族化或熟人圈子来扩展人力资源范围。此外，家族文化、信任等社会资本在调节家族成员关系、提高凝聚力、减缓矛盾冲突、降低代理成本方面也起着非常重要的作用。

六、创业理论

(一)概念与基本观点

虽然早在二三百年前"创业"(entrepreneurship)一词就出现在经济文献中,但真正对创业开始研究也就仅三四十年的事情。Gartenr(1991)认为,创业的内涵主要体现在企业家个人特性和创业的行为结果两个方面。企业家个人特性包括人格特征、创新性、独特性、开拓新事业和谋求发展;而创业的行为结果则被理解为价值创造、追求利润、成为企业所有者和管理者以及创建组织。可见,创业实际上是一个复杂的现象和过程,不同学科也从不同视角对创业进行了研究。

经济学认为,创业活动是创造竞争性经济体系的重要力量,而参与经济活动的企业家正是因为具有捕捉市场获利机会的"机敏"才获得了与众不同的收益回报。心理学家试图通过对企业家心理特征和功能方面的描述来解释创业现象。他们利用个体所拥有的特性,比如成就需要、自主需要、制控信念、决策、创造的欲望和自信心等,作为评判企业家的标准。社会学家则关注社会网络与创业行为之间的关系。管理学家则从创新、组织网络、国际化、组织学习、创业团队治理等视角来研究创业问题。因此,若想对创业有系统全面的认识,就有必要对各学科的研究进行综合了解。

(二)创业理论与家族企业

家族企业是创业的一种极为重要的组织形式,创业也贯穿于家族企业成长的整个过程之中。在创业过程中,家族如何作用于创业过程?创业理论中的各种概念,如创业者特质、创业导向等,又如何来影响家族创业及其效果?在家族企业发展过程中,如何进行二次创业和国际化创业?这一系列问题都是创业理论和家族企业共同关注的研究主题,也是影响家族企业发展的重要问题。本书将在第三章对创业和家族创业作较为详细的论述。

七、社会情感财富理论

(一)概念和基本观点

前述理论(如契约理论、社会成本理论等)虽然为家族企业研究提供了很好的理论工具,但都是经济学、社会学或管理学领域的理论,并不是家族企业这个研究领域自己的理论。来自不同学科领域对于家族企业的理论解释常常导致术语重叠、研究结果矛盾等问题，这极大地影响了家族企业的研究深度。针对这些问题，以 Gomez-Mejia 为代表的一些学者提出了一种全新的理论来阐释家族企业治理和战略问题，该理论的核心概念就是"社会情感财富"（socioemotional wealth，SEW）。

Gomez-Mejia 等学者提出，所谓社会情感财富是指家族凭借其所有者、决策者和管理者的身份从家族企业获得的非经济收益，具体包括行使权力的能力，满足归属、情感和亲情需要，在企业内部长久保持家族价值观，维系家族控制，保全家族社会资本，履行基于血缘关系的家族义务，以利他主义来对待家族成员。因此，SEW 是家族所拥有的一种情感型的财富，为了保护这种情感财富，家族就有必要对企业实施控制，而一旦家族失去对企业的控制，就有可能导致 SEW 的下降，如家族成员间亲情淡化、家族地位下降、家族期望无法得到满足等。因此，保护家族的社会情感财富就成了家族控制企业的重要目的之一。

（二）社会情感财富理论与家族企业

基于社会、心理与文化观点的社会情感财富理论给家族企业研究提供了一个全新的视角，解决了基于经济学视角的理论解释与家族企业治理、战略现象之间的割裂问题，为研究家族企业代际传承、职业化管理、战略决策和选择提供了较为理想的工具。当然，这个理论也有很多不足，比如社会情感财富这个概念较为宽泛，对其所采取的测量方法还有待完善。但不论怎么说，与其他理论不同之处在于，社会情感财富理论更多从家族情感的角度来思考家族企业问题，这确实回归到了家族企业所具有的家族本质。

案例 ┄┄┄┄┄┄┄┄┄┄┄┄┄┄┄┄┄┄┄┄┄┄┄┄┄┄┄┄┄┄┄┄

王安电脑公司的兴衰

美国王安电脑公司于 1951 年由创始人王安创建，早期命名为"王安实验室"，1955 年正式更名为"王安电脑有限公司"。

这期间，王安用存储磁芯、移位寄存器、逻辑电路等元件设计脉冲协调计数装置。20 世纪 50 年代末起，王安公司开发半自动照相排字系统。随后，王安转向台式计算器的开发。60 年代，王安公司的计算器独步天下。

王安电脑于 20 世纪 80 年代一度成为世界上最大的字处理机生产商，后因经营不善，以及 1990 年王安去世，时任总裁爱德华·米勒于 1992 年申请破产保护。

1. 初创

王安是来自上海的移民，自幼聪明非凡，先后于上海交通大学、哈佛大学就读，1948 年获哈佛博士学位。不久，他发明"磁蕊记忆体"，大大提高了电脑的贮存能力。1951 年，他创办王安实验室。1956 年，他将磁蕊记忆体的专利权卖给国际商用机器公司，获利 40 万美元。雄心勃勃的王安并不满足于安逸享乐，对事业的执着追求使他将这 40 万美元全部用于支援研究工作。1964 年，他推出最新的用电晶体制造的桌上电脑，并由此开始了王安电脑公司成功的历程。

王安公司在其后的 20 年中，因为不断有新的创造和推陈出新之举，使事业蒸蒸日上。例如，1972 年，公司研制成功半导体的文字处理机，两年后又推出这种电脑的第二代，成为当时美国办公室中必备的设备。对科研工作的大量投入，使公司产品日新月异，迅速占领了市场。这时的王安公司，在生产对数电脑、小型商用电脑、文字处理机以及其他办公室自动化设备上，都走在时代的前列。

当然，任何公司的发展都不会是一帆风顺的，王安公司也不例外。早在 20 世纪 60 年代中期，由于公司初期生意不错，而老板王安博士又雄心勃勃，想与电脑行业霸主 IBM 公司一争雌雄，导致公司业务扩张过快。公司实力难以承受这么大的压力，只能四处借贷，最终负债累累。1967 年 8 月 23 日，公司在债权银行的压力下，只能发行 250 万美元的股票来偿还债务。

2. 兴盛

令人意想不到的是，这竟然成为王安公司飞黄腾达的起点。原来，由于公司业绩很好，深受大众信赖，公司股票以每股 12.5 美元上市，当天收盘的股价竟高达 40.5 美元。一日之间，王安家族成为拥有账面财富达 5 000 万美元的超级富豪。

当时王安公司的主要产品是计算器，但是，随着集成电路的问世，王安意识到计算器市场即将面临一场大洗牌。他停止了所有计算器产品线，投入拥有更高附加值的文字处理市场，并且在 1971 年以远超市场同类产品性能的 1 200 型文字处理机震惊了世界。第二年推出的 2 200 型文字处理机依然大获成功，以至于人们认为，WPS 不应该是"文字处理系统"的缩写，而是"王安处理系统"的缩写。

王安公司把文字处理领域的优势保持了许久。整个 20 世纪 70 年代后期和 80 年代前几年都是王安公司的黄金时代。1983 年，王安公司的营业额高达 15 亿美元，王安个人资产一度达到 20 亿美元之多，稳居全球华人首富之位。

3. 衰败

然而，幸运并非总是眷顾着王安公司。在20世纪80年代末期，几乎与王安患上绝症的同时，王安公司也由于一连串的重大失误，由兴盛走向衰退。至1992年6月30日，王安公司的年终盈利降至19亿美元，比过去四年总收入额下降了16.6亿美元。同时，王安公司的市场价值也从56亿美元跌至不足1亿美元。鼎盛时期的王安公司雇员达3.15万人，却减至8 000人。正如十几年前王安公司神奇地崛起一般，它又以惊人的速度衰败了。

实际上，早在1989年，王安公司就已陷入了资金匮乏的困境中，但那时王安的儿子王烈仍然对公司的前景充满信心。"我们拥有30亿美元的年收入，绝不可能垮台。"王烈自信地说道。

事实证明，他错了，王安公司的产业损失相当惨重，在他们申请《破产法》第十一章"破产保护"之前3个月的痛苦煎熬中，王安公司没有得到新的投资者，深陷在债务的困境中。王安公司似乎在劫难逃，将近全部资产1/4的巨额损失赫然逼近。这时的王安公司面临着违反银行债务协定的危险，该协定要求公司至少保持一个最低资产净值。即使王安公司能够成功地重组债务，也会规模锐减，甚至不能继续从事电脑行业。如此悲惨的处境将使王安公司5 000名职工失业，而且，王安公司的股东们也损失惨痛——包括王安家族本身，他们曾拥有价值近16亿美元的股票。一个辉煌灿烂的帝国梦想破灭之后，竟是一个多么黯淡无奈的尾声啊！

资料来源：http // baike. baidu. com/link？url = ocvDDDjtIolCrpv5OiUiYzF6m ＿ P9hoNJ9lk3MV2BpDOAtBAzT3Sif5vS7bkubtPdDOqulR82 ＿ DhYpjuCuGKofdasGeAxBIR0r9rsuAlnOG-2Wtxiz-SMPYFNp ＿ YGf6D

第二章 国内外家族企业

第一节 家族企业的发展概况

一、国外家族企业的发展概况

（一）国外家族企业的发展历程

家族企业发展的历史由来已久，西方发达国家早期的企业基本上全都是家族企业。15～16世纪，资本主义的发展使家庭手工作坊演变为雇工生产、规模扩大、分工细化的手工业工场，形成了最初真正意义上的企业。那时家族企业是企业组织的唯一形式，称为古典家族企业。

19世纪中叶，随着产业革命的技术革新，资本密集型行业的兴起使家族企业自身所能提供的资本不足，大量外部投资者开始以债权人或股东的身份进入企业；随着股份公司的发展和资本主义的扩张，许多行业都出现了家族垄断企业，古典家族企业逐渐演变为近代家族企业。

20世纪40年代以后，美国全球霸主地位的确立，使美国家族企业在金融业和媒体产业取得了极大发展。由于企业经营规模的扩大、管理的日益复杂和专业化，美国的家族企业经营者逐渐把经营权交给了职业经理人，形成由专业管理层经营的、多个单位组成的大型股份公司，家族企业步入了股权多元化的进程，并开始向现代企业制度的转变。现代的美国家族企业有选择地将现代企业制度的优势融入家族企业中，在保留家族对企业拥有最终控制权这一家族企业根本特征的同时，形成了以比较成熟的产权结构和较为规范的治理结构为主要特征的现代家族企业制度。

家族企业的发展历程如图2-1所示。

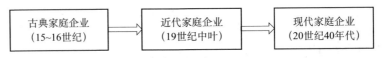

图2-1 国外家族企业发展历程

资料来源：罗炜斌. 我国家族企业的发展现状和问题分析〔D〕. 北京交通大学，2010.

（二）英美家族企业发展现状

据统计，在英国最大的116家公司中，29%是家族企业；美国成熟的市场经济造就了成熟的现代企业制度，但美国仍有90%的企业属于家族企业。美国家族企业提供了全国65%的就业机会及50%以上的国民生产总值。在美国《财富》杂志提供的500家大型企业中，被家族控制的就达175家。虽然美国家族企业经历了"经理革命"，企业不断走向社会化，但家族仍以控股地位实现对企业的控制，如杜邦、安利、摩托罗拉等公司。

在家族企业的公司治理方面，20世纪90年代开始，美国推行新的公司法，要求公司经理人对公司的利益相关者负责，而不仅仅是为公司的股东服务，大量的企业实施了诸如股票期权计划、员工持股计划、股票奖励计划、收益分享计划等各种所有权奖励机制，美国的企业治理结构朝着利益相关者共同治理模式演进。

目前，家族企业在英、美国家的国民经济中占有举足轻重的地位。沃尔玛、福特汽车、杜邦集团等都是家族企业发展而来。据统计，家族企业创造的价值占美国GDP的50%，并为美国提供了65%的就业机会，而且对新增岗位的贡献率达到78%。根据美国《商业周刊》调查报告显示，1993～2003年，美国500强企业中有177家是家族企业，如表2-1所示，它们与非家族企业相比，具有更高的收益率和资产报酬率，营业额增长更快，也更具有成长性。

表2-1　　　　　　1993～2003年美国500强中家族企业与非家族企业比较　　　　　　单位：%

企业指标	家族企业	非家族企业
股东平均年收益	15.60	11.20
资产报酬率	5.40	4.10
公司年收益成长率	23.40	16.80
公司营业额增长率	21.10	12.60

资料来源：付文阁. 中国家族企业面临的紧要问题〔M〕. 北京：经济日报出版社，2004.

（三）其他欧洲国家家族企业发展现状

在欧洲，家族企业是一种非常普遍的企业形式，在欧洲所有企业中占有相当高的比例。根据资料显示，该比例最高的依次是意大利（大于95%）、瑞典（大于90%）、西班牙（85%）等；在欧洲的上市公司中，家族企业所占比例最高的依次是法国（64%）、德国（64%）、葡萄牙（60%）、意大利（59%）、西班牙（55%）等。

欧洲的家族企业既有大型企业也有中小型企业。据统计，欧洲目前有20个财产超过10亿美元的历史悠久的家族，这些家族的财产至少由三代人创造和继承。法国最大的200家公司中有50%是家族企业，德国最大的150家公司中有48%是家族企业。许多赫赫有名的大企业，如德国的戴姆勒——奔驰公司、拜尔公司、意大利的索菲亚汽车公司及荷兰皇家壳牌集团公司等，都是家族企业。

在公司治理结构上，欧洲家族企业尤其是大型家族企业主要的组织结构模式有两种：一种是由产品主导的全球混合结构管理国际业务的模式；另一种是控股经营公司对国际业务进行分权式经营的组织结构模式。这两种模式因为能给企业带来巨大的成功而被欧洲乃至世界各国企业效仿。

（四）日本家族企业发展现状

在日本，家族企业在国民经济中占据相当重要的地位。许多著名的大公司都是在家族企业的基础上成长起来的，如丰田、索尼、东芝、松下、三菱、三洋、本田等。日本的家族企业将引入现代企业制度"灵魂"作为延续家族企业优势的重要手段，具有其独特的优势和特点。

目前，以家族企业为代表的中小企业占日本企业总数的99%左右、就业人员占80%左右。20世纪90年代以后，世界经济不景气使几个主要资本主义国家的失业率高居不下，而日本的失业率却保持在一个相对较低的水平。美国、英国、德国的失业率分别是日本的2.46倍、3.46倍和2.88倍。可见，家族企业是日本经济的重要基础。

日本的家族企业与美国的家族企业相比，具有更浓厚的家庭色彩，员工跳槽较少，企业发展较为稳定。在日本，公司常常被称为"会社"，而"会社"本身就有"大家赖以生存的集团"的意思，也就是说，日本的企业实际上就是一个大家庭。现代的日本家族企业保留了古代财阀家族企业特有的管理优势和传统，形成了独特的类家族式管理，主要表现为"终身雇佣制"、"年功序列制"、"企业内福利"和"察议制"等具有家族色彩的企业制度和激励机制,在相当长的时期内发挥了激励经营者和企业员工的积极作用。

日本家族企业的治理模式属于内部监控模式,是基于利益导向的多元化的相关利益主体的治理模式,以保障相关者利益的治理思想与人本主义的融合为基础。家族对企业的控制严格,家族色彩浓厚。日本企业的董事会几乎全部由内部董事构成,董事一般由企业内部产生,通常是经过长期考察和选拔,从本企业中逐步升迁而来。而且,职业经理人的引入往往也不是从市场上聘用的,大多数都来自于企业内部。他们非常注重内部培养,因为日本员工的忠诚度非常高,内部培养的经理人会更忠诚于该企业和家族,因此,在日本 80% 的经理人阶层都是通过企业内部培养起来的。这种内部培养的模式,能够大大降低从市场上寻找经理人的成本,降低了经理人的道德风险,有效解决内部人控制问题。

(五) 中国香港、台湾及东南亚家族企业发展现状

在东南亚新兴工业化国家和地区(包括韩国、中国香港、中国台湾等)中,最大的 15 个家族控制的上市公司股票市值占总市值以及国(或地区)内生产总值的绝大部分。据 2002 年《新财富》第 8 期的资料,中国香港、中国台湾、印度尼西亚、韩国、马来西亚、菲律宾、新加坡、泰国等国家或地区前 15 大家族控制的上市公司占据总市值和 GDP 的比例如表 2 - 2 所示。由表 2 - 2 中可见,在这些国家或地区经济中家族控制非常明显。

表 2 - 2 　　　　东南亚各主要国家和地区前 15 大家族控制的上市公司情况　　　　单位:%

主要国家和地区	前 15 大家族控制的上市公司占总市值的比例	前 15 大家族控制的上市公司占 GDP 的比例
中国香港	34.4	84.2
中国台湾	20.1	17.0
马来西亚	28.3	76.2
新加坡	29.9	48.3
菲律宾	55.1	46.7
泰国	53.3	39.3
印度尼西亚	61.7	21.5
韩国	38.4	12.9

资料来源:新财富,2002 (8).

在公司治理结构方面,东南亚家族企业的治理模式是建立在以家族为代表的控股股东主权模式基础之上的,并以儒家家族主义传统观念和家族的直接控制作为存在的条件。在这种模式下,股权相对集中地控制在家族手中,家族成员一般在企业中担任一定职务,企业内部控制也在相当程度上存在,其优点是家族成员具有奉献精神，能够以企业的长远目标为重。对于上市的家族企业，股票市场的约束会使其企业信息披露较透明，但是，家族控制容易导致独裁、滥用家族成员、排斥专业管理人才等问题的出现。

东南亚治理模式的代表国家是韩国。在韩国的家族企业中，初始所有权由创业者或参与创业的家族成员共同拥有。由于受儒家思想的影响，家族成员控制着企业的经营管理权，企业内部的重大决策如开拓业务、人事任免、决定接班人等都由家族中的家长也就是企业创办者一人做出，家族中其他成员做出的决策也须得到家族的首肯；即便这些家长已经退出企业经营的第一线，由家族第二代成员做出的重大决策也必须征得家长的同意。韩国的家族企业为员工提供的宿舍、食堂、职工医院等各种福利设施以及家族成员对员工的家庭式管理，也可以增强员工对企业的忠诚度，提高企业经营管理者和员工之间的亲和力、凝聚力，保证家族企业的健康顺利发展。

因此，无论是欧美发达国家还是东南亚地区的发展中国家，家族企业都在国民经济中发挥着重要作用。各个国家的家族企业发展各有特点，但本质上是一致的，都是所有权和控制权的重合，并且借鉴了现代企业治理的优点，这对于研究我国家族企业的发展和自身特点具有重要的借鉴作用和现实意义。

二、我国家族企业的发展概况

（一）我国家族企业的发展历程

20 世纪初期，中国民族工业如雨后春笋般地得以发展，绝大多数采取家族企业的组织形态，成为当时中国民族工业的主流，其中较为著名的有张謇的大生公司、荣氏家族的福新、茂新、申新公司、郭氏家族的永安公司、简氏兄弟的南洋烟草公司等，它们都是那个时代的佼佼者。

在中国近代经济史中，由于南北方的文化差异，以及其他各种政治、社会方面的因素，这个时期的家族企业有着明显的地域性特点。在以上海为中心的江浙地区，家族企业大多表现为单个家族和家族成员对企业的投资与控制，且家族成员大多不具有社会政治背景。而以天津为中心的北方地区，一些著名的家族企业的主要投资方具有深厚的官方背景，往往表现为若干个官僚集团对企业的共同投资和控股。以纺织业为例，当时天津六大纱厂中，裕元为皖系王邪隆、倪嗣冲等创办，华新为老北洋系的周学熙等人创办，恒源以曹锟家族为主，裕大则是以王克敏为后台，四家企业都以官僚家族投资为主。据统计，20世纪初期，北洋军阀和政客投资于天津民族工业的厂家达40家，投资总额4 600万元。官商结合、政治势力渗透于企业经营，垄断着社会经济资源，是中国近代经济发展中的一大异质和毒瘤，它有其刻的社会文化背景。

1949年，新中国的诞生使中国家族企业的历史进程中断了。到20世纪50年代中期，随着"对私改造"和公私合营，家族企业就成了一个已过去的历史现象。经过20多年后，在中国实行改革开放的大背景下，农村家庭联产承包经营责任制的推行，从农村集体经济中孕育着一股"异己"的私营经济，离开土地的广大农民在十分简陋的经济条件下，利用一切闲置的社会经济资源，创办了一大批乡镇企业，开始了中国农村工业化的进程，民营经济在夹缝中得以生存和发展。一开始就普遍采用家族企业的组织形式，这种形式是符合改革开放初期中国特定的社会经济特点和文化背景的，成为有限的几种制度选择中最为可行的、最为熟悉的选择，从而为我们掀开了中国家族企业发展、演化的新的历史画卷。

改革开放以来，我国的家族企业经历了由少到多，从传统行业到信息、生物等高新技术领域，从零星、分散的家庭小作坊到跨行业、跨地域甚至跨国经营的大型企业集团。家族企业在较短的时间内迅速发展，这与家族企业的生存和发展有着深厚的文化背景与土壤是分不开的。另外，国内的政治、经济、文化、教育等各个方面都有利于家族企业发展，国家有关法律法规伴随着改革开放进程的深入不断做出有利于家族企业发展的决定。例如，1999年3月九届人大二次会议通过《中华人民共和国宪法修正案》，用国家大法的形式对个体私营经济等非公有制经济的地位和作用予以规定和确认，这对家族企业的发展具有重大意义。2001年1月1日，上市公司核准制的施行，某种意义上就是逐步取消家族企业上市与国有企业相比的不平待遇。2002年3月"两会"期间，与会代表提议修改宪法，把保护私人财产以法律形式写入宪法中，这为家族企业的快速发展提供了强有力的法律保障。这一系列相关的法律、政策，为家族企业的发展提供了一个极为有利的外部环境。

（二）我国家族企业的发展现状

近三十年来，我国的私营经济迅速发展和壮大起来，并且在我国国民经济中发挥着越来越重要的作用。中央统战部、全国工商联、中国民（私）营经济研究会组织的"中国私营企业研究"课题组的调查显示，中国大多数私营企业都是家族企业。无论是数量上还是质量上，以家族企业为主体的私营经济在整个国民经济的发展中都具有举足轻重的地位。

目前，我国家族企业的发展是以中小型企业为主体，其数量占全国企业总数的比例在98%以上，规模小、注册资本低；在行业投向上，我国家族企业产业分布最集中的是制造业，占38.3%，其次是商业餐饮业，占21.4%，接下来依次是建筑业（5.9%）和农业（5.6%）。

我国的家族企业规模小、数量多，发展速度比其他组织形式的企业明显快速许多。以我国私营工业企业的发展为例，根据《中国统计年鉴》的数据，2000～2008年的8年间，我国私营工业企业发展迅速，无论从企业数量、工业总产值、资产总值还是实现的主营收入和利润总额，以家族企业为主体的私营企业的发展都大大快于行业企业的整体发展状况，私营企业的发展是我国国民经济的重要增长点。表2-3、表2-4、表2-5是2000～2008年我国私营工业企业发展情况、我国工业企业整体发展情况以及私营工业企业占全部工业企业的比重变化。

表 2-3　　　　　　　2000～2008 年我国私营工业企业发展情况

私营工业企业	2000 年	2008 年	增长倍数
企业数量（家）	22 128	245 850	11.11
工业总产值（亿元）	5 220	136 340	26.12
资产总值（亿元）	3 874	75 880	19.59
主营收入（亿元）	4 792	131 525	27.45
利润总额（亿元）	190	8 302	43.69

资料来源：曾向东. 中国家族企业发展研究［M］. 南京：东南大学出版社，2009.

从企业数量上看，2000～2008 年我国工业企业数量增长了 2.62 倍，年均增长 13%；但是，我国私营工业企业数量从 22 128 家增长到 245 850 家，8 年间增长了 11.11 倍，年平均增长达到 35%，增速比全国工业高出 22 个百分点。私营企业个数占全国工业的比重，从 2000 年的 13.59% 提高到 2008 年的 57.70%，8 年提高了 44.11 个百分点。

表 2-4　　　　　　　2000～2008 年我国工业企业整体发展情况

工业企业	2000 年	2008 年	增长倍数
企业数量（家）	162 885	426 113	2.62
工业总产值（亿元）	85 674	507 448	5.92
资产总值（亿元）	126 211	431 306	3.42
主营收入（亿元）	84 152	500 020	5.94
利润总额（亿元）	4 393	30 562	6.96

资料来源：曾向东. 中国家族企业发展研究［M］. 南京：东南大学出版社，2009.

从工业总产值上看，2008年我国工业企业总体实现工业总产值507 448亿元，比2000年的总产值85 674亿元增长了5.92倍，年平均增长25%；而我国私营企业实现工业总产值从5 220亿元增长到136 340亿元，8年来增长了26.12倍，年平均增长达到50.4%，增速比全国工业高出25.4个百分点。私营企业实现工业总产值占全国工业总产值的比重，从2000年的6.09%提高到2008年的26.87%，8年来提高了20.77个百分点。

表2-5   我国私营工业企业占全部工业企业的比重对比   单位:%

私营企业所占比重	2000年	2008年
企业数量占比	13.59	57.70
工业总产值占比	6.09	26.87
资产总值占比	3.07	17.59
主营收入占比	5.69	26.30
利润总额占比	4.33	27.16

资料来源：曾向东. 中国家族企业发展研究［M］. 南京：东南大学出版社，2009.

从资产总值上看，2000~2008年我国工业企业全部资产总值由126 211亿元增至431 306亿元，增长了3.42倍，年均增长17%；而同期我国私营工业企业的资产总值从3 874亿元增至75 880亿元，8年间增长了19.59倍，年平均增长达到45%，增速比全国工业企业高出28个百分点。私营企业资产总值占全国工业企业资产总值的比重，从2000年的3.07%提高到2008年的17.59%，8年提高了14.52个百分点。

从主营业务收入看，2008年我国工业企业总计实现主营业务收入500 020亿元，比2000年实现收入84 152亿元增长了5.94倍，年均增长25%；而我国私营工业企业实现的主营业务收入从2000年的4 792亿元增至2008年的131 525亿元，8年间增长了27.45倍，年平均增长达到52%，增速比全国工业企业高出27个百分点。私营企业实现主营业务收入占全国工业企业主营业务收入总额的比重，从2000年的5.69%提高到2008年的26.30%，8年提高了20.61个百分点。

从实现利润总额看，2000~2008年，我国工业企业实现利润总额从4 393亿元增至30 562亿元，增长了6.96%倍，年均增长27%；而同期我国私营工业企业实现利润总额从190亿元增长至8 302亿元，8年间增长了43.69倍，年平均增长达到60%，增速比全国工业企业高出33个百分点。私营企业实现利润总额占全国工业企业全部利润总额的比重，从 2000 年的 4.33% 提高到 2008 年的 27.16%，8 年提高了 22.83 个百分点。

(三) 我国家族企业发展的内在优势

1. 家族企业可以有效降低交易费用和代理成本

现代产权理论的开创者科斯认为，企业在使用市场机制进行资源的有效配置时，需要支付一定的成本，这就是交易费用。交易费用不是生产过程中发生的成本，而是与企业制度相联系的成本，包括企业订立合同、讨价谈判、执行契约过程中发生的费用，以及企业的监督和管理成本、制度变迁成本等。

根据交易费用理论，家族企业治理模式在协调和配置资源上能够有效地节约交易费用，可以简化代理关系，降低企业的委托—代理成本，具有制度上的优势。主要体现为：第一，家族企业一般实行所有者管理企业，所有者和经营者在利益上是统一的，这种一致性可以减少和降低代理成本；第二，私有产权可以有效遏制代理人通过额外消费等方式侵占企业财富，从而降低企业的运营成本；第三，家族内部关系治理可以克服现代企业所存在的利益不一致、责任不对等、信息不对称、契约不完全等方面的矛盾，从而减少企业的委托—代理成本。

2. 家族企业具有较强的凝聚力

家族企业经营权与所有权合二为一，有的即使两权分开，两者之间仍有密切的、直接的利益关系，因此，能最大限度地调动人的积极性，发挥潜能，富有生机，显示出较强的竞争力。特别是在创业的时期，凭借家族成员之间特有的血缘关系、亲缘关系和相关的社会网络资源，能以较低的成本迅速集聚人力财力，团结奋斗，艰苦创业，不计报酬，在很短时期内获得竞争优势，较快地完成原始资本积累。

3. 家族企业具有较高的决策执行效率

但凡成功的企业，都有一个强有力的领导核心，只有这样才能适应市场的瞬息万变。家族企业都有一位称之为"家长"的权威，这个权威由其辈分德才决定，并且与企业的领导核心相统一。通常情况下，利益的一致性会使各家族成员对外部环境变化具有天然的敏感性，外部信息尤其是市场变化的信息能很快传递至企业的每位成员；同时，家长制的权威领导，可使企业决策迅速，内部信息沟通顺畅，成员之间容易达成共识，决策贯彻执行得力。家族整体利益使家族成员努力工作，自然地有助于企业利润趋向最大化。

第二节　国内外家族企业面临的普遍问题

一、家族和企业的关系问题

（一）家族化管理体制存在弊端

家族企业在其发展过程中逐渐形成了自己特有的经营管理体制，这些管理体制有利有弊，在不同的发展时期其作用也不同。随着企业的成长，特别是在有了自己的结构、自己的规模、自己的产品后，家族化管理体制的优势就不再明显，所表现出的一些特征甚至成为阻碍企业进一步发展的羁绊，主要表现在以下三个方面。

一是专制体制。家族企业的管理大多是企业主个人当家做主，企业在经营过程中的责任和风险也由企业主个人承担。在家族企业经营发展初期，这种决策机制有助于统一领导，并迅速采取措施，具有一定的优势，但当公司规模扩大后这种决策机制很可能会形成一种"专制体制"，并导致决策失误，给公司带来损失，这种责任与风险由业主一人承担无疑会给家族带来更大风险。而其他员工或外聘人员仅仅是被动工作，甚至可以对自己的失误不负任何责任，这样下去公司的发展效果可想而知。

二是亲情代替规则。由于存在血缘关系，以经济利益为纽带的管理规则常常失效或者不存在，管理需要服从血缘关系的限制，因人设岗而不能因职设岗，用亲人而不能用能人，只能急功近利而不能长远规划，致使家族企业内部丧失竞争机制。同时，由于部分家族企业主以"家长"的身份出现，处处总要维护自己的尊严，不尊重职工的个性。员工作为被雇佣者，没有发表意见的权利，当然就失去了荣誉感、成就感和积极性，企业员工对企业经营状况和发展前途漠不关心，使企业丧失向心力和凝聚力，最终失去前进的动力。

三是企业易受短期行为与投机心理干扰。家族企业的经营者为了家族中各个成员间利益的均衡，常常会选择一些大家都看得到的行之有效的项目去经营，有时会因此导致经营者的短期行为与投机心理。一旦家族企业规模增大，稍有不慎，这种短期行为与投机心理就会给家族企业带来致命的伤害。

毋庸置疑，家族式管理在其发展初期对企业做出了很大的贡献，也是一些小企业成立的途径，但是，随着时代的进步和经济的发展，家族企业如何进一步发展已成为摆在我们面前的现实问题。家族企业的管理弊端逐渐暴露，家族企业的可持续发展面临着严峻的挑战。

（二）家族成员权力纷争

家族企业的产权由家族掌握，这是不争的事实。但是，家族的概念是模糊的，笼统地说，企业的股权归家庭所有，但并没有清晰地明确到家庭内部成员的个人头上。在企业领导者拥有多个子女的时候，按何种方式进行产权分配的问题就会比较突出了。在企业经营权的传承中存在同样的问题，随着某个家族成员将要继承家族企业的经营权，企业内部候选人之间的竞争就会加剧，候选人会尽可能争夺更多的经过分解的经营权，以获得在企业内部更大的话语权、更高的地位，这样冲突就难以避免。一般而言，家族企业的所有权分布具有三种典型的模式，即集中于业主、兄弟姐妹分享所有权、表亲以及其他准家族成员参与分享家族企业所有权。过度集中所有权对于极个别家族成员将产生一系列问题。其内在原因是：

第一，集中所有权会导致自我控制问题，即由于非经济动机的存在，家族成员可能会采取一些于己于人都不利的行为，如控制性股东可能会利用绝对的权力优势投资一些只有他自己感兴趣而其他家族成员并不认为是最佳的项目。

第二，既然投票的结果往往反映的是更具权威者的偏好，对于那些没有什么权力的家族成员而言，他们宁愿选择"搭便车"，且将其余力用于各种金钱或非金钱的消费，而不是选择生产性的投资活动。

第三，过度地集中所有权于个别家族成员将激发家族成员内部的矛盾。这些掌握核心权威的家族成员不仅拥有了有形的物质资源，而且控制了外部网络资源等无形资产，这使其他家族成员感觉到自己的利益受到剥夺，进而对家族内部的公平性失去信心；况且控制性股东还可能会运用权力改变他们的最终财产计划，使家族成员的财产索取权处于高度的风险之中，这就进一步恶化了家族成员之间的矛盾。

Leonard. H. Freiman 指出，几乎所有家族企业都要经历兄弟姐妹反目或其他类型的冲突，控制权收益是引起家族成员间纷争的主要导火线。在许多家族企业里，创业者去世之后，兄弟姐妹们就会为继承权展开一场争斗，并使长期存在的兄弟姐妹的紧张关系加剧。如果这种纷争不能得到妥善解决，则极有可能给家族企业带来毁灭性的灾难。另外，在企业中，兄弟姐妹们也会因职位的安排、薪酬的分配感到不满意而产生矛盾，经常火星四溅，这种冲突严重影响了家族企业的形象和运行效率。可见，家族成员内部的权力配置对于企业的运行与绩效有着十分重要的作用。

二、家族传承和企业发展问题

（一）家族企业家的传承意愿

家族企业家传承意愿就是家族企业家愿意传承的程度。可分为三种情况：第一种，乐意；第二种，不情愿（被迫）；第三种，拒绝。家族企业成功传承的影响因素一直是很多研究家族企业的学者关心的问题。关于这个问题，盖尔西克在其《家族企业繁衍》一书中指出，家族企业传承计划对于家族企业传承具有重要影响。同时，也有人认为，接班人是决定家族企业传承成败的关键。笔者认为，家族企业传承意愿是决定家族企业成功传承的首要因素。

一个人如果违背自己的意愿去做他不想做的事情，其结果可以想象。家族企业在传承过程中，首当其冲的问题就是创业企业家是否愿意传承。我们常讲的"好文章全凭开头，大结局在后面"，就是这个道理。"意愿"就是家族企业成功传承"大结局"的开头。

当年，飞翔公司总裁茅理翔就是主动进行传承，与硕士毕业后打算去国外进修的儿子（茅忠群）协商后，把企业的经营权转移后，配合儿子工作，结果茅忠群也不孚重望，带领方太成为厨具公司的排头兵。相反，我国改革开放初期"傻子"瓜子创始人年广久却因为其个人原因，也可能是传承子嗣同父异母的原因，在品牌之争中耗尽了气术，结果落在了"恰恰"、"香山"等企业后面。对比这两个案例便可知道，家族企业家传承意愿对于家族传承以及企业发展至关重要。

（二）家族企业接班人的选择

家族企业的代际传承是一个家族企业难以逾越的"门槛"。与世界上知名百年老店如瑞士的劳力士公司和美国的杜邦公司（年龄都超过200年）相比，中国少量长寿的家族企业还只能算刚刚由学步期进入青春期，大部分还在婴儿期和学步期阶段。这个阶段，特别容易面临威胁和危机，企业的变革也最为剧烈。这个时期，我国正在经历经济的转型升级、家族企业新老交替的敏感时期，因此，如何顺利交权，突破家庭治理的"瓶颈"，不断吸收和借鉴西方先进的管理理念，向中国特色的现代化治理模式发展，是家族企业存亡的关键要素。

由于传承子承父业观念的影响，在我国的家族企业中，理所当然地认为儿子应当继承家族企业。但是，创始人遇到不可抗力的突发情况时，再进行准备企业的传承工作就比较被动。在这种情况下，创业者的多个子女很自然地就会为了争夺继承权而明争暗斗、钩心斗角，甚至彼此伤害，家族企业也将会遭到沉重打击。因此，家族企业接班人是关乎家族企业传承成败的关键问题，无论企业家传承意愿如何，选错接班人将给企业带来致命的打击，甚至是毁灭。例如王安电脑公司，由于企业家执意选择儿子接班，结果很多元老及员工离开公司，以致公司在短时间内就土崩瓦解。

虽然子承父业是我国大部分家族企业选择接班人的做法，但还要注意企业是否已经做好传承计划、接班人是否是最适合的人选、企业内部股权安排是否合理、职业经理人的选拔和考核机制是否已经完善等一系列问题。

三、家族企业职业化问题

（一）职业经理人市场的不健全

我国市场经济发育的历史阶段性，使我国的人才市场特别是职业经理人市场极不成熟，因而只能通过市场找代理人的家族企业缺乏有效的选择机制。这种经理人市场的不成熟，给家族企业寻找代理人至少造成两方面的困难：一是缺乏竞争性的统一经理人市场，经理人可以逃避市场监督和市场处置，这无疑会给家族企业选择代理人的有效性和可监督性带来极大的困难；二是缺少市场渠道，在多数情况下经亲朋好友的推荐，缺乏选择比较的社会性、程序性，难以保证代理人的适宜性。在实际中我们看到，在家族企业工作的一些职业经理人都有这样一个愿望，即在有一定的积累以后便开始自己创业，甚至带走了企业的机密，而不是将原来的企业继续做大做强。

直接地看，一方面，中国当代确实缺乏具有足够的良好职业道德和职业行为的职业经理人；另一方面，还应该指出，中国当代也缺乏具有足够的良好企业家道德和企业家行为的企业主。深入一层看，即使在市场经济制度比较完善的国家，也并非天生地就具备足够的、合格的企业主和经理人。从钱德勒的研究中就可以发现，在美国，足够的合格经理阶层的形成经历了差不多一百年的历史。这里有一个复杂的社会经济制度发展特别是社会信用制度逐步建立健全的过程。无论在哪种社会经济制度环境中，只要有企业存在，那么企业主与经理人之间的信息不对称就普遍存在。不过在不同社会经济制度环境中，企业主与经理人之间信息不对称的程度、表现方式和降低这种信息不对称的各种制度安排及其成效有很大的差异。

张维迎（2001）认为，我国的企业能不能长大，我国的民营企业能不能发展，在很大程度上取决于职业经理人的道德水平。"我们不需要担心缺少企业家，中国人充满了企业家冒险、创新意识，我们要担心的是没有具有足够的良好职业道德和职业行为的职业经理。"他还指出，职业经理人队伍的建设将是我国企业产权改革之后又一个重大的难题。总之，能否有效地融合社会人力资本，特别是经理管理资源，是当前我国私营家族企业成长的关键问题。

（二）缺乏有效的激励机制

家族企业由于自身的某些先天条件不足，不能像国有企业那样享受到国家的某些政策保护，也不如外资企业的制度完善，所以激励的手段比较单一，也许在开始时家族企业能以其独特的魅力吸引到一批高素质人才，但是，在满足员工经济上的需要后就再不能留住人才了。根据马斯洛的需要层次理论，经济上的满足只是最低层次的需要，而自我实现的需要才是最高层次的需要。员工只有在满足了自我实现的需要时，才是与企业关系结合最为紧密的时候，只有这样，才能把人这种活的资源充分加以开发和利用，使其始终保持一种积极进取、奋发向上、勇于拼搏、开拓创新的精神状态，把潜能最大限度地释放出来。

家族企业主的个人行为对激励机制的构建起着至关重要的作用，企业主不能做到自身廉洁，就会对员工产生负面影响；不能做到公正不偏，任人唯亲；不能经常与员工进行沟通、尊重支持下属、对员工所做出的成绩尽量表扬、在企业中建立以人为本的管理思想、为员工创造良好的工作环境；不能为员工做出榜样，即通过展示自己的工作技术、管理艺术、办事能力和良好的职业意识，就不能培养下属对自己的尊敬，就无法增强企业的凝聚力。总之，企业主不注重与员工的情感交流，使员工不能真正在企业的工作得到心理的满足和价值的体现，无法建立切实有效的激励机制、充分调动员工的工作积极性，就不能进一步推动企业向前发展。

第三节 我国家族企业面临的特殊问题

一、竞争力弱

尽管我国家族企业从一开始就是在缺乏保护甚至在歧视的环境中长大，具有很强的生命力和竞争力，但它们是在中国市场经济并不发达和完善的环境中成长起来的，占了历史发展的机遇；然而，客观上讲，我国家族企业远远没有经历过像早期西方资本主义国家那种自由而残酷的大范围激烈竞争时代，直到现在，我国大多数家族企业还缺乏国际竞争经验，企业的市场竞争力尤其是国际市场竞争力较弱，究其原因主要是我国家族企业产业分布比较集中，专业化、国际化水平不高。

具体而言，我国家族企业产业分布最集中的是制造业，占38.3%，其次是商业餐饮业，占21.4%，接下来依次是建筑业（5.9%）和农业（5.6%）。有资料显示，从20世纪90年代中期以后，家族企业在第三产业中所占的比重开始超过第二产业所占比重，而且第三产业比重仍在上升。但是，家族企业产业分布的领域都是竞争性非常强的，而且这些竞争行业的进入壁垒较低，导致大量中小型企业蜂拥而入的同时，也带来了家族企业间互相残杀式的恶性竞争。

对于大多数中小家族企业来说，由于资金和技术原因的限制，一般选择比较容易进入的行业进行投资，而且相当一部分企业成为高耗能、高污染和低附加值的落后企业。虽然现有的家族企业已走上了品牌化、多元化、专业化的发展道路，甚至开始发展高科技产业和进军国际市场，但其技术水平较低、专业化和国际化程度总体不高的状况并没有得到根本改变，大多数家族企业缺乏核心产业和核心竞争力。

二、文化封闭

企业文化是企业的基本价值观和行为规范，是企业倡导、信奉同时必须付诸实践的价值理念，也是企业永续经营、充满活力的内在源泉。众所周知，企业文化是企业在某一特定文化背景下产生的独具特色的经营哲学和行为理念，是企业的个性化表现，不是赶潮流追时髦，不是刻意寻求统一化模式，更不是迎合时尚的标语。

我国的家族企业文化是富有家族特色的家族企业物质和精神财富的总和，包括行为文化、制度文化和精神文化等。但是，在家族企业中，由于权力往往集中在以创业者为核心的家族成员手中，这种极权的决策体系缺乏有效的监督、反馈和制约机制，不利于决策的科学化、民主化，容易造成决策失误。

现阶段，我国不少家族企业实行"拿来主义"，模仿或者克隆国外企业文化样板，没有自己的鲜明个性和特色。有的家族企业将企业文化等同于文体活动，把企业文化的塑造简单地理解为开展各式各样的活动，如打球、唱歌、跳舞。有的家族企业在院内的墙壁上或员工工作场所书写、张贴一些空洞的口号和标语，像这些只注重表面现象、缺乏实质内涵的企业文化，很难对企业的持续发展产生深远的影响。

美国著名管理学家彼得·德鲁克说过，管理是以文化为转移的，并且受其社会的价值观、传统与习惯的支配。确实，由于文化上的变迁，一个民族的管理方式、风格也相应地做出了调整；文化上的差异将导致民族的管理形式与管理风格的巨大差别。具体就家族企业而言，我国家族企业根植于我国的传统文化，因此，传统文化对家族企业自然有着多方面的深刻影响。而企业文化的缺失，在一定程度上将会制约着家族企业的发展。

三、治理结构不完善

传统的家族企业实行单一的产权结构，决定了企业的所有权和经营权高度统一于所有者手中，所有者既是出资人又是管理者，直接参与企业的经营决策。这种以管理高度集中与封闭为特征的家族企业横向治理结构，在创业初期适应了发展的需要，成为大多数家族企业的最佳选择。伴随着企业的成长和市场竞争的加剧，管理事务越来越复杂，知识更新储备要求越来越高，因而对企业的科学治理提出了更高的要求。但是，家族企业所有权与经营权合一的这种传统管理方式和家族式的组织形式已不能适应这些更高的要求，突显出家族企业治理结构的缺陷，具体表现为：

第一，作为家族企业的拥有者和决策者，企业主的决策具有较强的经验性和随意性。

第二，这种家族企业治理结构具有较强的封闭性和排他性，因为家族企业的管理人员一般都是从家族内部选择，很少从企业外部引进优秀管理人才，而家族成员中有相当部分的人缺乏管理能力，导致企业的管理水平下降，甚至破产。

第三，这种治理结构会造成激励效应的弱化。家族成员的晋升主要依靠血缘关系而不是能力和业绩，非家族成员由于很少得到重用而无法实现自身价值，使企业内部家族成员和非家族成员都存在着积极性不高的问题。

四、家族财富管理欠缺

财富是中性的，若想长久地拥有财富，必须匹配驾驭财富的心性。然而，富不过三代已成为家族财富传承的普遍现象，其主要原因如下。

第一，企业家的性格与天赋不适合财富管理。性格与天赋往往决定了一个人适合的职业与从事的方向。多数家族企业家的性格中有挑战与冒险精神，此类性格适合"创富"，而不适合"维富"。

第二，财富管理知识与信息存在盲区。术业有专攻，家族财富管理与企业资产投资是不同的概念。投资是以财富增值为目的，而财富管理是提升财富质量、实现家族财富所有者既定目标的行为。因此，多数家族企业家更擅长投融资战略而非财富管理。

第三，人的感性与理性不匹配。在财富生活中，多数企业家容易被"眼前的利益"诱惑，对眼前的利益和长远利益的权衡，是感性与理性的对抗，然而，多数企业家的感性与理性不一定匹配，因此，需要专业的财富管理团队从事此类工作。

第四，思维习惯滞后于角色。人的行为习惯显而易见，其内在的思维也有固定的模式，而往往不被察觉。企业家在财富管理问题上思维习惯往往滞后于角色，这便是问题的关键。不同的角色需要不同的思维方式，而企业家乃至平常人往往更加习惯用以往的处事思维处理当今的角色，用管理者的思维对待领导者的角色，用创富的思维方式对待维富、传富的问题。这种思维滞后于角色的问题犹如温水煮青蛙，在无意之间会产生决策偏差甚至重大决策失误。

因此，在家族财富管理问题上，由于一代创业者相对于守成而言，更擅于创造财富。进一步注重家族财富管理，才是家族企业百年传承的关键所在。

案例·+·

谁说富不过三代，沃尔玛家族就做到了！

全球著名超市连锁品牌"沃尔玛"的拥有者——沃尔顿家族尽管发迹时间

不长，但在生存、发展、传承等问题上都几乎做到了完美。传承精神远比传承财富重要，这正是美国沃尔顿家族关于传承的宝贵总结。

沃尔顿家族虽然是最有钱的家族，但是沃尔顿家族在家族排行榜中却是最新发家的。从1962年山姆·沃尔顿在美国阿肯色州开了第一家沃尔玛超市开始，几十年中这个家族的财富以不可思议的速度膨胀。今天，沃尔玛在全球的零售网络已经超过了11 000家，雇佣着220万名员工。近十年以来，《财富》杂志的世界500强企业名单上，沃尔玛也从未跌出过前三名。沃尔顿家族拥有沃尔玛公司51%的股份，目前由3个家族成员持有，分别是吉姆·沃尔顿、爱丽斯·沃尔顿和罗伯森·沃尔顿，而且，你也可以在2014年全球富豪排行前20名中找到他们的名字。

1. 从"五分一毛"起家

沃尔玛的创始人老山姆·沃尔顿开设的第一家连锁店叫"五分一毛"。顾名思义，小店卖的针头线脑、螺丝水管之类的东西全都在5~10美分之间。最初，"五分一毛"只在几个小镇有分店，但由于沃尔顿的勤劳和节俭，不到十年，他的"五分一毛"就发展到了15家门店。

1962年是沃尔顿的发迹之年。他决定开办一家百货店，听从了妻子的建议，他将店址选在了人口只有几万人的小镇上。为了与Kmart等巨人竞争，沃尔顿制定出廉价策略，并且发明和贯彻了"女裤理论"：一条女裤进价0.8美元，一般百货店卖1.2美元，但如果以1美元出售，利润率低1倍，出货量却高2倍。后来，沃尔顿的"女裤理论"发展成为沃尔玛的核心战略：为顾客省钱。

数十年以来，沃尔玛就是凭借着"为客户省钱"这一条核心战略，一直保持前进。这个核心战略道理虽然简单，实行起来却并不容易。由于总在小城镇设店，沃尔玛总能降低成本；而成本降低、价格降低，又能吸引来更多的顾客，以维持高销量和高利润。同时，围绕着"省钱"的核心战略，沃尔玛又发明了仓储超市、捆绑销售、减少供应链中间环节等措施，从而一直能够保持最低的成本。与之相反，Kmart的失败，除了管理混乱、战略模糊之外，也与它总在大城市中心开店、进货成本高有直接关系。

"省"的战略，最初其实也是为了在Kmart等巨无霸的夹缝之中求得生存的无奈之举。不过，更主要的原因在于勤俭节约，这是沃尔顿家族的血液，也只有这样的家族，才能顺理成章地提出和实行"为顾客省钱"的战略。身为世界第一财富家族，沃尔顿家族的节俭令人吃惊。老山姆·沃尔顿终其一生都没买过豪宅，一直住在本顿维尔小镇，经常开着自己的旧皮卡出门，即使后来成为世界首富，出差也只坐经济舱。受创始人家族影响，沃尔玛的高管们也一直都保持着节俭作风：开经济型汽车、使用小办公室，就连没用完的铅笔都要回收。

2. 富可传三代

老沃尔顿在1992年去世的时候，积聚起了全美国最大的一份家产。早在去世之前，他用整个家族在沃尔玛的股份成立了一个家庭合资公司，四名子女每人持有公司20%的股份，他自己和夫人海伦各占10%。在他去世后，海伦免税继承了他在合资公司10%的股份，而子女们作为公司的合伙人，也得以免交巨额遗产税。

1992年山姆·沃尔顿去世后，美国《时代周刊》报道，全美各地无数小店都在打赌：沃尔玛百货即将盛极而衰。他们认定，山姆"建立的企业灵魂将随之改变"，他的遗孀和儿女不具有他的经营天才，不太可能把大权转移给他人。一旦失去灵魂，沃尔玛注定要萎缩、消逝。但这些打赌全都落空。沃尔玛的权杖由山姆·沃尔顿的长子罗布森·沃尔顿接下，其担任沃尔玛董事会主席二十多年来，公司净销售增长超过4 000亿美元，营业总利润增长超过220亿美元，员工总数从37万人增加到138万人，商店从1 700家增到4 400家，年销售收入增加了5倍。

二代传承成功后，人们又开始关注第三代传承。2015年6月5日，在沃尔玛股东大会上，70岁的罗布森·沃尔顿宣布，公司董事会选举45岁的山姆·沃尔顿的孙女婿GregPenner为公司新任董事会主席，该决定从宣布当日起生效。而这一决定也并未在家族里引起什么波澜，这在世界各国的家族大企业中是非常难得的——一般来说，为了继承权，几个儿女打得头破血流似乎才是常态。

沃尔顿家族却是一个这方面"八卦"特别少的例子。整个家族无论是想法还是行为，一向都团结一致。从家族成员的财富来看，几位主要成员罗伯·沃尔顿（长子）、克里斯蒂·沃尔顿（次子遗孀）、吉姆·沃尔顿（三子）、爱丽丝·沃尔顿（女儿）的财产均在260亿美元上下，非常平均，没有谁的财富被稀释，也没有谁拉出去单干。另外，沃尔顿家族也在沃尔玛实现了去家族化，在保持家族控股的情况下，将企业的经营管理权力交给职业经理人。自吉姆·沃尔顿卸任CEO之后，沃尔玛的数任CEO均不是家族内成员。

3. 有道德地成长

尽管发迹时间不长，但沃尔顿家族在生存、发展、传承等问题上都几乎做到了完美，并且将勤俭这一优秀的家族基因深深植根在企业之中。传承精神远比传承财富重要，这正是沃尔顿家族关于传承的宝贵总结。

沃尔顿家族之所以冲破"富不过三代"的诅咒，离不开他们来自"与人为善"的企业文化和"低调不奢华"的家族生活信仰。老沃尔顿一直到去世，都穿着朴素，生活节俭，乐做善事。企业创始人"富一代"的示范效应，成就了沃尔顿"富二代"低调的生活风格。这些生活信仰，反过来滋润了生生不息的企业文化。

此外，沃尔顿家族始终与政治保持着谨慎的距离，从不滥用其影响力，没有"商而优则仕"，从而失掉企业家精神。仅在美国，沃尔玛的雇员就达100万以上，影响着百万人的就业问题。凭这般庞大的影响力，沃尔顿在政治上成功几乎是唾手可得的事，但至今没有一人穿上"政客"马甲。沃尔顿"富二代"中，除了一人担任沃尔玛董事长之外，其他人或醉心于慈善业，或投身于动物福利，或白手起家开办新企业。

沃尔顿家族背后，可以看到亚当·斯密所说过的企业家身上要"流淌道德的血液"的影子。前不久，沃尔玛一供应商被指非法雇用童工，触犯了联邦禁止雇佣童工法，沃尔玛严厉作了谴责，并立即终止了供应合同。企业和家族"有道德地成长"，这也许是沃尔顿家族化得以长久兴旺的秘密。

当然，沃尔顿家族发迹的时间只有50多年，比起那些传承百年的财富家族来说还很短暂。财富能否在第三代手中继续保持平稳和平均，这些都在考验着沃尔顿家族的智慧。毕竟，对于家族而言，传承财富比积累财富更重要，也许还更困难。

资料来源：http://mt.sohu.com/20160323/n441638725.shtml

第二篇　家族财富创造：
创业与成长

第三章 家族创业

第一节 创 业

一、创业的意义

（一）创业是促进经济增长的关键动力

所谓经济发展就是一个国家或者地区按人口平均的实际福利增长过程，它不仅是财富和经济机体的量的增加和扩张，而且还意味着其质的方面的变化，即经济结构、社会结构的创新，社会生活质量和投入产出效益的提高。简而言之，经济发展就是在经济增长的基础上，一个国家或者地区经济结构和社会结构持续高级化的创新过程或变化过程。

创业是一个创立新企业的过程。伴随着创业活动的增加，大量新企业被创造出来，大量的新技术、新产品、新服务被开发或生产出来，由此推动了技术升级、产业转型，并通过市场手段为消费者提供了丰富的产品和服务，国家或者地区的经济得以发展。因此，创业在一国的经济增长和社会发展中发挥着十分关键的作用。著名经济学家Schumpeter（1934）指出，创业是经济过程本身的主要推动力，是经济发展的根源。全球创业观察项目（Globe Entrepreneurship Monitor，GEM）从1999年起，连续多年在多个国家中进行创业和经济增长关系的研究，其研究结果显示，创业和经济增长之间有着明显的正相关关系。

20世纪70年代的美国，一大批创业者为了梦想而开始了卓尔不凡的创业之路，为美国经济和社会发展创造了巨大的财富。有统计显示，当今美国95%以上的财富都是由1980年以后的创业新生代创造的，这其中有着如今享誉世界的比尔·盖茨、乔布斯等。

中国在 1978 年改革开放之后，市场经济的复苏和产权改革极大地激发了人们的创业热情，中小企业如雨后春笋般在中国版图上蓬勃生长，拉开了推动中国经济发展的创业大幕，为中国经济近四十年的持续增长提供了充足的动力。有关创业的研究指出，我国的创业活动对经济增长起着非常重要的推动作用，创业活动每增长 1%，GDP 就能增长 0.649 3%。

现如今，不论是在发达国家还是在发展中国家，创业都得到前所未有的重视。政府、理论界、高校、社会、企业纷纷从各个方面对创业予以支持，创业开始从过去的个人行为演变成全民行动，一股前所未有的新的创业大潮正汹涌而来，推动着世界经济和社会发展以新的思维、新的发展模式向着未来迈进。

（二）创业是带动就业增长的有效途径

创业活动的增加通常意味着企业数量的增加，尤其是中小企业数量的增加。这些中小企业的创立，一方面解决了创业者个体自身的就业问题；另一方面也因为企业成长而吸纳了更多的就业人口，即通过个体主动就业来带动他人就业。

创业带动就业增长的微观机理在于：一是创业自身所带来的劳动就业；二是成功的创业企业能够产生明显的示范作用和榜样力量，吸引更多的人参与创业；三是不同行业创业活动之间的关联性以及更为精细的分工合作会产生更多的就业机会和岗位。

当然，创业活动对就业的影响会存在一定的滞后效应。国内外有关研究显示，新建企业对就业的影响分布在一个很长的时期中，新建企业对就业的中长期影响可能比企业建立初期的影响更为重要。这主要因为，一方面创业存在着成败问题；另一方面是创业成功的企业需要一定的时间才能达到较大的规模，才能吸收较多的劳动力。

当前，我国经济发展进入新常态和加快经济转型的阶段，政府提出了"大众创业、万众创新"的号召，以期通过激活全民族的创业精神和创新基因，为未来经济发展提供新动力，达到扩大就业、增加居民收入和促进社会公平的目的。因此，大力推进创业对解决我国的就业问题有着巨大的现实意义和长远价值。

（三）创业是实现自我价值的重要工具

尽管很多人或家庭创业可能是出于生计，迫不得已而为之，但也有不少人创业是为了实现自己的人生梦想，实现自己的个人价值，如比尔·盖茨、马云、杨致远、丁磊、俞敏洪等。

事实上，创业是一种新的就业形式，是更加积极的和高层次的就业。20 世纪中后期，在美国形成了两个著名的创业创新轴心，一个是以斯坦福大学为核心的硅谷，另一个是以麻省理工学院和哈佛学院为核心的波士顿地区的高科技产业集聚区。这两个创业创新中心吸引了成千上万的人进驻创业，激发着自己的才智，追逐着自己的人生梦想，成就着个人的人生价值，同时也促进了地区和社会的经济发展以及就业。

作为创业的实践者和成功者，北京新东方总裁俞敏洪认为："人生一辈子如果没有创过一次业，是一件非常遗憾的事情。"当然，创业也是一个充满风险和困难的过程，但正如阿里巴巴董事局主席马云所说的，"不要在乎别人如何看你，要在乎你自己如何看梦想和未来。"因为在梦想和未来的激励之下，创业才会变得更有生命力、更有魅力。

二、创业的界定与类型

(一) 创业的概念

对于究竟什么是创业，学界并没有明确、一致的界定，管理学家、社会学家、经济学家都可以从自己的研究角度出发定义创业。

Schumpeter（1934）认为，创业是对生产要素进行新的结合。

Burch（1986）将创业明确定义为"创建企业的活动"。

Morris（1998）在一份文献调研中回顾了近几年在欧美地区创业核心期刊的文章和主要教科书中出现的 77 个创业定义，通过对这些定义内容中关键词出现的频率来揭示创业的内涵。在 77 个创业定义中，出现频率最高的关键词主要包括开创新事业、创建新组织、创造资源的新组合、创新、捕捉机会、风险承担、价值创造。

Stevenson 等学者（1989）认为，创业是一个人——不管是独立的还是在一个组织内部——追踪和捕获机会的过程，这一过程与其当时控制的资源无关。

Shane 等人（2000）认为，创业就是发现和利用有利可图的机会。

美国国家创业学会（The US National Commission on Entrepreneurship, 2003）认为，创业就是经济主体在面对各种创造财富新机会的时候，能够利用这些新机会的方式。

综合上述定义，可以看出，所谓创业，就是某些个体或组织在面对各种变化时，能够通过自身警觉发现所蕴涵的各种机会，能够及时创立新组织、组织资源来捕捉和利用这些机会并创造价值的过程。

（二）创业的特征

创业是创业者发现机会、创造新企业并承担风险的活动。因此，创业本身具有自主性、开创性、风险性、复杂性、发展性、经济性等系列特征。

1. 自主性

创业是创业主体（包括个体或团队）自主决策、自主行动、自我经营、自负盈亏的过程。虽然在创业的过程中会有他人为创业主体提供建议或帮助，但创业过程中所遇到的各种问题的处理和解决，最终还是要有创业主体自己来决策并由此承担相应的责任。

2. 开创性

对于任何创业主体而言，创业基本上都是一项前所未有的事业，包括新机会的采用、新市场的进入、新产品的使用、新资源的组合、新业务的推广。因此，创业天生就和创新联系在一起。在创业的过程中，创业主体会遇到与以往不同性质的问题，因而必须用开创性思维和方法去思考、解决这些难题。只有这样，创业才有可能成功。

3. 风险性

创业是一个高失败率的行为。有学者对美国 2000 年成立的 1 万多家高技术创业企业进行调查，发现创建 5 年后依然存在的企业比率只有 22.9%。虽然我国目前大学生创业意愿很强，但大学生成功创业率仅为 2%～3%。2010 年广东省团委所公布广东省大学生创业成功率的数据则更低，仅为 1%。这些数据说明，创业是一个成功率很低、失败率很高的充满风险的行动。创业中所面临的主要风险包括政策变化风险、行业技术更替风险、市场需求方向变化风险、替代品风险、企业内部管理风险等。因此，对于创业主体而言，在创业前和创业期间，要对创业风险及自己能够承担的风险程度进行合理的估计。

4. 复杂性

著名的创业管理学者 Timmons 指出，创业是一个涉及"商机、创始人、资源需求、创业企业融资、创建后管理"五个方面的复杂过程。这个过程中的任何一个环节都直接影响到创业成败。因此，对于创业者而言，既要了解自身的优势与不足，同时对创业过程中的其他四个环节能够进行了解、把握和管理。与此同时，创业过程还是一个与利益相关者互动的社会化过程。这些利益相关者包括政府、社区、供应商、客户和消费者等。在当前市场竞争如此激烈的态势下，如何处理好与利益相关者之间的复杂关系，对于创业者也是一种考验。

5. 发展性

创业是一个过程，是一个发现机会、组织资源开发机会、创立和管理企业并不断应对市场变化调整策略的发展过程。因此，对于创业来说，能否具备从动态发展的视角来看待环境变化，能否根据宏观政策、行业技术变更以及市场变化来增强自己的适应能力，就显得相当重要了。

（三）创业的基本类型

1. 按照创业动机分类

2002 年全球创业观察（GEM）项目根据创业动机的不同将创业活动分为生存型创业和机会型创业。

生存型创业是指出于生存目的不得不选择创业的一种创业形态。其基本特征是把创业作为个人获得生存基本条件的一种选择，并常常采用自我雇佣形式。在我国，从事生存型创业的创业者主要包括城镇下岗职工、进入城市的农民、刚刚毕业的大学生以及其他人员。生存型创业多属于复制型和模仿型创业，技术"门槛"相对较低，创业资金需求少，规模较小。

机会型创业是指在发现或创造新的市场机会下进行的创业活动。其基本特征是把创业作为个人更大发展的一种选择。从事机会型创业的人通常不选择自我雇佣的形式，而是具有明确的创业梦想，进行了创业机会的识别和把握，是有备而来。在我国，从事机会型创业的创业者包括辞职的政府工作人员或企事业单位员工。

2. 按照创业主体数量分类

按照创业主体数量可以将创业活动分为个体创业和团队创业。

个体创业就是创业者独立创办自己的企业。其优点在于产权清晰，利润归创业者自己独有；在企业决策和管理过程中，创业者可以根据自己的想法来管理企业，而不受其他人约束和干扰。当然，个体创业的缺点也很明显，如融资困难、财务压力相对较大、承担全部风险。

团队创业就是若干个创业者一同创业。其优点是，资金筹备相对容易，团队成员之间在能力和资源上可以互补，形成集体作战的优势，还可以共同分担风险，减少创业失败对单个创业者的负面影响。不过，团队创业也会面临内部利益冲突、机会主义行为、内部扯皮推诿等问题。

除了上述类型之外，创业活动还有公司内创业、复制型创业、冒险型创业、初始创业、二次创业、国际化创业等。

三、创业过程模型

所谓创业过程（venture creation process）是指一项有市场价值的商业机会从最初的构思到形成新创企业，以及新创企业成长管理的过程。Timmons（1999）认为，创业是一种思考、推理和行为过程。这种行为过程是围绕机会识别、开发与利用的一系列过程。因此，创业过程模型就是用来展示这一系列活动及隐含在这些活动背后的关键要素，同时揭示这些活动与关键要素之间所遵循的逻辑顺序与平衡关系。由于创业过程具有动态性和复杂性特征，所以不同的学者从不同视角提出了各自的创业过程模型。

（一）创业线性模型

创业线性模型就是根据新企业创业的成长过程把创业过程划分为若干个阶段。具有代表性的是 Galbraith 的简单线性模型以及 Churchill 和 Lewis 的复杂线性模型。

1. Galbraith 的简单线性模型

该模型把创业过程分为五个阶段。

第一阶段，原理的验证阶段。在这个阶段，新的组织还未出现，创业者的主要任务是验证创新技术的可行性。

第二阶段，雏形阶段。这个阶段产品已经生产出来，组织结构也形成雏形。

第三阶段，模型销售阶段。这个阶段主要是对产品的市场反应进行测试，以改进产品的可行性；组织规模得到扩大，出现了必要的专业性分工，开始出现财务、营销等必要的经营活动。

第四阶段，启动阶段。新创企业已经进入比较成熟的发展阶段，产品的营利性进一步提高，并且开始出现第二代产品，组织进一步膨胀，出现了更多的管理问题，需要管理者投入更多的精力。

第五阶段，自然增长阶段。增长率大大低于启动阶段，而且更多的由行业的增长率决定。当所有这一切都完毕时，创业者开始考虑新的战略调整，守住已有的市场份额，或者进入新的创业周期。

Galbraith 的简单线性模型如图 3-1 所示。

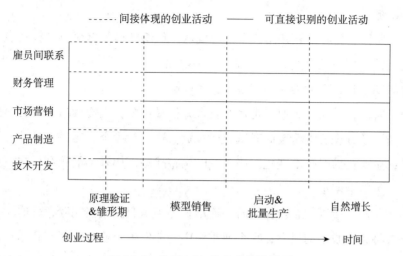

图 3-1　Galbraith 的简单线性模型

资料来源：林嵩，张帏，邱琼. 创业过程的研究评述及发展动向［J］. 南开管理评论，2004（3）.

2. Churchill 和 Lewis 的复杂线性模型

Churchill 和 Lewis 认为，并不是所有的企业都会经历 Galbraith 模型中的各个阶段，相当一部分企业半途中就因为各种原因夭折。考虑到创业过程的复杂性，Churchill 和 Lewis 引入更多的指标并将创业过程分为五个阶段（如图 3-2 所示）。

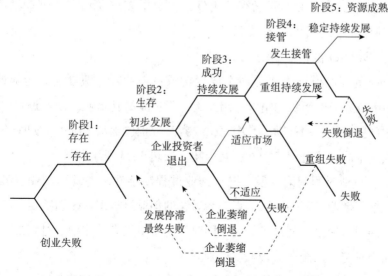

图 3-2　Churchill 和 Lewis 复杂线性创业过程模型

资料来源：林嵩，张帏，邱琼. 创业过程的研究评述及发展动向［J］. 南开管理评论，2004（3）.

第一阶段，存在。创业者将商机变成企业，组织结构简单，创业者处理几乎所有的事务。

第二阶段，生存。初步解决了生存问题，组织结构依然简单，投资者和创业团队的目标是如何把企业做大、进入下一阶段，否则就只能继续停留在生存期，如果停滞期过长，企业会因为现金流枯竭而破产。

第三阶段，成功。企业获得良好收入并初具规模；投资者与经营者之间可能出现分歧，部分投资者希望此时就收回投资。这个阶段企业的另一挑战是已经初具规模的企业在面对外部变化时能否及时调整战略，如果不能顺利做出调整，企业发展很可能会倒退。

第四阶段，接管。企业保持着高速增长，组织职能相当完善，此时，投资者开始寻找将企业脱手的机会；在企业重组中可能发生企业的管理层自愿或不自愿的变动，这种变动对企业的运营会有较大影响，甚至可能使企业的发展倒退。

第五阶段，资源成熟。企业已经获得足够的资源来支持其运行，实现规模经济。此时，企业很可能陷入传统大企业的误区，失去进取心，满足于现状，热衷于规避风险，直到市场环境发生重大变化而被迫变革。

创业过程的线性模型比较直观，便于理解，但缺点在于没有抓住影响创业过程的最根本问题，对于影响组织发展的关键要素并没有充分揭示。Gartner、Timmons 等学者从创业的关键要素视角出发，提出了多维及动态的创业过程模型，对理解创业过程的本质具有重要意义。

(二) Gartner 的创业模型

Gartner 的理论模型主要由四个要素构成：创业者，即创立新企业的个人；环境，即围绕并影响组织的情势；组织，即所创立的新企业；创业过程，即个人所采取的创立新企业的行动。其中每个要素又分别包含数个维度，四个不同的创业要素通过不同方式进行互动并相互影响。如图 3 - 3 所示。

Gartner 创业过程理论模型率先从创业过程复杂性出发解释创业过程，比较全面地概括了创业过程的构成要素，为后续的创业过程理论模型奠定了基础。但过多维度的引入使该模型过于复杂，同时该模型也没有关注创业过程的动态性问题，从而很难与一般企业管理活动区别开来。

(三) Timmons 的创业模型

2003 年，美国著名创业研究学者 Timmons 在参考前人研究成果的基础上提

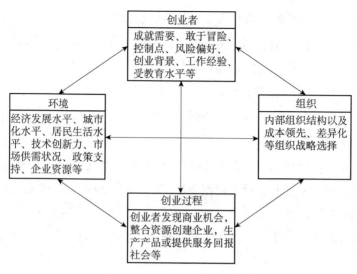

图 3 - 3　Gartner 的创业模型

资料来源：苏晓华，郑晨，李新春. 经典创业理论模型比较分析与演进脉络梳理［J］. 外国经济与管理，2012（11）.

出了著名的创业三要素模型。这三要素包括商机、资源和创业团队。Timmons 认为这三种要素是创业过程中最重要的核心驱动因素，创业则是这三种要素之间实现动态平衡的过程。如图 3 - 4 所示。

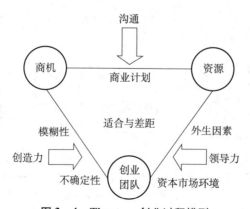

图 3 - 4　Timmons 创业过程模型

资料来源：苏晓华，郑晨，李新春. 经典创业理论模型比较分析与演进脉络梳理［J］. 外国经济与管理，2012（11）.

Timmons 创业过程模型的三要素中，识别与评估创业机会是创业过程的起点，决定对资源在种类和数量上的需求以及与之相适配的组织形式；创业资源是开发商机不可或缺的支撑要素，创业者必须制定和实施设计精巧、用资谨慎的创业计划，用尽量少的资源做成尽可能多的事，也即动员一切可利用的资源并合理利用和控制资源；创业团队则是实现创业目标的关键组织要素，同时必须具备一定的特质、柔性和韧性以适应市场环境的变化。Timmons 模型强调，创业过程是一个动态的反复调整的过程，在调整中只有紧紧把握"商机、资源、团队"三个核心要素，实现三个要素之间的协调与平衡，才能够实现企业的良性发展。

（四）创业过程系统化模型

上述创业过程模型虽然较好地揭示了创业的线性过程或者提炼出了关键要素，但相对忽略了宏观环境对微观创业过程的影响，没有将创业宏观环境与微观环境综合起来并予以系统性考虑。我国学者叶明海等人从系统理论的角度对创业过程进行了分析，提出了创业过程系统化模型，如图 3 - 5 所示。

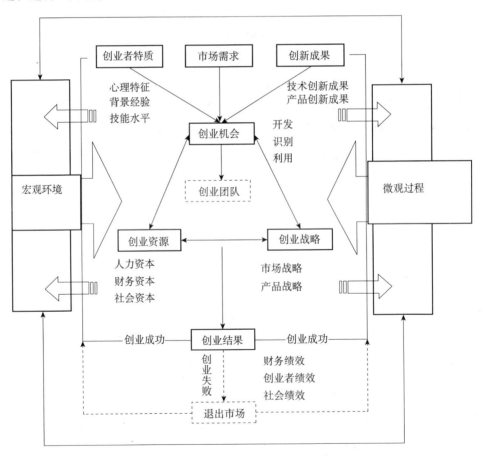

图 3 - 5　基于系统理论的创业过程模型

资料来源：叶明海，王吟吟，张玉臣．基于系统理论的创业过程模型［J］．科研管理，2011（11）．

基于系统理论的创业过程模型可分为系统输入、系统处理、系统输出和系统反馈四个部分，每一部分都具有若干个关键要素。系统输入过程是创业机会的识别过程，该过程的关键要素包括创业者特质、市场需求和创新成果。系统处理过程是指创业者特质、市场需求和创新成果三项要素输入至系统形成创业机会和创业团队后，创业机会、创业战略和创业资源三者相互作用创造产品和服务并形成企业利润的过程。创业输出过程是指经过系统处理过程，创业机会被识别、开发和利用之后，输出创业结果。创业结果不仅包括新创企业的存活性和财务绩效，同时还包括创业活动对社会和创业者个体的意义。系统反馈过程主要体现为创业结果对创业者后续创业的影响。

基于系统理论的创业过程模型将宏观环境和微观环境结合起来，从系统输入、处理、输出及反馈四个方面来描述创业的整个过程，因而较为系统和全面。当然，相比其他模型，该模型的复杂性也大为增加。

第二节　家族创业

一、家族创业的界定与特征

（一）家族创业的概念

所谓家族创业就是以部分或全部家庭成员为创业主体，受家族情感和文化影响，在家族资源支持下，通过家庭成员之间的协同来创立企业，其目的通常是增进家族集体利益和个体福利。

（二）家族创业的特征

1. 家族创业主体为家族成员

家族创业的主体主要是家族成员，包括夫妻、父子（女）、子女、兄弟（或姐妹）等。因此，根据创业主体的不同，家族创业又可以分为夫妻型创业、父子（女）型创业、子女型创业、兄弟（姐妹）型创业等。

2. 家族资本是家族创业的基础

家族创业与家族资本（family capital）的支持有着极为密切的相关性。所谓家族资本就是隶属于家族成员的所有资源，包括人力、社会以及财务。正是由于家族资本能够提供这些资源支持，家族创业者才有可能创立企业并获得成长。

3. 家族创业主要目的是增进家族整体和个体福利

家族创业可能是生存型创业，也可能是机会型创业。但不论是那种创业类型，家族创业者都希望能够通过创立企业来增加家族收入，增进家族整体和个人的福利。这些福利包括：为家人解决就业；为家人健康和子女教育提供更好的物质基础。

4. 家族性是家族创业的本质特征

"家族性"（familiness）是美国学者 Habbershon 和 Williams 在 1999 年所发表的一篇文章中提出的概念，意思是指家族、家族成员和企业之间的系统性互动是家族企业所具有的独特性资源。这种独特性建立在家族成员之间的亲情或血缘关系基础上，使家族创业者和家族成员之间具有强烈的家庭责任感和利他主义动机及行为，彼此之间形成高度信任感和相互依赖性，并将家族利益摆在至高无上的地位。在家族利益驱使下，家族成员之间不仅能够很容易在创业机会选择和把握上达成共识，还能够将家族价值观融入创业过程中，并在机会开发和利用过程中形成良好高效的分工合作。因此，家族性在家族创业过程中扮演着非常关键的作用。

二、家族创业的类型

按照创业主体类型，可以将家族创业分为夫妻型创业、父子（女）型创业、兄弟（姐妹）型创业等类型。

（一）夫妻型创业

"夫妻店"是一种常见的创业形式。由于夫妻是利益一致的命运共同体，因此，在创业期间，夫妻彼此能够给予对方最大的支持。而且由于男性和女性在性格、能力上具有互补性，这种创业类型也常常能够闯过创业阶段所面临的各种困难。当然，夫妻型创业的劣势也相当明显，例如，容易产生多头管理，容易将工作矛盾引入婚姻家庭关系之中，容易受到各自家族成员利益的负面影响，等等。夫妻型创业的案例很多，如当当网的李国庆和俞渝、发明超级解霸的豪杰公司创始人梁肇新和王周宇。

（二）父子（女）型创业

由于血缘、养育和年龄关系，父子（女）型创业是一种相对稳定的创业类型。父亲因在家庭中所具有的权威地位、丰富的人生阅历以及强烈的家庭责任意识，常常会成为创业过程中的决策者和领导者，子女则因为辈分和经验自动成为下属和执行者。角色定位的合理性让父—子（女）之间的关系较为和谐并形成能力互补。但父子（女）型创业所面临的最大的问题就是传承和接班问题。这在多子女家庭或子女能力偏低的状况下，会表现得尤为突出。父子（女）型创业的企业也很多，如 20 世纪 90 年代曾经占领中国保健品市场半壁江山的三株集团就是由吴炳新、吴思伟父子创立的，浙江方太集团就是由茅理翔和茅忠群父子创立的。

（三）兄弟（姐妹）型创业

"兄弟齐心，其利断金"，出自《周易·系辞上》。原句是，"二人同心，其利断金；同心之言，其臭如兰。"比喻只要两个人一条心，就能发挥很大的力量；在语言上谈得来，说出话来像兰草那样芬芳、高雅。由于血缘和日常生活在一起的缘故，兄弟（姐妹）之间彼此了解，相互信任，因而能够在创业过程中形成很好的分工合作，共同处理创业难题。当然，兄弟（姐妹）型创业不同于父子（女），兄弟（姐妹）情再深，将来也会因为财富分割或企业控制管理权问题而出现矛盾，产生分家问题。这是兄弟（姐妹）型创业所存在的弊端。刘永行、刘永好 4 兄弟的希望集团，远大空调张剑、张跃兄弟，吉利集团李书福 4 兄弟等，都是兄弟型创业的典型案例。

三、家族创业的过程

创业过程和家族关系交织在一起是家族创业最显著的特点。家族作为创业主体会对创业过程产生明显的影响，具体体现为家族独特性因素对机会识别和开发、资源获取和整合等环节的影响。

（一）家族与创业机会识别和开发

机会识别是创业过程的一个重要环节，也是最关键的初始创业活动。家族在创业机会识别方面通常会具有较为明显的优势。其原因主要在于家族成员之间会在信息、知识和经验方面进行共享，这对于识别和捕捉市场机会是非常重要。

一方面，血缘关系的存在使家族成员之间拥有高信任度和利他主义情怀。当家族内部某个或某几个成员获取了与市场机会相关的信息后，他们通常会与其他家族成员分享。

另一方面，家族以及家族企业内部的知识（尤其是缄默性知识）往往不会在家族外部或企业外部传播，只会形成家族内部独特的知识，从而对创业尤其是跨代创业产生重要的影响。家族成员受到家族内部以往创业经验或者经营经验以及现有知识的影响，可能具有更强的创业意图和动力。当家族能够为他们提供一定的资源支持时，创业就很可能实际发生。如果家族内部已有成功创业的先例，家族成员就能够比别人更方便地获得有关创业的经验与知识。

正因为如此，美国著名的战略管理学家 Barney 教授指出，与一般性的社会关系相比，家族血缘关系可以为创业家族带来更强的机会识别能力。

（二）家族与资源获取和整合

资源是将创业机会变为实际行动的必要基础，如财务、人力和社会资本。

一般而言，出于对风险的考虑以及受到贷款条款的约束，家族创业更偏好于从家族成员汇集资金，因而具有内源融资偏好。研究显示，在我国家族创业资金结构中，有85％的资金来自于家族内部。家族资金的使用使创业过程不需要受到外部资金的影响，因为外部投资的介入以及不同利益相关者会增加家族创业的代理成本，进而导致资金使用的低效率和高成本。

家族成员是家族创业主体，也是创业企业最主要的人力资源来源。一方面，家族创业者所具有的长期发展导向和内部传承意图使其会更为长远地考虑创业成长问题，更愿意投入精力去经营企业。另一方面，受血缘、情感等因素的影响，家族成员之间会有较深厚的信任基础和较强的内部协调能力，这有利于充分发挥家族成员的潜力。此外，在创业期间，家族成员通常是不计较报酬的，这也极大地降低了家族创业的人力成本。

所谓社会资本（social capital）是指镶嵌在个人或社会个体占有的关系网络中，通过关系网络可以获取的实际或潜在的资源总和。家族社会资本作为社会资本的一种形态，表现为家族内部关系和信任。在家族社会资本的影响下，家族资金和人力资源能够汇集到家族创业过程中，从而为家族创业提供有力支持。

（三）家族与团队管理

家族创业团队主要由家族成员组成，如夫妻、父子（女）、兄弟（姐妹）等。因此，家族创业团队管理实际上就是家族成员管理。由于家族成员通常已经在一起生活多年，彼此之间非常熟悉和了解且已形成了相对清晰的角色定位，再加上相互之间的信任与忠诚以及高昂的背叛成本，故而在创业过程中很少有人会采取机会主义行为，团队管理的代理成本是很低的。此外，丈夫（或妻子）、父亲（或母亲）、长兄（或姐）所具有的权威性管理也大大增强了家族创业效率和资源使用效率，提高了家族创业成功的概率。

案例

内地首富梁稳根的创业之路

2011年9月7日，在由胡润研究院制作的"2011年中国百富榜"中，三一集团董事长梁稳根以700亿元人民币的财富成为"中国新首富"。这不是一家之言。7月25日，在《理财周报》发布的2011年"3 000中国家族财富榜"榜单中，三一重工梁稳根家族以598.51亿元身家位居中国首位。实际上，早在2011年5月10日《新财富》发布的"2011年500富人榜"中，梁稳根即以500亿元身家问鼎首富。25年时间，梁稳根把6万元起步资金变成了700亿元，财富增长了117万倍。这绝对是个奇迹。

1. 起步资金：6万元

梁稳根出生于湖南省娄底地区涟源市茅塘镇的一个小山村，是个农民的儿子。梁稳根是恢复高考后的第二年考入中南大学金属材料系的。1983年，他被分配到国营企业——兵器工业部洪源机械厂工作，两年后，一心想当"万元户"的梁稳根递交了辞职书。没有了"干部"身份，甚至连城市户口也没有了。父亲怒不可遏，拿着扁担追着梁稳根要把他撵回洪源机械厂。在老人的眼里，儿子好歹混出了点"名堂"，怎么能说不干就不干了？

梁稳根后来回忆说，当时他做好了失败的准备，"如果经商失败了，我就去做两件事：一是写一本书——《此路不通》，以后告诫像我一样冲动的年轻人；二是到落后的山村去当先生，教书育人。"在经历贩羊、营销白酒、生产玻璃纤维等一系列失败后，梁稳根的"第一桶金"来源于特种焊接材料——这正是他的专业特长。1986年企业开业时，梁稳根将工厂命名为"三一"："创建一流企业，造就一流人才，做出一流贡献。"这时候，他手里的全部资金是6万元人民币。

5年之后的1991年，梁稳根的企业发展成为娄底最大的民营企业，年销售额过亿元。但这种发展速度和规模与"三个一流"的理想仍甚远。通过一系列调研与论证，梁稳根认为这是市场容量的问题。"金刚石特种焊接材料市场，全国总容量也就10多个亿，即使把全国市场都垄断，发展空间仍不大。此外，涟源较为偏僻，交通不便、信息不畅、资本受限、人才受困，无法孕育出世界级的企

业。"梁稳根确定了"双进"战略：进入中心城市——长沙；进入大行业——装备制造业。就选择工程机械行业的原因，梁稳根认为，欧、美、日等国家和地区的工业化进程造就了上百个世界500强，仅工程机械制造业美国就占了3家。中国是一个人口和面积大国，现代化、工业化等进程都要依靠工程机械制造业支撑，这说明工程机械行业不仅有着巨大的市场空间，更有长久的发展机遇！端正了战略方向的三一重工，销售收入和利润以50%以上的年增长率推进。

2. 重塑"中国制造"

遍布世界各地的"中国制造"，长期被认为是品质低下、价格低廉、劳动密集、科技含量不高的代名词。当以三一重工世界最长臂架混凝土泵车、世界首创无泡沥青水泥砂浆车、亚洲最大吨位履带起重机等为代表的一大批自主创新产品陆续推出后，"到海外去赚钱"成为三一重工的战略选择。"没有国际化，三一重工最多就是个大一点的个体户而已。"梁稳根认为。三一重工的国际化战略是在国家"十五"计划出台后的第二年开始的。2002年8月，三一重工第一家海外子公司在印度设立。随后，公司两台平地机分别从中国发往印度和摩洛哥。三一重工国际化战略序幕由此拉开。关于"走出去"的方式，国内绝大多数企业采用的是跨国并购的模式，而三一重工选择了直接投资。2010年2月，三一重工与巴西圣保罗州政府达成投资2亿美元的协议，拟建工程机械生产与研发基地。预计建成后，5年内其年销售额将达到5亿美元。此前，三一重工分别于2006年11月在印度投资6 000万美元、2007年9月在美国投资6 000万美元、2009年1月在德国投资1亿欧元，均是采用直接投资、设立研发与制造基地的方式。

为何三一重工对直接投资情有独钟？"跨国并购鲜有成功案例，主要归结于文化整合难度大、管理水平有差距。"梁稳根说，"多年来，三一重工'练好了内功'，用三一的资本、品牌、服务、精益制造等诸多优势资源，去异国他乡整合别人的优秀资源，用国际化的资源提升三一的国际化！"三一重工财报显示，公司在2008～2010的3年时间，实现海外销售收入总额约15亿美元，在金融危机的影响下，海外市场实现的销售收入仍然占到公司销售总额的12%以上。至2010年底，三一重工业务已覆盖150个国家。在三一重工的国际化进程中，特别是在智利圣何塞铜矿矿难、日本福岛核泄漏危机等救援上，三一重工不断提升的产品品质让绝大多数外国人开始以新的眼光审视"中国制造"。

3. 造富工厂

在三一这个"造富工厂",拥有百万元、千万元资产的员工数以千计,9 名董事会成员资产均超过亿元。多年来的福布斯中国富豪榜上,除梁稳根外,还有唐修国、向文波、袁金华、毛中吾等人。值得提及的是,2008 年 3 月,三一集团还因向已故高管李冰遗孀颁发了 1 710 万元现金、11 万股三一重工股票的奖励而获得了外界广泛认可。在三一重工,《劳动合同法》颁布前公司就为每位员工购买了"五险一金";公司员工的工资在全国具有"发言权";公司从制度上为员工设计了通畅的职业发展通道;公司构建自身培训体系,使能力得到持续提升……从 2007 年开始,三一重工每一年的年度工作报告均会在"帮助员工成功"这一理念上着下浓墨重彩。"要不断超越自我,要不断提升企业的标杆,要让每一位员工分享到公司发展的红利。"梁稳根说,"员工工资是家庭美满、公司国际化、社会和谐的基础。当员工过上了富足而有尊严的生活,在具备共同使命感的基础上,他们就可以更好地履行对家庭、企业和社会的义务与责任!"

当财富发展到一定阶段,即家族一代、两代甚至好几代人也用不完的时候,企业前进的动力来自何方?梁稳根给出了他的答案。

资料来源:http://www.xuexila.com/success/chenggonganli/1683883.html

第四章　家族企业治理

第一节　家族治理与家族企业治理

一、家族治理

（一）家族治理的含义

随着家族企业的发展壮大，其治理问题越来越受到人们的重视。但是，由于家族企业是家族与企业的结合，因而它的治理问题远比公众式企业更为复杂。而且，家族企业定义本身不统一，进而导致人们对家族治理模式的界定也是多种多样的。

目前，众多的研究把家族治理等同于家族企业治理，或者家族治理包含家族企业治理。基于家族企业的双重属性，我们把家族治理和家族企业治理分开。家族治理主要指家族各种关系的平衡，包括各种正式和非正式的家族治理方式，如通过"家族宪法"或者是家族治理的一系列机构和一系列制度去维护家族成员的权益或处理他们之间的纠纷。这些制度包括聚会制度、信息披露制度、财富管理制度、行为规则和条例、继承制度、文化传承制度、教育和培养制度等，还包括加入家族企业的规则和条件。

（二）家族治理的关键维度

1. 家族关系平衡

在一个典型的非家族企业中，雇员、经理、所有者或者董事的角色往往是由不同的人扮演。但是，在家族企业中，一个人往往有多重身份，这些身份背后又有着不同的激励因素，因此，家族企业的治理会更加复杂。因为家族成员对于家族企业可能有着不同的职责、权利和期望，这种情况有时会导致各种问题和冲突，这些问题得不到有效解决，必然会影响到家族企业的传承与发展。家族企业在发展过程中，随着时间的推移，加入企业的家族成员逐渐增加，他们对于企业运营和战略会有不同的想法和意见，在家族企业中建立起必要的沟通渠道和机制，设定家族成员行为规则，预防潜在冲突，保证家族企业的整体发展方向，是家族治理的主要目的。

良好的家族治理结构应该做到：

（1）能够向所有家族成员传递家族的价值观、使命和愿景；

（2）向家族成员通报企业的挑战、业绩和战略方向；

（3）就家族成员的雇佣、红利分配以及其他规则进行沟通并监督；

（4）建立正式的沟通渠道，允许家族成员提出他们的想法、期望和问题；

（5）将家族成员聚在一起，共同做出某些重要的决定。

建立这样的治理结构，将帮助家族成员彼此之间尤其是介入企业运营的家族成员之间的信任，增进家族团结。

2. 家族传承与接班人培养

并不是所有的家族成员都想涉足家族企业，但训练他们的技能，培养他们成为积极或被动的企业股东的兴趣，依然是一项重要的责任。经验表明，在培养下一代上需要有结构化的战略，这不仅仅是保证子女在他们各自的兴趣领域得到最好的教育机会。中欧商学院李秀娟教授由此将家族接班人的培养经验总结为三个要素：必要的、优秀的学校教育经历；关键的、认真的外部企业工作经历；全面的、深入的企业内部历练经历。

3. 家族财富分配

家族财富管理领域，发达国家已经做得比较成熟。犹如美国作者比尔纳在《家族财富》中提出的，国外家族财富管理不仅关注财富长久传承，同时也关注家族文化的传承。国外成熟家族财富大多是法律结构、税务结构和遗产传承结构等硬结构相对而言比较完备。也就是说，除了资产的规划（保值增值）、子女的教育等重要内容，他们还特别注意构建"坚实的结构"，以保障家族财富和文化的长久。其中投资策略、法律顾问、税务筹划等是重要的实现手段。

4. 家族文化及价值观塑造

每个家族企业在经过长期的文化积淀后，都会形成其固定的有着鲜明特色的价值观体系，并决定着家族成员沟通、解决问题、认知、关系构建等行为的方式。从这个角度讲，家族价值观包含了个体主义/集体主义、内部/外部导向、信任、长期与短期价值追求等多个方面。

可以说，家族价值观是一个复合的概念，家族企业在不同的环境中动态调整企业的价值取向，以达到与环境的契合。例如，强调集体主义的价值观，有助于家族企业内部成员间形成信任和共同语言；而个体主义的价值观虽然可能减弱家族成员间的合作倾向，却能促成有利于家族创业的风险承担、自主、个人授权、自我承诺等重要品质。家族企业的共同价值观会通过家族文化或家族企业文化表现出来。

更重要的是，家族企业内部共享的价值观可以为家族成员和非家族成员带来共同的认知，帮助企业成员树立信心、增强默会知识共享、形成心理契约等，大大降低家族企业内部的代理成本。欧洲家族企业在明确家族价值观方面做得很好，例如，很多德国家族企业都为这样一种共同愿景奋斗：在本行业中取得工程技术方面的领导地位。当这些家族价值观深深渗入家族股东和家族经理的"血液"，我们就不难理解其在治理家族内部代理问题中的作用。

家族价值观的培养可能是主动塑造，也可能是被动形成，但并不是一日而成的事情，这需要家族企业领导者和他们的后代不断思考、探索、实践。家族企业可以通过规范、制度向成员传导其坚持的信念，也可以通过关怀、情感互动与交流来获得成员的认可。例如，来自企业家长言传身教的分享、家族形象的塑造以及由家族扩散到企业成员的聚会和纪念日等。

正式或非正式的治理手段，都可能成为家族企业传导价值观的途径。但无论采用何种模式，价值观培养的核心是，要将企业的信念真正传播到每位成员心中，构建起成员对于企业的高度认可，以形成互信与合作行为。否则，价值观的冲突会导致企业运营出现问题。

二、家族企业治理

(一) 家族企业治理的含义

在家族企业治理模式中，企业的所有权主要被以血缘、亲缘关系为依托组成的家族成员控制着，家族成员拥有主要经营管理权，企业决策程序主要按家族程序进行。因此，家族治理模式，是指企业的所有权与经营权结合，此时企业与家族还处于合并阶段，而且企业的主要控制权还在家族成员中配置的一种治理模式。

（二）家族企业治理的主要内容

1. 家族企业的内部治理

（1）正式制度治理。

第一，股东大会、董事会和监事会。

股东大会是公司的最高权力机关，它由全体股东组成，对公司重大事项进行决策，有权选任和解除董事，并对公司经营管理有广泛的决定权。股东大会既是一种定期或临时举行的由全体股东出席的会议，又是一种非常设的由全体股东所组成的公司制企业的最高权力机关，它是股东作为企业财产的所有者对企业行使财产管理权的组织。企业一切重大的人事任免和重大的经营决策一般都得股东会认可和批准方才有效。

董事会是股东会或企业职工股东大会这一权力机关的业务执行机关，负责公司或企业和业务经营活动的指挥与管理，对公司股东会或企业股东大会负责并报告工作。股东会或职工股东大会所作的关于公司或企业重大事项的决定，董事会必须执行。

监事会是股东大会领导下的公司常设监察机构，执行监督职能。监事会与董事会并立，独立地行使对董事会、总经理、高级职员及整个公司管理的监督权。为保证监事会和监事的独立性，监事不得兼任董事和经理。监事会对股东大会负责，对公司的经营管理进行全面的监督，包括调查和审查公司的业务状况、检查各种财务情况并向股东大会或董事会提供报告、对公司各级干部的行为实行监督并对领导干部的任免提出建议、对公司的计划、决策及其实施进行监督等。

第二，董事长、总经理、执行董事和独立董事。

董事长是公司董事会的领导，是公司的最高领导者。其职责具有组织、协调、代表的性质。董事长的权力在董事会职责范围之内，不管理公司的具体业务，一般也不进行个人决策，只在董事会开会或董事会专门委员会开会时才享有与其他董事同等的投票权。CEO 的权力都来源于他，只有他拥有召开董事会、罢免 CEO 等最高权力，他掌握行政权力。而一个公司的总经理属于公司雇员范畴，由董事长经董事会通过任命，接受董事会监督，承担了经营公司和执行董事会决策的重任。董事会拥有所有权、监督权和决策权，而总经理拥有经营权和部分决策权，掌握公司的日常行政权。总经理可由董事长兼任，总经理也可兼任董事会董事。

董事又称执行董事，是指由公司股东会选举产生的具有实际权力和权威的管理公司事务的人员，是公司内部治理的主要力量，对内管理公司事务，对外代表公司进行经济活动。占据董事职位的人可以是自然人，也可以是法人。但法人充当公司董事时，应指定一名有行为能力的自然人为代理人。

独立董事指独立于公司股东且不在公司内部任职，并与公司或公司经营管理者没有重要的业务或专业联系，并对公司事务做出独立判断的董事。

（2）非正式制度治理。

第一，家长式领导。30多年来，中国大陆、港澳台地区以及华侨华人在经济上的飞跃发展使华人企业组织领导行为成为学者们关注的焦点。家长式领导作为华人组织最突出的特征之一，其提出和研究均是建立在华人传统文化基础上的。

家长式领导表现出权威领导、仁慈领导、德行领导行为，相对应的是下属表现出的敬畏顺从、感恩图报以及认同效法。这种对应关系体现了一个基本的假设：家长式领导的绩效是建立在领导者、下属对自己角色的认同以及下属的追随基础上的，否则将导致管理绩效降低、人际和谐关系破坏甚至公开的冲突。

华人家族企业中较为普遍地存在家长式领导和控制，领导者的权威和个人魅力成为重要的因素。家族企业推行一种人治型文化，靠业主个人的权威和经验来下达决策，缺乏健全的制度和严格的规则。即使企业制定了相应的制度，也往往"权"比"法"大。企业发展若过于依赖某个人的意志则有相当大的风险性，同时也打击了其他成员工作的积极主动性。家族业主逐渐会明白，利用统一、透明的制度（规则）来管理企业要比用随机和盲目的个人意志有效得多，既不伤害员工感情，也不影响领导者的权威。制度的相对稳定、公平和严肃性，体现了所有员工的最高利益，有利于产生正确和民主的决策，有利于弘扬开放与合作的现代文化。

第二，血缘与股权双重纽带及激励。家族企业的所有权与经营权不分离或分离不大，经营者受到来自家族利益和亲情的双重激励和约束，不存在缺乏激励约束的问题，其经营的好坏与其财富和家族的兴衰有直接的关系，所以经营者必须不断拼搏，视企业为生命，他们发生道德风险和机会主义的概率较低。

第三，关系管理。家族企业在创业初期是以家庭为单位开始，这时的家族企业中心是以"家庭"为核心的，有一种极强的凝聚力和向心力。进入家族关系治理阶段，控制权的分散和转移导致家族成员全面进入企业，这时候的创业者或合伙人考虑给家族成员以锻炼的机会，家族成员进入分工协作阶段。通过分工协作，明确他们在企业中的职责。传递领导权虽然是企业的问题，但也是家族的问题。当企业发展到泛家族阶段，随着家族企业规模的扩大，家族企业中的组织成员结构依血缘、姻缘、地缘等方向，由亲及疏、由近及远地向外扩张，同时企业进一步制度化，家族企业中人服从企业规章，由人治逐步走向法制，血缘关系的作用开始弱化，但企业的组织、经营、管理大权仍牢牢控制在某一个或若干个家族成员手中。但随之家族企业的各种问题也接踵而至，不但面临着家族企业内部成员的权力、利益纷争，而且面临着严重的人才问题。此时，关系治理的重点也将逐步转移到泛家族关系中，建立完善的用人机制，树立利益共同体是其中的重点。家族企业内部的关系治理——这种非正式契约型治理将逐渐被正式契约治理所取代。企业的经营产业层次不断提高，业务不断拓展。随着家族企业公开化和社会化程度的不断提高，家族企业的组织结构和企业法人治理结构得到完善。

2. 家族企业的外部治理

企业外部治理的内容主要包括：收购与重组的威胁、产品市场的竞争和管理者市场的竞争等内容，它们是构成企业外部约束机制的主要部分。目前国内一些学者也将具有制度环境约束的法律制度和执法状况、具有行业规则约束的监管和具有文化环境约束的社会伦理道德准则等看作企业的外部治理机制。在中国家族企业中，企业作为一个法人实体，现有家族成员股东、潜在股东以及债权人与企业之间的关系，分别体现在股票市场和借贷市场上；经营者、雇员和顾客与公司之间的关系则分别体现在经理人市场、劳动力市场和产品市场上。由此可以看出，家族企业治理中所有利害相关者的来源都是与不同的市场环境相关联的，因而市场环境的健全与否将直接影响企业治理的效率。同时，政府也利用其掌握的经济计划、产业政策以及财政金融等手段直接或间接干预家族企业的战略选择。因此，完善的市场体系和优胜劣汰的竞争机制外加上健全的法律法规体系构成了比较完整的家族企业外部治理系统。

第二节 境外家族企业治理模式

一、英美家族企业治理

（一）英美家族企业治理的表现形式

英美国家公司治理模式表现在组织结构上的特征是股东大会、董事会、执行层三大机构分权而治。其中股东大会是公司最高权力机构，英美公司的股东非常分散，相当一部分股东是只有少量股份的股东，其实施治理权的成本很高，因此，不可能将股东大会作为公司的常设机构，股东大会是将其决策权委托给一部分大股东或有权威的人来行使，这些人组成了董事会。

董事会是公司最高决策机构，执行层是公司日常经营管理机关。英美公司的董事会在内部管理上有两个鲜明的特点：其一，在董事会内部设立不同的委员会，以便协助董事会更好地进行决策。其二，将公司的董事分成内部董事和外部董事。董事会有权将部分经营管理权力转交给代理人即公司政策执行机构的最高负责人，这个人一般被称为首席执行官，即 CEO。大多数公司又在首席执行官之下为其设助手，负责公司的日常业务，这就是首席营业官（chief operation officer，COO）。首席执行官的设立，体现了公司经营权的进一步集中。英美国家公司治理结构中不单独设立监事会，其监督功能由董事会下的内部审计委员会承担，内部审计委员会全部由外部独立董事组成。

（二）英美家族企业治理的主要特征

1. 股权分散、流动性强

英美家族企业股权高度分散化，小股东众多。这一方面是由于机构投资者的分散投资模式、规避系统性风险的措施；另一方面是由于法律上的制约。法律严格控制工业、商业等大股东的进入。目前机构投资者在美国公司的股权超过了 40%，但在单一企业中这个股份比例是非常有限的。在现代股份制企业中，缺乏对经营者有效监督的因素，没有股权形成对经营者的牵制。股东们很多时候要求提供财务报告的详细性、证券交易市场的公平性，却没有遏制经营者的公司控制权，甚至只能容忍管理者资本主义的存在，导致公司大权被其独揽，偏离受托责任，损害投资者利益。

2. 外部市场控制较为严格

英美家族企业治理模式以经营者控制为特征，很大程度上依赖资本市场的外部治理。高度分散的股权以及股东投资行为短期化，提升了经营管理层权力范围，限制了企业内部控制机制的运转。同时，外部环境资本竞争性正好形成了对英美家族经理人的约束机制。这种效果的达成主要通过公司控制竞争和证券市场信息披露机制来完成。

3. 董事会以独立董事为主的治理结构

美国的一元治理模式，在结构上监督机构和执行机构合一。这里家族企业通过董事会拥有企业控制权，既监督业务执行又决策公司事务。两种职能在职责上存在着冲突，给家族企业治理带来困境。为此，公司法引进独立董事来完成监督职责。它要求上市企业要有一定数量的独立董事，独立董事独立于公司，对公司管理层和执行董事实行监督职责。同时要更加强调其独立性，以更好地有效执行监督责任。独立董事的设立，试图在一元结构下完善对管理层的监督能力，维护利益冲突下的交易公正、公平。从美国公司法关于独立董事的规定可以看出，即使没有监事会的设立，其独立董事和执行董事的职能作用已经充分发挥了监事会的作用，类似于二元制下的监事会制度。

4. 企业治理依赖高质量的创新力，且职业化程度高

英美家族企业的家族成员很少参与企业管理，企业治理职业化的程度比较高。家族企业最怕的就是一人独大和亲人连带造成的独裁领导和任人唯亲。要紧跟时代变化和发展，引进新的活力和力量。英美家族企业依靠其发达的资本市场，一般来说股东不直接参与公司的管理。企业普遍实行管理权和所有权分离，聘任职业经理人。家族一般除了拥有所有权，还对企业保留控制权，分离给职业经理人的只是管理权，这样的治理结构冲破了企业经营管理人才方面的局限，提高了企业的效率，为家族企业的成长提供了较好的保障。在很多有名的家族企业中，普遍实行两权分离的模式。他们通过建立长期可持续发展的组织，并经过内部的调整和变革，形成了专业化的管理组织，并在重要的岗位如 CEO、CFO 聘任职业经理人，把企业系统和家庭系统进行了相对的分离，将现代化管理和家族控制较好地结合起来。

二、日德家族企业治理

（一）日德家族企业治理的表现形式

日德家族企业内部监控型的治理模式是一种融合相关者利益与人本主义治理思想的模式。它是在利益主体导向下的主体多元化模式。家族掌握控制权，企业具有浓厚的家族色彩。目前，日德的家族企业将管理权移交给经理人后，仍然掌握着对企业的所有权和控制权。这种情况在上市与非上市甚至集团企业中都存在着。例如，日本内部董事在董事会几乎占了全部，经理和董事合一，企业主要依靠内部组织对经营者进行监督。

（二）日德家族企业治理的主要特征

1. 家族企业的主要股东是商业银行

在日德家族企业中，银行扮演着不可或缺的角色。在企业经营发展中，银行

在公司事务中与其有着广泛而深厚的关联，形成了主银行体系模式。该模式最大的特点便是，银行既是放贷人，又是监督者。银行在此起主导作用，影响企业的重要决策活动。在企业自主经营权充分放开条件下，又实行对企业经营过程的监督和控制。

日德家族企业的最大股东虽然是商业银行，并且商业银行使企业股权呈现出了集中化特点，但它们之间也是相互区别的。在日本，家族企业集团的核心是银行，它具有企业大部分股份，并对企业外部融资渠道实行限制。相反，德国家族企业却主要依赖大股东。德国企业家族股权集中，能够有效监督经理层。另外，德国也多通过内部融资而不同于日本企业的外部融资。

2. 法人持股或法人交叉持股

法人持股或法人交叉持股是日德家族企业股权结构的一个基本特点，这一特点在日本企业中更加突出。首先，法人交叉持股比较稳定，相互交叉的方式又进一步加强了其稳定性，特别是法人之间稳定的相互持股，银行对企业持股和干股（例如德国的股票托管制度和持股人股票制度、日本的主体银行制度），股票周转率很低。其次，这种金融机构和法人交叉持股的股权结构保证了家族的控制权，减少了股东的恶意兼并、接管和短期利益行为的发生。再次，银行不仅持有企业的股票，而且还是企业重要的债权人，这虽然提高了企业的资产负债率，但也增强了银行对企业的影响。最后，法人持股行为容易因垄断倾向而造成对中小股东的利益损害，相互间共同成本高，而且家族企业内部封闭，资源流动性差，市场协调机制无法有效发挥作用。

在法律上，日德没有限制法人相互持股，因而日德企业法人交叉持股很普遍。这种持股有两种形式：一种是环状持股，像三菱公司的劝银集团，彼此之间通过如此持股加强经营关系和稳定持股；另一种是垂直持股，如丰田、住友公司，他们通过建立母子公司关系，来协作彼此在生产、技术、服务等方面的工作。总体来说，法人交叉持股密切了企业关联关系，增强了家族之间相互依存、相互制约、相互渗透的共同体关系。同时，日德家族企业的这种持股方式是企业与企业、企业与银行间的交叉，而不是无边际的持股行为。

3. 企业监控机制严密

日德家族企业监督机制的完善和健全，主要来自于大股东的有效监督、企业工会的有效监督以及企业内部的相互监督。

（1）大股东的监督。日德家族企业通过法人交叉持股来避免股权分散带来的监督弱化的缺点。这种企业以相互持股的主银行体制或者银行直接持股的方式来集中股权，增强了公司竞争力，提升了股东监督的有效性。

（2）工会监督。日德企业的员工除了身居高层的都归属于工会。工会作为企业的重要组成部分，对管理层的监督作用是不可抹杀的。一般工会通过工会管理联合咨询委员会来实现对管理层的监督。委员会定期召开会议，关注相关议题，如企业的政策报告、项目协商等内容。

（3）企业内部多种形式的相互监督。一方面是人事和信息监督。日本大公司往往派遣中层管理人员到关系公司、分公司、用户企业和长期的供应商担任一定的职务，这样，在企业之间就建立起了一种信息和人事监督渠道。另一方面是各生产要素供应者间的监督。企业供应商、客户、承包商、债权人等资金投资者，既是生产要素的提供者，又具备强烈的动机参与和监督产品生产过程，具备企业最直接的信息，有效地降低了企业监督费用。

4. 独特的企业激励机制

企业业绩与企业管理者的报酬联系起来是企业最常用的激励措施，许多国家采用股票期权和高额经理薪金等方案来提升经理人为股东利益而奋斗的热情。不过，日德的家族企业却通常采用终身雇佣制、企业内工会①、年功序列制②等特色激励机制，导致日德家族企业的经理人报酬普遍低于新加坡、印度尼西亚等亚太经合组织其他国家或地区。有关数据显示，在日本，企业的高层经理税后年薪是普通员工的3倍，税前年薪一般是普通员工的5倍。日本家族企业经理人工作付出程度是众所周知的，努力程度也是有口皆碑的，但是，与其他国家同类阶层相比却有着天壤差别，非常低。不过，在相当长的时期内，如此做法也达到了企业内管理者激励员工的目的，也就是说，日德通过社会认可和高声誉、低薪成功地实现了对经理人的有效激励。

此外，日本家族企业治理模式的关键点在于"家"文化上。日本在职业化管理上引入了职业经理人，并融合"家"文化中。日本的家族企业非常注重内

---

① 企业内工会指的是按特定企业成立的工会制度。由于日本一般都采用终身雇佣制，所以管理者年轻时为该工会会员是极其普遍的现象。这样，经营管理者很少与工会成员发生对立冲突。在这种谋求企业发展的劳资协调路线的指导下，劳资关系能够圆满妥善地得到解决。

② 年功序列制认为，业务能力和技术熟练程度的提高与本人年龄的增长成正比，工龄越长贡献越大，因此，工资应逐年增加。

部的培养，职业经理人员多数来自于企业的内部而不是从市场引进，使用"家"文化来约束和激励职业经理人，并提高员工的忠诚。这样，既有效地解决了内部人控制问题，又降低了找寻经理人的搜索成本。在非正式的规则上，日本家族企业具有独特而浓厚的"家"文化色彩，以家为中心的家族经济体实现企业的发展经营。同时，日本家族企业能够大胆启用外来人才，而且可以放心地把企业控制权交给外人，从而走出代际传承"瓶颈"。

三、东南亚及韩国家族企业治理

（一）东南亚及韩国家族企业治理的表现形式

东南亚国家及韩国家族企业主要的治理模式是家族治理，也是家族企业治理的典型范例。这些地区在企业建立和发展初期没有原始的资本积累过程，形成了家族治理与资本结构模式的特殊组织治理类型。他们之所以选择家族治理模式，与其儒家文化的社会影响分不开，企业成员深受儒家传统家族主义的教育，儒家文化中的许多做法和观念对这些国家和地区的文化有着较深的影响，企业中的文化也充斥着儒家文化，形成了根深蒂固的家族企业思想，家族在一起共同治理企业。同时，这些企业的起家背景是在市场体系不完备、政府政策扶持和推动下萌发的，家族企业治理模式也是其治理监管公司的可行选择。

（二）东南亚及韩国家族企业治理的主要特征

1. 家族成员把持企业主要股权或者所有权

东南亚和韩国的家族企业中，家族成员通过以下途径掌握控制权：

（1）初始所有权由家族创业的兄弟姐妹或者堂兄弟姐妹共同持有，在传承时，所有权由他们的子女或者堂子女共同拥有；

（2）企业所有权由单一创业者拥有到传递给其子女拥有；

（3）企业所有权由具有亲缘、血缘、姻缘的家族成员控制，再到自己的二代、三代家族成员共同控制；

（4）企业所有权由家族企业创业者或者家族外其他创业者控制，在传承时形成由家族成员共同控股的局面；

（5）迫于社会化和公开化的压力，将企业股权转移给家族外企业或其他人员，或者改制上市，形成多元化的产权局面，但是企业控制权仍然由家族把持。

2. 家族成员掌握企业主要经营管理权

在东南亚和韩国的家族企业，家族成员控制经营管理权主要有两种途径：一是由有血缘基础的家庭成员和有姻缘的家族成员共同控制企业的经营管理权；二是由有血缘关系的家族成员掌握。

3. 企业决策呈现家长式特征

这些国家和地区的企业决策受儒教文化影响，呈现家长式特征。涉及创办新企业、新业务和接纳新的接班人等重大决策都由家长一人做出，在企业其他事务决策上也要获得家长的同意才能批准。当这种家族式治理决策权力传承于下一代或者第三代时，他们做出的决策也同时被企业的其他家族成员绝对服从和尊重。但与前一代权威相比有所下降，带来继承方面的矛盾冲突。

4. 对经营者进行双重化激励

家族企业在这些国家和地区的经营者受到了来自于家族和亲情的双重激励与约束。创业者的经营初衷是努力打拼为后代积累一份资产财富，到了第二代，后辈为了发扬祖业，有责任做到维系家族亲情关系和资产的保值增值，他们同时形成了对经营行为进行激励与约束。这主要是因为，家族企业的道德风险较非家族企业低，不需要对经营者进行严格的监督和约束。但是，亲情和家族利益的激励约束机制也带给经营者很大的压力，为家族企业后续发展埋下了陷阱。

5. 企业发展受到政府制约

这些国家和地区的家族企业在发展过程中都要受到政府的制约，需要处理其与政府的各种关系。东南亚的家族企业大多由华人掌握，华人在这些地区受到政府设置的重重壁垒和限制。韩国家族企业政府予以支持和指导，凡是在国家宏观经济和产业政策鼓励下的企业经营活动，均可得到政府在金融、税收等方面的政策支持；反之，政府会加以限制。

第三节　中国家族企业治理

一、中国家族企业治理模式

（一）传统家族治理模式

传统家族企业是指家族完全以血缘关系对企业实行全面控制、该家族拥有企业的全部所有权和主要经营权、企业人治色彩较浓的家族企业。

传统家族企业必须符合以下三个标准：

第一，家族成员垄断全部企业控制权，即家族成员占据董事长、总经理（厂长）、副总经理（副厂长）等全部高层管理职位；

第二，企业股权全部集中在家族成员手中；

第三，企业管理的制度化程度低，缺乏约束高层管理成员的系统的成文制度，企业基本上处于人治的阶段。

因此，传统家族治理模式是指企业管理的制度化程度较低而且职业经理人没有作为主要经营者参与企业经营管理的一种家族治理模式。

传统家族治理模式的典型特征是：股东会、董事会、监事会流于形式，企业决策由家族中的家长同时又是企业领袖的人做出，家族中其他成员做出的决策也必须得到家长的首肯。

传统家族治理模式所要解决的首要问题是家族和企业的关系，其次才是董事长、总经理或企业主与中下级经理人员的委托代理问题。

（二）混合家族治理模式

混合家族企业是指家族对企业起主要控制作用，同时吸收了家族以外的所有者，或者部分高层管理岗位聘请了外来职业经理人，企业管理处于从人治向法治过渡的家族企业。

混合家族企业必须符合以下三个标准：

第一，家族成员和外来经理共同分享企业控制权，家族成员占有不少于1/2的高层管理职位，且掌握着董事长和总经理这两个重要岗位；

第二，家族对企业绝对控股，外人股东对家族股权有一定的牵制作用；

第三，企业管理处于由人治向法治的过渡，一方面按现代企业制度的要求建立了规范的制度，但另一方面制度的执行不规范。

混合家族治理模式是指企业管理介于人治和法治之间、职业经理人和家族成员共同分享企业控制权的一种家族治理模式。

混合家族治理模式的典型特征是，股东会的权力很大，事无巨细，往往都拿到股东会上去讨论，而且股东会具有最终的决定权，董事会和监事会的作用有限。

混合家族治理模式所要解决的问题是最复杂的，既要处理好股东会与董事会之间、董事会与总经理及高层经理之间的委托代理问题，又要处理好家族和企业的关系。

（三）现代家族治理模式

现代家族企业是指企业无论是在法律上还是在实际运作中完全符合现代公司规范、外来职业经理人在高层管理岗位上占据了重要地位、家族只拥有部分股权的家族企业。

现代家族企业必须符合以下三个标准：

第一，控股家族虽然在企业治理中的影响举足轻重，但是，外来的职业经理掌握着很大一部分企业的控制权和日常经营管理权，外来的职业经理至少占有不少于 1/2 的高层管理职位；

第二，股权多元化，但家族成员的股份仍然占绝对或相对优势；

第三，企业不仅建立了现代企业制度，而且管理规范，严格按照现代企业制度的要求运作。

现代家族治理模式是指企业基本建立了现代企业制度而且外来职业经理在企业控制权中起重要作用的一种家族治理模式。中国一些上市的家族企业和西方发达国家那些著名的大型家族企业如沃尔玛、福特、杜邦等，实行的就是现代家族治理模式。

现代家族治理模式的典型特征是，股东会、董事会、监事会的运作比较规范，其成员均已多元化。现代家族治理模式所要解决的首要问题是股东会与董事会之间、董事会与总经理及高层经理之间的委托代理问题，其次才是家族和企业的关系问题。

传统家族治理模式、混合家族治理模式和现代家族治理模式作为家族治理模式的不同类型，三者之间是相互独立的，各有其适用范围，将长期并存，不存在某类家族治理模式整体上向其他类型的家族治理模式或非家族治理模式转化的问题。

二、家族企业治理模式创新

（一）家族宪法

"家族宪法"可以说是家族成员的行为手册，内容包罗万象，涉及家族财富分配、福利政策、家族调解、人才培养等。"家族宪法"有别于昔日的"家长制一言堂"，所有的家族成员都参与讨论，并聆听各自的意见，一起参与制定家庭核心价值和长远目标，这样可以大大减少家庭成员间未来发生的争执，通过制度化的家族治理机制来保证家族商业运转井然有序，确保家族领袖的核心价值观和思想理念传承给后代。

从科学意义上来说，"家族宪法"应该包括家族的使命和愿景、价值观和原则、家族企业政策、人事政策、行为准则、各种利益冲突处理条款，还有关于各种治理结构方面的内容（组成、职能、选举程序等，相当于与实体法对立的程序法）等。

"家族宪法"是针对每个家庭的需要"量身定制"的。一般的"家族宪法"通常包括五大部分，分别为家族创始人的理念及家族历史、家族价值观和愿景、家族成员利益分配方案、家族委员会及家族慈善的主要原则等。

此外，"家族宪法"虽然不是法律文件，但家族成员签署后，就会成为约束其行为的"紧箍咒"。一些"家族宪法"会明文规定家族成员如若违反相关规定可能面对的惩罚措施。确保"家族宪法"行之有效的最大约束就在于家族成员的利益分配。绝大多数家族会通过投票或其他决策机制，对"家族宪法"条款的更正做出表决。

（二）家族委员会

为了监督家族成员遵守"家族宪法"，通常需要成立一个家族委员会（Family Council），这是维护、监督、执行家庭宪法的核心机构。家族委员会的成员主要是选举产生的核心代表，运作类似于公司董事会，定期开会讨论家族的重大决策。每次举行家族委员会会议时，有专人记录会议内容，以确保家族其他成员清楚地了解委员会的讨论议题和决策过程。

家族委员会的核心代表的人数一般为 2~9 人，人数太多不利于有效决策。家族委员会的成员则来自不同的家族分支、不同辈分，甚至有家族以外人员，如家族长期的生意合作伙伴，这些独立人员在家族决策中扮演了重要的中间人角色。此外，一些人丁兴旺的家族还会为家族委员会下设一些分支机构，各司其职，分别负责家庭成员的各方面事务。

家庭委员会通常会讨论决定家族成员以何种形式持有家族企业的股权。有些家族希望家庭成员共同持有家族企业的股权，这样他们可以通过成立家族信托、家族基金或其他形式共同持有家族成员的股权。

此外，有些家族后代成员在海外接受教育后，不愿意加入家族生意而希望自己独立创业，家族委员会根据"家族宪法"中的退出机制安排召开专门会议。

例如，香港地区某个家族每年会定期召开针对家族内部的股权交易会，允许家族
成员在不损害家族利益的前提下互相转让股份。

案例·-

国美电器的治理结构变迁

1. 公司简介

国美电器控股有限集团（以下简称"国美电器"）成立于 1987 年 1 月 1 日，
2004 年在香港上市（HK 0493）。2004～2010 年，国美电器的总资产、股东权
益、营业收入和净利润等指标均表现出增长趋势，只有每股收益因股本扩张出现
一定程度的下降。公司自上市以来，一直由安永会计师事务所审计，六年都获得
了无保留审计意见。从行业和家族的稳定性来看，国美电器整个经营期间的资产
特殊性本身没有发生变化。

2. 从"家族经营——家族所有权"到"家族经营——所有权分散"

国美电器从"家族经营——家族所有权"转变为"家族经营——所有权分
散"，主要是通过公开上市和股份减持两个途径完成的。引起这一治理模式转变
的主要原因是资本市场制度局限性的削弱，即资本市场制度环境由弱变强。

（1）公开上市。国美电器创设之初，中国的经济体制改革尚处于起步阶段。
在产品市场方面，国有企业居于主导地位，民营企业的生存空间狭小，这使民营
企业的资产具有较强的特殊性。当时，资本市场还是一个有争议的事物，企业的
选择只能是保持家族的唯一所有权。因此，产品市场和资本市场的制度局限性使
国美电器最初选择"家族经营—家族所有权"的治理模式。

随着改革的深入，资本市场的制度局限性逐渐削弱。但国内证券市场的定位
及 IPO 额度控制等政策，使民营企业通过国内证券市场实现股权融资进而开始所
有权分散的进程尤为艰辛。为规避国内证券市场的高"门槛"，同时也为了释放
关于公司质量的信号，国美电器等民营企业选择了海外上市。2004 年 6 月，国美
电器完成了对港股上市公司京华自动化的买壳，实现了在香港联交所上市。

2004 年的财务报告显示，黄光裕家族持有上市公司股份比例为 65%。公开
上市使国美电器不再是家族唯一所有权，"家族经营——所有权分散"取代了
"家族经营——家族所有权"，这一治理模式的转变显然是资本市场制度局限性
削弱的结果。

（2）股份减持。黄光裕家族在国美电器上市后的股份减持是公司从"家族

经营——家族所有权"到"家族经营——所有权分散"治理模式转变的继续。表4-1给出了2004~2010年国美电器财务报告披露的黄光裕家族年末持股数量和持股比例及黄光裕家族减持上市公司股份的情况。七年来，黄光裕家族持股数量表现出明显的增长趋势。持股数量可能随公司股本扩张大幅增加，因此，根据持股比例考察所有权结构更有说服力。黄光裕家族的持股比例在2004~2010年持续下降，2010年年末的持股比例仅为2004年年末持股比例的1/2。公司实现上市后，黄光裕家族数次减持国美电器股份，这是2004~2010年家族持股比例大幅下降的主要原因，同时也深化了国美电器从"家族经营——家族所有权"到"家族经营——所有权分散"的治理模式转变。黄光裕家族的减持行为是由资本市场制度环境决定的。公司在香港地区上市后，资本市场的制度局限性已大大削弱，进一步要求公司的治理模式从"家族经营——家族所有权"彻底转变为"家族经营——所有权分散"。

表4-1 2004~2010年黄光裕家族在国美电器的持股情况及主要减持经历

年份	持股数量	持股比例（%）	股份减持情况
2004	1076615085	65.00	配售4.6亿股国美旧股，套现近25.75亿港元
2005	1084600085	66.04	国美电器向黄光裕收购旗下国美家电余下35%的股权
2006	1564947034	51.40	减持国美电器套现12亿元
2007	1396147034	42.06	
2008	4535118212	35.55	减持国美电器套现21亿港元
2009	5116439490	33.98	
2010	5417539490	32.46	

资料来源：腾讯财经。

3. 从"家族经营——所有权分散"到"职业经营——所有权分散"

国美电器从"家族经营——所有权分散"转变为"职业经营——所有权分散"，可以通过聘用职业经理人和控制权之争来解读。引起这一转变的主要原因是产品市场制度局限性变化导致企业资产特殊性变化。苏宁电器等公司的出现是产品市场制度局限性削弱的表现。

（1）聘用职业经理人。表4-2给出了国美电器上市后各时期的董事长和总经理设置情况。2004~2006年黄光裕一直担任董事会主席，上市公司并无名义上的总经理，总经理职责由董事会主席黄光裕行使。从实质重于形式的角度来看，此时的国美电器仍然是家族经营。2006年11月，陈晓出任国美电器总经理，意味着国美电器的治理模式已从"家族经营——所有权分散"转变为"职业经营——所有权分散"。2009年1月，陈晓接任董事长；2010年6月，王俊洲接任总经理；2011年3月，张大中接任董事长。如果以总经理为经营者，国美电器在2006年11月就开始了"职业经营——所有权分散"的治理模式。如果同时考虑董事长和总经理来界定经营者，国美电器的"职业经营—所有权分散"治理模式始于2009年1月。

表4-2　　　　　　　　国美电器上市后各时期的董事长和总经理设置

时期	董事长	总经理
2004年6月~2006年11月	黄光裕	无具体人员，黄光裕行使总经理职责
2006年11月~2009年1月	黄光裕	陈晓
2009年1月~2010年6月	陈晓	陈晓
2010年6月~2011年3月	陈晓	王俊洲
2011年3月至今	张大中	王俊洲

资料来源：腾讯财经。

（2）控制权之争。2008年年末，黄光裕及其妻子因涉嫌经济犯罪辞去了国美电器董事会职务。为使公司度过危机，陈晓领导下的经理层团队通过发行可转换债券引入了机构投资者。机构投资者的引入，在推动所有权分散的同时，也极大地威胁到了黄光裕家族的控股地位。2010年9月28日，大股东黄光裕家族提起特别股东大会，对八项涉及公司经营权的重大议案进行表决。

从表决结果来看，陈晓一方的三项议案均获得通过，黄光裕家族提出的五项议案仅一项获得通过，而未获得通过的四项议案恰恰是黄光裕家族试图重新取得经营权的表现。特别股东大会召开之时，黄光裕家族和陈晓一方均不具有绝对多数股份，因此，这些表决结果显示了其他股东特别是中小投资者对"职业经营——所有权分散"治理模式的认可。当然，黄光裕家族与经营团队的控制权争夺并未结束。2010年12月17日，公司特别股东大会任命邹晓春和黄燕虹两位黄光裕家族成员为非执行董事。2011年3月9日，国美电器发布公告，陈晓辞去董事会主席职务。这些事件虽然使黄光裕家族重新进入公司管理层，但仍未改变国美电器"职业经营——所有权分散"的治理模式。

资料来源：肖成民．制度环境与民营企业治理结构变迁——基于国美电器的案例分析[J]．财经论丛，2012（5）．

第五章　家族企业管理

第一节　家族企业战略管理

一、企业战略的界定、特征与类型

（一）企业战略的界定

管理科学有三个层次：管理基础、职能管理、战略管理。显然，战略管理是现代企业管理的最高层次与首要任务，在企业经营过程中起着指针的作用。尤其是在当今市场环境变幻莫测、竞争日益激烈的情况下，如何制定正确的战略并有效地实施和控制以便获得持续的竞争优势，是摆在每一个企业面前的严峻问题。

"战略"一词来自希腊语 Strategos，其含义是"将军指挥军队的艺术"。1965年，美国经济学家安索夫（H. I. Ansoff）在其著作《企业战略论》中开始使用"企业战略"一词，"战略"由此和企业成长联系起来。众多学者对"战略"进行了定义。

Chandler（1962）认为，战略就是影响和决定企业的基本长期目标与目的，选择企业达到既定目标所遵循的路线途径，并就实现这些目标和途径对企业已有资源进行优化配置。

美国哈佛大学商学院教授安德鲁斯认为，战略是目标、意图和目的，以及为达到这些目的而制定的主要方式和计划的一种模式。这种模式界定着企业正在从事的或者应该从事的经营业务，以及界定着企业所属的或应该属于的经营类型。

安索夫认为，企业战略是贯穿于企业经营与产品和市场之间的一条共同经营主线，决定着企业目前所从事的或者计划要从事的经营业务的基本性质。

著名战略管理学者迈克尔·波特教授认为，战略就是为某企业规定一种广泛适用的程序以便指导企业如何投入竞争、应当有些什么样的竞争目标，以及在贯彻执行这些目标时需要采取什么样的方针。

明茨伯格则认为，战略是由五个"P"组成的，即战略是一种计划（plan），是一种策略/手法（ploy），是一种方式/模式（pattern），是一种定位（position），是一种期望（perspective）。

日本著名的战略家大前研一认为，所谓战略就是这样一种方式，通过该方式，一个公司在运用自己的有关实力来更好地满足顾客需要的同时，将尽力使自身区别于竞争者。

我国学者刘冀生（2003）将企业战略界定为，企业根据其外部环境及内部资源和能力状况，为求得企业生存和长期稳定地发展，为不断地获得新的竞争优势，对企业发展目标、达成目标的途径和手段的总体谋划。

从上述定义可以看出，战略与环境、组织、目标、资源能力、方法等密切相关。企业始终处于某一种环境状态之中，并受到环境变化的强烈影响。为了能够生存和发展，企业必须要时刻关注环境变化的方向和速度，及时明确自己在环境中的定位和目标，并结合自己所拥有的资源和能力设计能够达到目标的手段。

因此，所谓企业战略，就是企业在审视、预测环境变化的基础上，设定自身发展定位和目标，并根据当时所拥有的资源能力状况对如何实现目标进行总体规划和设计，最终实现可持续发展。

（二）企业战略的特征

战略作为影响企业发展的重要措施，一般具有如下特征。

1. 战略是对企业发展的全局性、长期性的指导

企业战略是在对外部环境判断下对企业未来如何发展所做出的一种长期规划。这种外部环境包括对整个世界的政治、经济、技术、行业发展趋势的预判和全局性把握。企业战略规定了企业的经营方向、远景目标，明确了企业的经营方针和行动指南，解决了企业"向哪里去？如何去？"的问题，因而对企业发展具有全局性和长期性的指导作用。

2. 战略具有动态性和风险性

环境始终处于变化之中，这在互联网时代下的市场经济社会尤其如此。企业战略与环境密切相关，环境的变化必然会引起企业战略的相应动态性调整，尤其

是业务层战略和职能层战略。当然,如果企业对环境的判断出现失误,那么新战略的制定就不会符合环境要求,企业发展必然面临风险。因此,企业战略虽然具有相对稳定性,但同时也会具有动态性和风险性。

3. 战略与企业资源能力高度相关

企业战略的制定和执行会受到企业内部所拥有的资源及能力的约束。如果企业战略和企业内部资源能力高度吻合,二者之间具有很高的匹配度,那么战略会对资源能力起到良好的指引作用,资源能力则对战略的执行提供强大的支撑。相反,如果制定企业战略的相关人员对外部环境缺乏正确的判断,无法熟练使用企业战略分析工具,所制定的战略就无法真正反映环境变化趋势,对企业发展也无法起到指引作用。即使通过市场化外购获得合理的企业战略规划发展方案,如果企业所拥有的资源能力无法适应战略执行及完成的要求,企业战略也就变成纸上谈兵。因此,企业资源能力状况对企业战略的制定与执行有着正向或负向的影响作用。

(三)企业战略的层次与类型

企业战略通常分为三个层次:公司战略(corporate strategy)、业务战略(business strategy)和职能战略(functional strategy)。如图 5 - 1 所示。

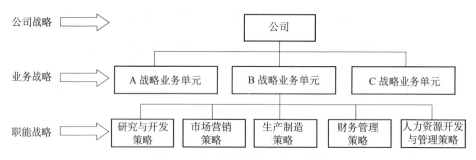

图 5 - 1　企业战略层次与基本类型

1. 公司战略

公司战略也称总体战略,是企业最高层次的战略,主要用来界定"公司经营什么业务"以及"总部应如何管理多个业务单位来创造企业价值"。该战略类型是确定企业整体发展方向和目标、配置企业资源、进行业务间协调的战略。公司战略主要包括整合战略、并购战略、多元化经营战略、重组战略等。

2. 业务战略

即战略业务单元战略,主要关注企业经营的各个业务如何获取竞争优势的问题。这一战略具体制定和执行者是各业务单位的主要管理者,他们的主要任务是将公司战略中所包括的企业目标、发展方向和措施具体化，形成各经营单位的具体竞争战略。美国战略管理学家迈克尔·波特将竞争战略划分为三种：低成本战略、差异化战略和聚焦战略。

3. 职能战略

职能战略是公司战略与业务战略在企业各职能领域的体现，是连接公司战略与企业职能活动的桥梁。由于职能战略通常是短期的、局部的，因而称为"策略"可能更准确。职能战略主要包括市场营销策略、财务管理策略、人力资源开发与管理策略、研究与开发策略、生产制造策略等。

公司战略、业务战略和职能战略是总与分的关系，是宏观、中观、微观的高度统一。业务战略和职能战略是公司战略的具体化，必须受公司战略指引；公司战略是业务战略和职能战略的方向，必须得到两者的支撑。任何一个企业的战略都需要三者之间高度协调统一、步调一致，否则就无法贯彻执行，甚至导致企业发展的偏向和管理混乱。

二、战略管理的界定与内容

（一）战略管理的界定

Schendel 和 Hatten（1972）认为，战略管理是选定目标，决定并维系企业与环境之间的联系，通过保证企业及其所属单位高效和有效行动的资源分配，力图达到理想状态的过程。

Smith，Arnold 和 Bizzell（1988）指出，战略管理就是考察目前与将来环境，形成组织目标，并且制定、执行和控制在目前与将来环境下实现这些目标的决策的过程。

刘冀生（2003）认为，企业战略管理是指企业战略的分析与制定、评价与选择以及实施与控制，使企业能够达到其战略目标的动态管理过程。

刘力钢（2010）认为，战略管理不是一种组织行为的过程分析，而是在决定组织将选择什么样战略的同时，还要对战略方案的制定、选择、评价和实施过程进行有效控制，而且在这一过程中需要运用一定的分析、技术、方法和相应的手段。因此，战略管理就是解决如何选择有效的方法和手段来使企业战略目标实现的过程。

结合上述定义，笔者认为，所谓战略管理是企业基于环境分析，在如何制定战略，怎样评价和选择战略，对所选择的战略如何组织资源实施与控制的一系列行为和过程，其目的是完成预定的战略目标，并持续地保持企业竞争优势。战略管理过程如图 5 - 2 所示。

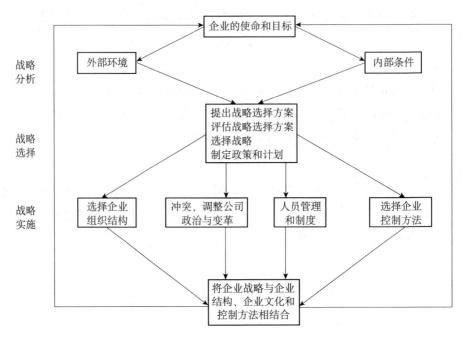

图 5 - 2 战略管理过程

资料来源：[英] 托马斯·加拉文等. 企业分析 [M]. 北京：生活·读书·新知三联书店，1997.

(二) 战略管理与经营管理的区别

战略管理的本质与企业一般性的经营管理是不同的，这些不同表现在管理的复杂程度、管理的重要程度、管理的范围、管理的动力等方面，如表 5 - 1 所示。

表 5 - 1 战略管理与经营管理

指标	战略管理	经营管理
复杂程度	高度复杂	复杂
	非日常性	日常性
范围	整个组织范围	专业操作范围
重要程度	全局性、长远性、极为重要	重要
变化程度	重大变化	小范围变化
动力	以环境和期望为动力	以资源为动力

资料来源：刘力钢. 战略管理——可持续发展的观点 [M]. 沈阳：辽宁人民出版社，2010.

一般的企业管理是处理经营控制问题，如生产效率、人力资源管理、财务分析和控制等。尽管这些管理活动对企业竞争优势的取得很重要，但它们都是在战略指导下的具体行为，是企业组织管理的有限部分。虽然经营管理活动很重要，但它无法替代战略管理。在企业管理实践中，许多企业恰恰混淆了管理的内容，使企业在追求高效率的过程中失去了持续发展目标而衰败。

（三）战略管理的基本内容

战略管理的基本内容包括三大部分：外部环境与内部资源能力分析；战略模式研究；企业战略选择、实施和控制。

1. 外部环境与内部资源能力分析

企业外部环境主要包括政治、法律、经济、科技以及社会文化等。企业内部资源能力主要包括企业的有形资源（物质资产和金融资产）、无形资源（品牌、知识产权、技术诀窍、声誉、文化等）和人力资源（人力资源的体力、智力和技能）。

企业外部环境分析的目的是增强对环境现状（如稳定性、不确定性）的认知能力及其所隐藏的市场机会的可识别能力，这是影响战略制定的外源性因素。企业内部资源能力分析的目的是，通过了解自身的优势与劣势，确定战略被实施的可能性，这是影响战略制定的内生性因素。两者对于企业战略的制定、选择和实施都有着直接的影响。如图 5 - 3 所示。

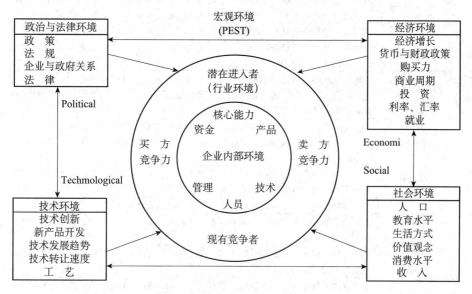

图 5 - 3　环境及能力分析与企业战略

资料来源：刘力钢. 战略管理——可持续发展的观点［M］. 沈阳：辽宁人民出版社，2010.

环境分析的工具主要包括产业生命周期结构分析、行业吸引力分析、行业变革驱动因素分析、行业竞争结构分析等。企业内部资源能力分析工具主要包括 SWOT 分析、企业价值链分析等。

2. 战略模式研究

企业战略包括公司战略、业务单元战略、职能战略三个层次。每个层次的战略又包含多个战略模式。如表 5-2 所示。

表 5-2　　　　　　　　　　　　　　企业战略模式及其定义

战略层次	战略模式	定义
公司层战略	多角化	多角化战略是指企业为了实现其长期的发展目标，提高自身的竞争优势，通过合理配置资源，同时在两个以上的行业从事经营活动，同时生产或提供两种以上基本经济用途不同的产品和服务的战略。多角化战略可以因为产生协同效应、分散风险而增强企业竞争力
	一体化	一体化战略是指企业充分利用自己的产品、技术、市场上的优势，通过资产纽带或契约方式，不断将企业业务向深度和广度扩展的一种战略。一体化战略包括纵向一体化（又包括后向一体化和前向一体化两种战略）和横向一体化。纵向一体化是指沿产品价值链向前或向后扩张的战略，其目的是控制上游原材料或下游市场终端；横向一体化或水平一体化战略，是指企业与处于同一经营领域、生产同类产品或工艺相似的企业进行业务整合的战略，其目的是实现规模经济效益，降低成本，巩固和提高企业已有的市场地位
	国际化	国际化战略是指企业为了寻求更广阔的市场空间和资源空间，将业务拓展到本国以外的一种战略。其目的是开辟新市场、规避进入障碍、寻求资源优势等
	战略联盟	战略联盟是指企业从长远发展角度出发，积极与上、下游企业甚至竞争伙伴合作，以期获得所需要的资源和能力。其目的是资源互补、避免恶性竞争、实现规模经济、降低经营风险等
业务层战略	成本领先	成本领先战略也称低成本战略，是指企业通过在内部加强成本控制，在研发、生产、销售、服务和广告等领域把成本降到最低限度，成为所在行业中低成本领先者的战略。该战略的理论基础是规模经济效益和学习曲线效应
	差异化	差异化战略是指企业向顾客提供的产品和服务在同业竞争对手间独具特色，从而满足不同顾客的特殊需求，通过这种特色能给产品带来额外的价值，使企业获得竞争优势的战略
	聚焦	聚焦战略也称集中化战略，是指企业在一个特定的细分目标市场上为特定的客户或消费群体提供特殊的产品或服务
职能层战略	产品	产品战略是指企业提供何种产品和服务去满足消费者的要求
	市场	市场战略是指企业根据自身发展需要，选择将要进入的市场，如国内和国际市场、高中低产品市场等
	技术	技术战略是指企业通过何种技术的选择、开发、利用以保持和提高企业核心竞争力的方式及手段
	生产	生产战略是指企业根据所选定的目标市场和产品特点来构建其生产系统时所采取的思想及相应的决策、规划和计划
	营销	营销战略是指企业以顾客需要为出发点，根据经验获得顾客需求量以及购买力的信息、商业界的期望值，有计划地组织各项经营活动，通过相互协调一致的产品策略、价格策略、渠道策略和促销策略，为顾客提供满意的商品和服务而实现企业目标的过程
	人力资源	人力资源战略是指企业通过科学分析预测组织在未来环境变化中人力资源的供给与需求状况所制定人力资源获取、利用、保持和开发策略

3. 企业战略评价、实施和控制

（1）评价原则和方法。企业战略评价的目的在于确定各个方案的有效性。其评价过程包括适用性评价、可行性评价和可接受性评价。

适用性评价用来评估战略方案是否与外部环境、企业自身资源能力状况以及企业长远目标和使命相一致。

可行性评价主要用来评估战略方案是否超出了企业资源能力现状、是否在企业可承受范围之内。如资金、经营能力和管理水平、人力资源、各种有形资源和无形资源。

可接受评价用来评估战略方案所能实现的目标结果是否达到利益相关者的期望和要求（如利润水平、风险性），以及战略实施所带来的变革是否能够为组织成员所接受。

战略评价的基本方法包括 SWOT 矩阵、波士顿（BCG）矩阵、外部吸引力—企业实力矩阵（internal-external matrix，IE 矩阵）、战略地位和行动评估矩阵（strategic position and action evaluation，SPAAE 矩阵）、PIMS 方法（profit Impact of market strategies）、平衡计分卡等。

（2）企业战略实施和控制。企业战略实施和控制是在企业确定战略方案后，按照战略方案所规划的方向、计划、措施来组织各种资源（人力、物力、财力）去执行和落实战略方案的具体操作过程。为确保达到预期的战略目标，还必须在战略实施过程中对战略进行跟踪，发现问题或变化并及时做出必要的指导。

企业战略的有效实施与组织结构设计、资源投入、信息交流系统、业绩管理和激励制度、企业文化氛围以及领导者的领导水平都有密切关系。

企业战略控制能够保证战略的有效实施，能够为战略决策提供重要的反馈。其主要内容包括：设定绩效标准；设计绩效监控与偏差评估机制；设计并采取纠偏措施；监控外部环境关键因素的变化；对战略实施控制的执行主体实行激励。在控制原则上，企业战略控制一般要遵循如下原则：集中关键要素原则、战略绩效指向原则、事前控制原则、长期战略导向原则、例外控制原则、激励原则等。

哈佛商学院罗伯特·西蒙斯教授构造了复杂环境下的企业战略控制系统，如图 5-4 所示。

西蒙斯管理控制杠杆系统的分析框架由四个方面构成：信念控制系统、边界控制系统、诊断控制系统和交互式控制系统。

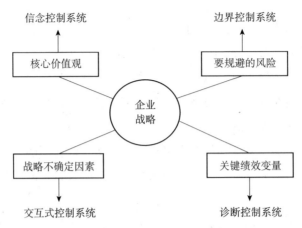

图 5 − 4　企业战略控制系统

信念控制系统涉及组织的基本价值观标准、目标和纲领，并通过宗旨、使命向组织成员传达，以起到对员工的鼓励和引导作用，通过增强员工对组织的责任感，为实现企业目标奠定思想基础。

边界控制系统为组织成员勾画了可接受的活动领域。边界控制系统通过告诉员工"可以做什么"、"应该做什么"和"不可以做什么"来限定组织成员的行为，避免出现不符合企业战略要求的冒险行为。

诊断控制系统作为一种反馈系统，用于监督结果、纠正偏差，帮助管理者追踪各部门和员工的行为是否背离预定轨道，从而监控企业战略目标的实现。

交互式控制系统是一种重视未来变化的战略反馈系统。交互式控制系统鼓励开拓与进取，允许组织成员在应对出现的机会和威胁的过程中催生新的战略。交互式控制系统通过追踪环境中的不确定因素和信息，发现新的机会和威胁，适时帮助管理者思考可能的战略调整，从而提高战略弹性，避免战略僵化。

三、家族企业战略管理

(一) 家族企业战略管理现状

尽管家族企业成为现代经济发展的重要力量，但受限于家族企业经营者素质及封闭式家族制管理，战略管理意识缺乏是家族企业的一种普遍现象。

1. 缺乏系统化制定战略的意识

虽然家族企业对战略的重要性已有一定认识，但大多数家族企业（尤其是中、小型家族企业）并没有去制定战略。一项有关美国家族企业的调查显示，有

2/3 的家族企业没有书面的战略计划。这些家族企业如何发展主要是依据家族领导人的个人经验和主观判断，缺乏系统的战略分析，缺乏对外部环境的细致扫描。这样的战略决策通常缺乏全面的考虑，企业发展存在短视行为，整体运行也存在较大风险。

2. 战略制定脱离企业资源能力范围

家族企业在制定战略时，有时存在好大喜功的现象，制定了宏伟的发展规划，但却严重脱离了企业实际的资源能力状况。这样的战略在实施过程中会给企业造成极大的资源压力和员工心理压力，会严重损害企业的健康发展。

3. 战略实施和控制意识不强

即使有些企业花重金请专业人士制定了发展战略，但在战略实施过程中，家族企业主常常会感到战略所带来的约束性，因而会对之予以轻视，结果导致战略方案被束之高阁。还有的家族企业主重视战略制定而忽视战略控制，不愿意通过组织制度建设来控制战略实施过程，不能将企业战略评价贯穿于企业发展的全过程，甚至用家族关系来代替制度管理，进而导致战略无法被真正贯彻执行。

（二）家族企业战略管理的改进

1. 增强对战略的认识，加强战略建设

在当今市场竞争日趋激烈、技术日新月异的时代，一个没有战略意识、缺乏战略的企业犹如一支没有行进方向的军队，很容易陷入对手的重重包围而全军覆没。因此，企业只有制定了符合环境要求和自身资源能力的战略，并对如何实现战略目标进行全面积极的部署（如组织设置、管理协调、人事整顿、文化打造等），才能在市场竞争的丛林和红海中找到自己的立足之本。对于家族企业而言，则更是如此。家族企业要结合自身的家族资源、企业资源情况，积极吸取专家意见，改变经验主义决策习惯，在客观分析市场环境的基础上制定一个中长期的发展战略计划或规划，明确家族目标和企业发展目标，形成家族和企业目标的高度统一，并在实现企业目标的同时，不断增进家族福利，实现家族目标。

2. 了解竞争对手状况，重视企业资源利用

在市场经济的环境下，家族企业要重视市场状况的分析和研究，要充分对市场中可能存在的机会进行识别，对潜在的风险予以回避；要高度关注竞争对手的技术变化、客户和消费者的需求变化，要重视企业内部资源的积累和完善（如家族成员能力素质的提升、职业经理人的引入）。通过积极了解市场动态，打造自

身核心能力，从而在市场中获得竞争优势。

3. 完善制度建设，为战略实施和控制提供组织准备

一是建立和完善董事会。这对家族企业而言尤为重要。董事会是一个独立完善的决策机构，有利于改变家族企业决策的随意性。通过在董事会引入各方利益相关者（如股东、高管层、专家人士），提高家族企业决策的科学性。

二是完善企业管理制度。要改变家族企业靠人管理、以家族企业主个人意志进行管理的不规范状态。要通过建立和完善各方面的管理制度（如财务、资本、人力资源、行政等）来提升家族企业管理水平，实现制度管人、制度管企。

三是顺应信息化发展趋势，提高家族企业管理信息化水平，提高家族企业信息流转效率和管理效率。

四是建立家族与企业和谐发展、积极向上、公平的企业文化，改变家族成员在企业中高人一等的消极氛围，提高家族企业员工的凝聚力和向心力。

通过上述制度建设和文化建设，家族企业才能够为战略的顺利实施和有效控制提供制度保障。

第二节　家族企业人力资源管理

一、人力资源的界定与特征

（一）人力资源的界定

企业经营需要各种资源投入，如资金、技术、设备、厂房、人力等。在这些资源中，人力资源是所有资源中最有价值但也最具有特点的资本。管理大师彼得·德鲁克曾说："企业只有一项真正的资源：人。"IBM 公司总裁华生也说过："你可以搬走我的机器，烧毁我的厂房，但只要留下我的员工，我就可以有再生的机会。"可见，具有主观性的人力资源对于企业发展至关重要。

人力资源（human resource）的观念起源于 20 世纪 60 年代。其基本含义为：一个社会在一定范围内为社会创造物质和精神财富、推动社会和经济发展的具有体力劳动与智力劳动能力的人们的总称。

一般来说，人力资源有狭义和广义之分。狭义的人力资源主要是指某一国家、地区或组织内，处于劳动年龄（14 岁以上）之内、具有劳动能力的人的总和；广义的人力资源则是指某一国家或地区内所有可能具有劳动能力的人的总和。

人力资本（human capital）是从人力资源衍生出的概念，是体现在劳动者身上的体力、智力和技能的综合。被称为"人力资本之父"的西奥多·W. 舒尔茨认为，人力资本是体现在人身上的技能和生产知识的存量。因此，人力资本是人力资源在能力或质量上的表现，人力资源则是人力资本的有形形态，两者是不可分割的。

企业人力资源可以从数量和质量两个方面进行衡量。企业人力资源的数量就是在岗工作人员的规模；质量是在岗员工所具有的体力、智力、知识、技能水平和劳动态度。一般而言，企业人力资源的数量越多、质量越高，企业的总体人力资源状况就越好，企业发展的潜力就越大。

（二）人力资源的特点

1. 能动性

能动性是指人力资源是体力和智力的结合，具有主观能动性。这种主观能动性体现在：人能够接受教育或主动学习；在生产活动中处于主动地位，对其他资源起到主导和配置作用；人具有思维和情感，能够因为思想和情感的激励而努力工作，也可以因为思想和情感的约束压抑而消极怠工。我国经济学家周其仁教授曾指出，人力资源或资本具有自我"关闭"的特点。当外在环境适合人力资本要求时，人力资本能够得到充分的激发，对组织发展起到积极作用；相反，如果环境不符合个体要求时，人力资本产权的主人可以将相应的人力资产"关闭"起来，以致这种资产似乎从来就不存在。这实际上就是对人力资源能动性的形象阐述。

2. 时效性

人力资源的时效性是指这种资源会在时间上表现出资源成长、积累、退化的特征。一般而言，受人自身生命周期、学习能力的影响，当人处于精力充沛且愿意主动学习的阶段时，其人力资源会得到不断的积累；当人处于精力衰退或对学习失去兴趣时，其所掌握的知识会逐渐老化，人力资源也随之退化。也正是因为人力资源具有时效性，所以在现代社会自我学习、主动学习，加强人力资源的培训工作对于个人的价值增值和保持企业的竞争力都是非常重要的。

3. 社会性

人力资源的社会性来自于人的社会性。人生活于社会和群体之中，其价值观和行为既会受到社会和他人的影响，同时也会对社会和他人产生影响。当人的价值观和行为符合社会需要时，其人力资源就能够对社会和组织产生增值作用，反之则起到消极作用。

二、人力资源管理的界定与内容

（一）人力资源管理的界定

人力资源管理就是组织依据既定的战略目标，根据外部环境和组织环境，对所属的人力资源进行计划、开发和使用的过程，从而达到人力资源价值的充分发挥，以实现组织目标。

（二）人力资源管理的基本内容

人力资源管理的基本内容包括人力资源规划和工作分析、员工招聘和培训、绩效评估和薪酬福利设计、劳动关系和员工安全管理等内容。

人力资源管理是企业价值创造的基础，也是实现企业整体战略和目标的重要途径。人力资源管理与企业价值及战略目标之间的关系如图 5-5 所示。

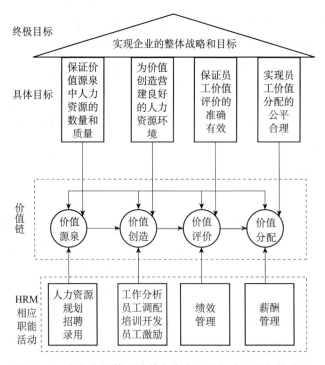

图 5-5　人力资源管理的基本内容及其与企业目标的关系

资料来源：葛玉辉．人力资源管理（第三版）[M]．北京：清华大学出版社，2007.

1. 价值源泉：人力资源规划、招聘和录用

高素质员工是企业价值创造的源泉。获得企业所需要的高素质员工，与企业人力资源规划、招聘及录用息息相关。

（1）人力资源规划。人力资源规划（human resource planning），指根据企业发展战略和目标，对未来人力资源供需状况进行动态的科学预测，并根据规划方案来组织人力资源的获取、利用、保持和开发，以满足未来对人力资源的需要，从而为组织战略目标和个人价值的实现提供保障。其内容包括员工招聘计划、配置计划、培训计划、绩效评估计划、薪酬福利计划等。

人力资源规划是做好人力资源管理工作的重要前提，对人力资源管理的其他业务或内容具有统领作用。如果人力资源规划方案不合理，就容易导致企业发展过程中出现人力资源短缺或冗余的情况，或者造成企业人力资源短板，或者增加企业人力成本。因此，必须要科学、合理、动态地做好人力资源规划工作。

在进行人力资源规划时，必须要对组织内外环境作充分的调研和分析，对市场人力资源的现状及未来供给情况进行合理预测，同时，依据企业总体发展战略，对企业未来人力资源需求状况进行总体和阶段性预测，然后根据企业需求和市场供给状况确定具体人力资源规划方案。当然，由于环境和企业内部资源的动态性变化，人力资源规划还必须及时调整，以适应环境和企业变化的需要。具体如图 5-6 所示。

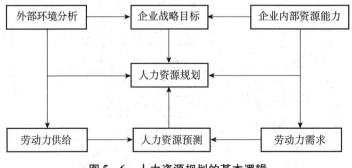

图 5-6　人力资源规划的基本逻辑

（2）人力资源的招聘、甄选和录用。人力资源招聘是企业扩充人员、获取合格人才的主要方式，是企业根据工作岗位需求，通过信息发布、素质测试等方式，将社会人力资源进行选拔并招录进企业内部以填补空缺岗位的过程。

人力资源招聘分为招募和选拔聘用两个环节。招募主要是以宣传来扩大影响，达到吸引人应聘的目的，其途径主要有广告招聘、校园招聘、职业中介、猎头公司等。聘用则是使用各种选择方法和技术挑选合格员工的过程。

招聘前的一项重要程序是进行工作分析。所谓工作分析就是对企业中各职位的责任、所需的素质进行分析，它为招聘提供了主要参考依据，同时也为应聘者提供关于该职位的详细信息。工作分析需要采用专门的技术方法。一般性的方法技术包括问卷法、访谈法、文献法、观察法、参与法、工作日志法、主题专家会议法等。专门的分析方法则包括基于工作任务分析的职能工作分析方法、任务清单法和关键事件法，基于工作者任职资格分析的职务分析问卷法、工作要素法、管理人员职务描述问卷和临界特质分析系统，以及基于工作流程分析的鱼刺图分析技术、路径分析技术、网络分析技术、程序优化技术和线性规划分析技术等。

员工招聘是影响企业成长的一项重要工作。为了能够招聘到符合企业需要的人才，招聘工作必须要遵守公开、公平、竞争、全面、因事择人择优、能岗匹配的原则。

人员的甄选和录用是人力资源招聘中的关键环节，其过程与步骤如图 5－7 所示。

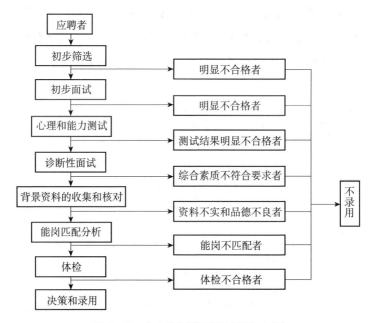

图 5－7 人力资源的甄选过程与步骤

资料来源：葛玉辉．人力资源管理（第三版）［M］．北京：清华大学出版社，2007．

2. 价值创造：员工培训开发

员工培训有利于提高员工素质，有利于员工尽快融入岗位，有利于提高工作效率，有利于提高企业整体效益和竞争力。因此，在员工培训上，应从企业的需要和发展目标出发，坚持组织需要原则、学以致用原则、经济原则、长远性原则和激励原则。

根据员工培训内容，员工培训可分为员工职业生涯发展培训和员工专门项目培训，如图5－8所示。

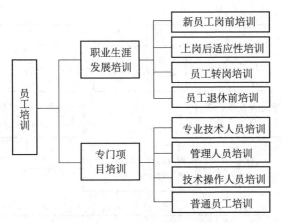

图5－8　员工培训类型

3. 价值评价：绩效管理

绩效是员工完成工作的效率与效能，是员工行为为企业所带来的价值。员工绩效高低好坏会受到多种主客观因素影响，需要从多角度进行评价，而且具有动态变化性。

所谓绩效管理是企业管理人员或人力资源部人员通过一定的制度和方法，识别、衡量、传达有关员工工作绩效和水平的信息，确保整个企业及其子系统（部门、流程、工作团队和员工个人）的绩效成果能够与企业的战略目标保持一致，从而促进企业战略目标实现的过程。绩效管理让管理者与员工在目标与如何实现目标两个方面达成共识，提供了改善员工绩效的途径，保证了员工的工作活动和结果与组织目标一致。

绩效管理是一个完整的系统，其过程包括"绩效定义、绩效指导、绩效考评与绩效反馈"四个环节并形成一个循环。其中，绩效定义即界定绩效的具体维度及各维度的内容和权重，也就是让各层次的员工都明白自己努力的目标，这是进行绩效考评的基础，也是绩效管理的关键；绩效指导是指要将企业发展目标和员工工作行为结合起来，时时保持员工行为与企业目标的一致性；绩效考评是通过合理的考评内容、科学的考评方法以及公开、公正、公平的考评程序对被考评者予以客观评价；绩效反馈是将工作绩效的考评结果向员工本人反馈，并为员工行为改进和针对性培训提供数据。绩效管理过程如图 5 - 9 所示。

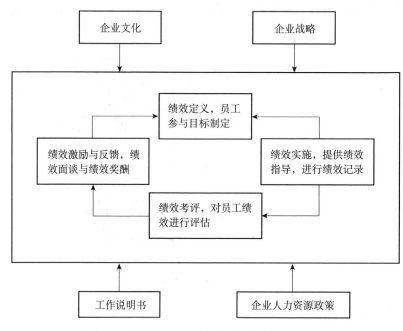

图 5 - 9 绩效管理过程模型

资料来源：张呈琮. 人力资源管理概论［M］. 杭州：浙江大学出版社，2010.

在绩效管理过程中，使用科学合理的绩效评估工具和绩效考核方法能够起到事半功倍的效果。绩效评估工具主要包括 360°考核法、关键绩效指标法（key process indication，KPI）、平衡计分卡法（the balanced scorecard-measures，BSC）、目标管理法（management by objective，MBO）。绩效考核方法一般包括主观工作行为评价法（简单排序法、交错排序法、成对比较法、强制分布法）和客观工作行为评价法（行为关键事件法、行为对照表法、等级鉴定法、行为锚定评价法、行为观察评价法）。

4. 价值分配：薪酬管理

薪酬（compensation）一般是指员工从企业所获得的各种直接的和间接的经济收入。在企业中，员工的薪酬一般由"基本薪酬、激励薪酬、间接薪酬"三个部分组成。基本薪酬是指企业根据员工所承担的工作或者所具备的技能而支付给他们的较为稳定的经济收入；激励薪酬是指企业根据员工、团队或者企业自身的绩效而支付给他们的具有变动性质的经济收入。基本薪酬和激励薪酬加起来就相当于货币报酬中的直接报酬部分，这也构成了薪酬的主体。间接薪酬就是给员工提供的各种福利。

薪酬管理是指企业在经营战略和发展规划的指导下，综合考虑内外部各种因素的影响，确定自身的薪酬水平、薪酬结构和薪酬形式，并进行薪酬调整和薪酬控制的整个过程。其目的是吸引和留住企业所需人才，维持具有竞争性的人力资源，激励士气，实现组织目标。薪酬水平是指企业内部各类职位和人员平均薪酬的高低状况，它反映了企业薪酬的外部竞争性。薪酬结构是指企业内部各类职位和人员之间薪酬的相互关系，它反映了企业支付薪酬的内部一致性。薪酬形式是指在员工和企业总体的薪酬中不同类型薪酬的组合方式进行的相应变动。薪酬控制是指企业对支付的薪酬总额进行测算和监控，以维持正常的薪酬成本，避免为企业带来过重的经济负担。

薪酬管理与员工利益和工作绩效直接相关，具有员工生活保障功能、行为激励功能、人力资源调节功能等，因此，要坚持薪酬管理的公平性、竞争性、激励性、经济性与合法性。

三、家族企业人力资源管理

（一）家族企业生命周期与人力资源管理特征

家族企业生命周期的不同阶段，其人力资源发展具有不同的特征。克林·盖尔克西将家族企业的成长历程划分为初建期、扩展/正规化期、成熟期三个阶段。每个阶段由于企业规模、用人需求的不同，其人力资源管理的方式也不同。

在初建期，生产销售规模较小，产品品种单一，大部分是典型的"夫妻店"、"父子店"，员工主要来源于家族内部，企业的组织机构简单，没有正规的人力资源部门，也没有规范的人力资源管理规章制度，内部管理和考核主要依靠血缘亲情关系，家族企业主和家族成员依靠经验应付所有的企业事务。

在扩展期，无论企业信誉还是产品质量都得到了市场的认可，企业知名度大大提高，销售额、利润率的增长速度也大幅提高。为了应对业务增长，更多的家族成员、熟人朋友加入企业，员工规模快速扩大，组织机构和制度规范开始完善。在这个时期，企业内部人事管理从"人治"和"经验型"管理向"制度化、职业化、规范化"管理转变。与此同时，有些创业元老和家族成员的知识已经跟不上组织的发展，外部职业经理人开始进入企业的关键部门和重要岗位。家族成员与非家族成员之间的矛盾冲突也开始凸显。

在成熟期，家族企业的产品和业务已经在市场上站稳了脚跟，拥有固定的客户群体，组织结构和各项规章制度已相对完善，员工规模也大幅增加，利润率稳定。但此时，家族企业的行政官僚气氛开始出现，创新创业精神开始退化，行政管理机构人员出现庞杂和冗余现象，员工报酬与工作量脱节，出现"大企业病"特点。企业有待围绕如何获得持续竞争力问题进行改革。

（二）家族企业人力资源管理中普遍存在的问题

1. 缺乏科学的人力资源管理制度，主观随意性强

家族企业的创立常常依靠家族企业主和家族成员的努力拼搏。在家族企业创立和成长过程中，家族成员之间形成了彼此熟知的沟通方式和默契，企业的人力资源管理方式带有以情感信任为基础的浓厚的关系治理色彩，并达到了较高的沟通运行效率。因此，很多家族企业主认为复杂的人力资源管理制度还没有自己所积累的用人经验和主观判断好用；即使一些家族企业制定了相应的管理制度，但也经常出现"以亲情代替制度"、部分家族成员凌驾于制度之上的现象。人力资源制度的缺失或执行力度弱，导致企业在员工绩效评估、考核、薪酬发放等方面都依赖于家族企业主的情感好恶，很容易在家族成员和非家族成员之间引发矛盾。

2. "任人唯亲"现象较为严重，难以有效融合外部人力资本

家族企业实际上是家族与企业的统一体，家族利益和企业利益存在着高度的一致性。在创业初期，家族成员就是企业的主要员工并发挥了极其重要的作用。随着家族企业的不断成长，虽然也会从市场上招聘专业技术或管理人员，但受到家族主义特殊信任的限制，这些非家族员工很难被安置在核心岗位上。为了确保对企业的控制权，家族通常将家族成员、自家人安排到关键部门和关键岗位。这种安排并不是从企业岗位的能力需要角度出发，而是立足于企业控制、家族成员信任的角度。家族企业这种任人唯亲的人力资源安排模式虽然确保了家族对于企业的控制力，但却造成用人范围狭窄，难以保证企业管理人员的质量，难以调动非家族员工的积极性和创造性，难以满足企业规模扩大后对人力资源数量和质量的需求。此外，这种人力资源管理模式也容易造成企业规章制度难以执行，出现

管理混乱、人才流失率高的局面，最终限制了家族企业的健康发展。

3. 人力资源获取和培养带有功利色彩，忽视人力资源的开发和培训工作

人力资源开发是指对企业员工素质与技能的培养和提高，使他们的潜能得以充分发挥，最大限度地实现个人价值。家族企业人力资源的获取带有较强的功利主义色彩和随意性，较为重视人力资源的直接有用性，不太愿意作长期的人力资本投资，极力逃避人力资本投资风险。企业主总是尽可能地给予家族成员特别是子女最好的教育及商业经验熏陶，对于家族外的员工则很少有教育培训投入。

人力资源开发和培训不足直接导致的后果就是企业内部员工知识更新不够，技术、管理人才缺乏发展后劲。

表5-3对家族企业人力资源管理情况进行了比较分析，从中可以看出家族企业人力资源管理方面的特点。

表5-3　　　　　　　　　家族企业人力资源管理情况比较

类别	内容	企业类型		员工类型	
		家族企业	非家族企业	家族成员	非家族成员
员工技能	招聘和选拔	内部推荐、亲戚、朋友；依赖社会网络	公开招聘；明确的标准和程序	更多机会，非正式途径，如推荐	较少机会，正式途径
	培训与开发	非正式培训，如私人帮带关系	正式、公开的培训；专业化分类	自身认识不足；侧重职业生涯规划	自我有清晰的认识；侧重专业技能
员工绩效和奖励	绩效考核	重视资历	重视工作业绩	非正式，绩效与薪酬关系不大	更为严格，正式
	薪酬福利	非货币激励；可变薪酬权重低	货币激励；绩效薪酬	薪酬低于市场水平，但工作稳定；可变薪酬与工作业绩关系弱	薪酬固定部分没有差异，但可变薪酬依赖于工作绩效
员工参与和沟通	员工参与	鼓励参与决策	不鼓励参与决策	鼓励参与决策	不鼓励参与决策
	沟通	非正式途径，如社交聚会、私人指导	正式途径，如目标管理、工作日志	非正式，如社交聚会	正式，如绩效考核或目标管理

资料来源：王霄，李宗波. 家族企业人力资源管理实践研究——基于社会情感财富理论的分析［J］. 管理现代化，2013（1）.

（三）家族企业人力资源管理改进的基本途径

1. 打破以家族特殊信任为核心的狭隘用人观念，充分发挥市场化职业经理人的作用

由于受到法律环境、社会文化、职业经理市场以及家族自身理念等主客观因

素的影响，家族企业在用人方面尤其是中高层管理者的任用方面还停留在使用自家人的思想层面上。这严重限制了家族企业用人范围和质量。随着家族企业规模的扩大，家族成员的数量和质量必然无法符合企业发展所产生的人力资源需求。招聘市场化人才，让职业经理人执掌企业关键岗位，掌握企业部分控制权，并与家族成员分享企业剩余收益，是家族企业发展的必然趋势。因此，家族企业主和家族成员要从企业长远发展的角度出发，从家族长远利益出发，摒弃以家族特殊信任为核心的狭隘用人观念，不拘一格吸引人才，不拘一格使用人才。要充分发挥市场化人才的专业技能、管理才能，不仅为企业科学化管理和规范化发展带来资源与动力，更要为家族带来新观念、新思想。只有这样，家族企业才能打破自身的家族用人窠臼，在人才职业化发展中实现凤凰涅槃，迈入新的更高层次的发展阶段。

2. 树立制度和规则意识，建立科学规范的人力资源管理体系

家族企业必须建立健全包括招聘录用、培训开发、薪酬福利、绩效管理、员工关系等工作在内的人力资源管理体系，为家族企业人力资源的规范化管理奠定制度基础，并通过规范化的制度管理，实现人力资源管理由"人治"向"法治"转变。在制度执行方面，家族企业主和家族成员要自觉用制度来约束自己，努力做到制度面前人人平等的局面，形成管理人员能上能下、职工能进能出的用人机制、家族成员与非家族成员一视同仁的良好局面。对聘任的经理人员，按照公司章程给予职权，同时完善监督和激励机制。这样，家族制企业原领导人从"集权"到"放权"，摆脱具体事务缠绕，可以思考企业战略规划、长远目标，更有利于企业的发展。

3. 处理好新进员工与企业元老之间的关系，建立家族成员退出机制

随着家族企业规模的扩大，非家族成员进入家族企业工作并承担重要岗位职责，这是不可避免的趋势，也是家族企业发展壮大后的必然现象。非家族成员对管理的介入必然会对原有家族成员的职位产生冲击和影响，因此，如何处理好二者之间的关系，减少矛盾冲突，就成为家族企业能否健康发展的关键。具体来说，有如下方法值得借鉴：一是在家族内部明晰产权，使家族成员可以凭借其所有权获得股权收益，减少其对企业重要岗位的争夺；二是让不适应新形势竞争需要的创业元老担任督导工作，给予较高的待遇；三是安排能力不强的年轻家族成员学习深造，或是到其他公司任职，以提高个人素质和实际工作能力；四是对于

能力较强、有创业冲动、企业又不可能提供其所需岗位的家族成员，另设一笔资金让他们自己投资经营。通过上述方法，既能够满足企业发展对人才数量和质量的要求，又为各种类型的家族成员提供了实现自我价值的途径，减少了企业发展的人为阻力。

第三节　家族企业冲突管理

一、冲突的界定、特征与类型

（一）冲突的概念

冲突是人类社会的普遍现象，存在于各种领域和环境之中，因而得到了多个学科的研究。

德国社会学家达伦多夫（Ralf G. Dahrendorf）认为，冲突是指争夺、竞争、争斗、紧张以及社会力量之间明显的冲撞。

美国行为科学家 K. W. Thomas 认为，冲突是"一方感到另一方损害了或打算损害自己利益时所开始的一个过程"。

研究冲突的经济学家 Hirshleifer（1989）认为，冲突是一种各方投入资源以获得相对成功的竞争关系，如军事战斗、选举活动、劳资斗争（罢工和停工）、法律冲突（诉讼）甚至家庭内部兄弟姐妹或夫妻之间的敌对。

Garfinkel 和 Skaperdas（2012）则指出，冲突意味着两个或多个参与者选择投入成本彼此相争，且对第三方不产生任何正的外部效用。

我国台湾学者汪明生认为，冲突是指两个（含）以上相关联的主体，因互动行为所导致不和谐的状态。冲突之所以发生，可能是利益相关者对若干议题的认知、看法不同，需要、利益不同，或是基本道德观、宗教信仰不同等因素所致。广泛地来说，由于社会上资源、权力稀少，不足以分配，以及社会地位与价值结构上的差异，不免带来不调和甚至敌对性的互动，冲突由此不断产生。

我国学者吴育华和程德文等人（1999）认为，冲突就是一种对立状态，它产生于系统中各方所追求目标的对立性。由于冲突各方同处于一个系统中，各方是互相联系的；但由于所追求的目标是对立的，所以各方又是互相制约的；冲突各方既制约又联系、既对立又统一的特点，形成了各种各样的冲突表现形式。

（二）冲突的特征

1. 冲突是主体之间对客体的一种分歧对立状态

冲突的主体一般是组织、群体或个人；客体则包括利益、权力、资源、目标、方法、意见、价值观、感情、程序、信息、关系等。由于对客体认知、需求或要求存在差异性，主体之间由此而产生某种对立的情绪或行为。

2. 冲突的主体之间存在对立统一的关系

冲突的主体双方通常会在履行职能或行动等方面存在一定的相互依赖，但由于各自要求或利益、行为偏好、态度、价值观、技术方法和目标等存在不同而互相排斥，进而产生对立性。当冲突出现后，冲突各方一般都要先进行联系，然后采取相应的措施力求影响冲突的发展，使冲突的真实结果更有利于自己的利益，在不断权衡和调整中，双方利益逐渐调整到被对方认同的水平并由此达成冲突解决的方案。

3. 冲突的产生和演变是一个动态过程

冲突是从人与人、人与群体、人与组织、群体与群体、组织与组织之间的相互关系和相互作用过程中发展而来，它反映了冲突主体之间交往的状况、背景和历史，另外，冲突是在人与人之间互动过程中所感知、经历的，带有明显的过程特征。此外，冲突会经历潜在的冲突（冲突产生的条件）、知觉的冲突（对冲突的认知）、感觉的冲突（冲突造成的影响）、显现的冲突（冲突行为）和冲突的结果（产生冲突的新条件）等阶段。

（三）冲突的类型

1. 按照达到的目的不同

按照达到的目的不同，冲突可以分为现实性冲突和非现实性冲突。

现实性冲突是指在某些企业关系中，由于某种需求得不到满足或者由于对其他参与者所做的估价而引发的冲突。其目的在于追求尚没有达到的目标，一旦主体目标达到，这种冲突就会停止。

非现实性冲突是指在企业组织关系中至少有一个个体或群体出于发泄压力、释放紧张状态而与其他方发生的冲突。

2. 按组织内部各部门之间的关系

Pondy 根据组织内部各部门之间的关系将冲突划分为三类。

（1）"讨价还价模式"冲突。当组织中不同的利益群体因稀缺资源发生争夺时，这种冲突就会发生。这种冲突模式比较适于分析劳资双方的关系冲突。

（2）"官僚模式"冲突。这是指当上级企图控制下级的行为时，特别是当上级的命令与下级的职责无关程度较大时，两者之间所发生的垂直冲突。

（3）"系统模式"冲突。即发生在组织内部不同部门之间的横向冲突。

3. 按照作用和效果不同

按照作用和效果不同，冲突可以划分为建设性冲突和破坏性冲突。

建设性冲突是指冲突双方出于对共同目标的关心，以争论问题为中心，互相交换观点和意见，从而对工作的顺利开展具有建设性作用，而且冲突双方也对冲突结果感到满意。

破坏性冲突是指冲突双方以自我利益为中心，不愿听取他人的观点和意见，结果导致工作无法进行。

4. 按照表现形式不同

按照表现形式不同，冲突可以分为潜在冲突和显性冲突。

潜在冲突是冲突双方能够感觉到但还没有通过行为表现出来的冲突。

显性冲突是指已经通过言语行为表现出来的冲突。

（四）冲突的过程

1. Pondy 五阶段模型

Pondy 将冲突分为五个阶段：潜在冲突（冲突产生的条件）、知觉冲突（对冲突的认知）、感觉冲突（冲突造成的影响）、显现冲突（冲突行为）和冲突结果（产生冲突的新条件）等阶段。具体如图 5 - 10 所示。

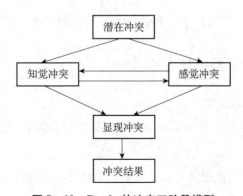

图 5 - 10　**Pondy** 的冲突五阶段模型

Pondy 认为，稀缺资源的竞争、自主权的竞争以及目标的分歧是潜在冲突存在的基础。当潜在冲突被主体所感受到，这种冲突就进入知觉冲突阶段。感觉冲突是知觉冲突的人格化，或者说冲突已引起主体某一方或双方的焦虑或紧张。知觉冲突和感觉冲突有一个重要的区别，比如，A 可能意识到在自己和 B 之间对一些政策有一系列的不一致，但是这并没有使 A 感觉到紧张或焦虑。当焦虑和紧张通过行为表现出来，冲突就进入了明显冲突阶段。冲突进入明显阶段后必然会面对如何解决的问题，如果冲突能够被圆满地解决，当事人对结果都很满意，则一种更具合作性的关系基础将会被确立；如果仅被搁置而非解决，那么冲突就很可能会以一种更为严重的方式爆发。这就是冲突结果。

2. Robbins 五阶段模型

在 Pondy 等学者研究的基础上，Robbins（1992）将冲突过程、冲突要素、冲突处理方式以及冲突效果纳入一个模型中，如图 5－11 所示。

第一阶段	第二阶段	第三阶段	第四阶段	第五阶段
潜在的对立	认知介入	冲突的意向	行为	结果

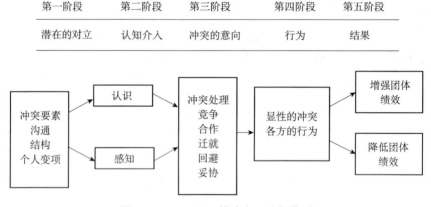

图 5－11 Robbins 的冲突五阶段模型

二、冲突管理的界定与内容

（一）冲突管理的概念

所谓冲突管理就是对冲突如何进行管理的系统过程，包括冲突的诊断、干预、结果和反馈四个阶段。

Rahim 指出，冲突管理就是设计有效的策略尽量减少组织内的情感冲突，同时保持一定的任务冲突从而使冲突的建设性功能最大化。

因此，冲突管理主要包括三个方面内容：（1）对个人或群体绩效有消极影响的冲突应该消减，例如会破坏人与人之间友好、信任与合作的关系冲突和情感冲突；（2）对个人或群体绩效有积极影响的冲突应该培养并保持适度的数量，如对组织目标、政策、任务等有不同意见而引起的冲突；（3）组织成员应采用积极的、建设性的方式来处理冲突。

（二）冲突管理的方式

1. 冲突主体间的冲突管理模式

Thomas（1977）提出五因素策略模型。该模型以"关心自己的利益"还是"关心他人的利益"作为两个维度。关心自己的利益取决于追求个人目标的武断程度；关心他人的利益取决于与他人的合作程度。在此基础上，Thomas 提出冲突处理的五种策略：回避（avoiding）、抗争（competing）、忍让（accommodating）、合作（collaborating）、妥协（compromising）。具体如图 5－12 所示。

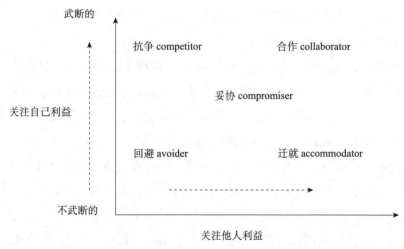

图 5－12　Thomas 冲突处理模式

2. 引入第三方

当冲突双方无法达成协议的情况下，可以引入第三方来帮助解决冲突问题。第三方解决冲突的方式主要包括调解（mediation）、仲裁（arbitration）和安抚（conciliation）。调解是在冲突双方都不失面子的情况下，由第三方帮助冲突主体找到各方都能接受的冲突处理方案。仲裁是冲突当事人将矛盾与分歧交付给双方都能接受的第三方，并由其做出对双方都有法律效力的裁决。安抚是由权威人士对冲突双方进行心理或情绪上的说服，以达到双方利益上的平衡和满意。

通过第三方介入来解决冲突问题，能够营造一种坦诚的氛围，促进冲突双方的良好沟通，并能感觉到冲突解决过程的公平性和公正性，这有助于冲突主体实现双赢。因此，当冲突双方不能自行解决冲突问题时，第三方干预是有必要的，也是有效的。当然，这种方法也有弊端，比如会使冲突解决的过程太长，或在调解的过程中加入自己的利益或判断等。

三、家族企业冲突管理

（一）家族企业冲突的类型

家族企业是家族系统和企业系统的二元综合体，因此，存在着多种冲突。家族企业冲突的类型大致包括以下四种：（1）利益冲突，如家族利益和企业利益之间的冲突；（2）角色冲突，如家族成员之间的紧张关系（父子冲突、同胞冲突等）；（3）情感冲突，如代际传承过程中创业者和传承者情感问题；（4）管理冲突，如家族成员经验式管理与职业经理人的专业化管理之间的冲突。

1. 利益冲突

在家族企业创立和经营的过程中，家族利益和企业利益虽然具有高度一致性，但也存在明显的冲突。家族利益损害企业利益是一种较为常见的现象。例如家族会不顾企业利益而利用所有权和管理权来追求其家族目标和愿望。这会导致家族企业的经营管理出现一系列问题，如资本短缺、错误的财务导向、裙带主义、管理能力弱化等。当然，为了企业发展而损害家族利益经常存在。例如，在家族企业创业发展过程中，为了确保企业能够快速成长，家族企业主会要求家族成员大量的精力、时间投入企业经营管理中，甚至不计报酬。这种情况有时会引起家族成员的不满。因此，过分强调企业利益会损害家族成员之间的情感关系。

2. 角色冲突

家族企业中的家族成员通常具有多种角色，如个人角色、组织角色、家族角色和权益角色。家族成员各种角色之间既彼此互补又存在对立，容易使家族成员发生角色错位，使其很难在一种情境下担当适当的角色，常常会出现角色冲突、角色重叠、角色混乱等现象，由此造成家族成员在家族系统和企业系统中的关系紧张，进而在家族企业管理过程中滋生各种矛盾，增加代理成本、沟通成本，降低组织运营效率。例如，在日常经营管理中，身为管理者的父亲为推行自己的决策不惜动用父亲的权威来命令、指使甚至威慑子女，导致"父子"之间产生严重的心理隔阂。还有如子女排序与管理角色倒置之间的冲突、夫妻角色与管理角色冲突等。

3. 情感冲突

家族成员对家族企业会有深厚的情感，尤其是家族企业主。在传承的过程中，有的家族企业创立者出于地位、荣誉、忧虑等因素的考虑，即使在交出管理权之后也依然干涉家族企业事务，对已接班的子女指手画脚、越俎代庖甚至垂帘听政，不愿退出管理舞台，从而严重伤害继承者的独立性、自尊和自信，使传承者即使在接班后也始终活在被传承者的光环之下并倍感挫折和痛苦，形成所谓的"代际阴影"。有的家族企业接班人一旦接班则置创立者利益和意见于不顾，伤害了创立者对于企业所积累的深厚情感。这些矛盾或冲突的产生对于家族企业健康成长都是有害的。

4. 管理冲突

很多家族企业的创业者并没有接受过专业化管理的教育，基本靠"边干边学"、"边学边干"，并在企业成长过程中积累了大量的经验。但随着家族企业规模的扩大，创业者原有的管理经验已无法满足企业成长的需要，引进专业化管理就成为应时之需。推行专业化管理是实现家族企业成长的重要措施，但由此也产生了专业化管理与家族传统管理方式之间的冲突。

（二）家族企业冲突管理策略

1. 倡导合作意识，重视家族和企业利益的平衡发展

家族系统和企业系统是家族企业不可分割的组成部分，家族利益和企业利益是家族企业都必须高度重视与追求的战略目标。尽管家族企业会因为二元系统矛盾而陷入成长困境，但家族系统和企业系统依然存在高度互补的一面。依赖于家族情感，家族可以形成独特的家族社会资本，为企业创立和成长带来人力资源和财务资源，同时能降低企业运营过程中的代理成本，有助于家族企业成功。而依赖于企业效率和能力逻辑，可以提升家族企业的管理水平，提高家族企业绩效，增进家族企业福利。因此，在家族企业成长过程中，要积极倡导家族和企业之间的合作，充分发挥二者互补优势，实现家族和企业之间的利益平衡，实现家族企业的和谐发展。

在具体措施上，可以在"家族系统"和"企业系统"之间建立明确的财产关系界定机制、资源转换机制和共同治理机制。

财产关系界定机制就是要把"家族"和"企业"的财产关系界定清楚，减少家族财产和企业财产混为一谈、混淆不清的局面。

资源转换机制就是在家族资源和企业资源之间建立合理的转换机制，包括如何对家族资源予以规范引导进而为企业所用，也包括如何将企业利润转换为家族财富。例如，家族成员进入企业前，应该按照企业要求进行有关技能培训；进入企业后，则应以企业员工的身份遵守各种规章管理。进入企业的家族财务资源要做好所有者权益或负债的性质界定，究竟是以所有者权益的性质进入，还是仅仅作为一种企业负债。通过建立这些清晰的资源转换机制，就可以避免家族和企业之间因为资源性质及水平所产生的扯皮推诿现象。

家族企业涉及多个利益相关者，如家族成员、家族员工和非家族员工。不同主体存在着不同的利益，因此，需要建立一个涵盖各方利益主体的组织机构，为各主体之间的信息沟通、规则制定、重大事务决策提供一个制度平台。例如，建立一个类似"家族企业共同治理委员会"，其职能涉及财产关系界定、家族资源转换、家族成员行为规范、家族成员培训基金筹集、企业投融资政策、企业薪酬政策、家族企业财富分配等方面的内容。其目的是，在家族和企业之间建立一个信息沟通与治理平台，对家族和企业行为进行引导与规范，从而保护各方正当利益。

2. 清晰角色边界，培养就事论事的家族氛围和议事能力

家族角色和企业角色混淆，进而影响家族关系和企业管理，是家族企业的常见现象。因此，在家族企业管理过程中，各种主体都要清楚自己在不同情境下的角色定位和角色边界，尽量避免将家族角色带入企业，将企业角色带入家族；要尽量做到家族事务和企业事务分开管理，分别讨论。同时，在各种关系管理中，要从尊重、谅解、沟通的角度来思考和处理问题。例如，在父子之间的关系管理中，要学会善于在竞争及合作的感情之间寻找平衡，从而发挥各人的优势，彼此之间形成能力互补；在同胞兄弟共事时，要相互妥协、谅解、沟通、认同对方观点，进而保持良好的同胞关系；夫妻之间要有清晰的角色分工与责任平衡，要根据各自能力优势和劣势在家庭事务及企业事务中建立良好的责任边界，从而便于决策制定，维护企业制度的一致性和权威性，减少因多头决策所引发的冲突。

3. 重视情感保护，确保企业顺利传承

家族企业要为创业者退出做好充分准备，要提前做好退休计划以实现顺利交班，既要让接班者能够确实"有位有权"，又能保护创业者对企业的感情。例如，可以为退休者建立"家族基金"，用于支持退休者拥有一个新的、具有挑战

性的职业。这既表现出家族企业对退休者的关爱，也可以发挥其作用，实现"退而有事、退而有为"。此外，在"父子"权力交接过程中，父亲对子女"扶上马送一程"是非常重要的，子女也应该给予父亲这样的机会。

4. 重视职业化管理，实现家族管理和职业化管理的和谐共处

家族管理和职业化管理之间的矛盾冲突并非不可解决。家族企业可以通过"股票或股票期权、提供职业发展机会"等方式引进并留住优秀的非家族管理者，从而提高家族企业的管理水平。另外，这种矛盾也可以通过对家族成员、企业中非家族成员进行专业化培训，或者从外部引入专业化管理者来解决，进而在家族利益和企业利益之间寻求一种平衡。当然，在家族企业董事会中引入外部董事或非家族成员董事也是规范家族企业管理的一种重要措施。一般而言，外部董事在"提供独立的建议、监督管理层责任、建立广泛的社会网络"等方面有非常明显的作用，这对于减少家族管理者和职业经理人之间的冲突是有促进作用的。

5. 学会正视冲突，建立有效的沟通、调解和协调机制以避免矛盾激化

当冲突出现时，否认或回避冲突的存在并不能导致冲突的自动消解。相反，隐性冲突的不断积累常常会导致更为严重的对抗。因此，正视冲突的存在，才是解决冲突最好的态度。在正视冲突的前提下，还要建立有效的沟通机制和调解机制。一是要通过有效的沟通来消除冲突。通常，面对面的直接沟通是解决冲突的必要条件。当大家把自己的想法能够开诚布公地讲出来时，就更容易找到彼此认同的利益平衡点并达成共识。二是可以选择熟悉家族和企业情况的第三方调解人来帮助消除冲突。这种调解人不仅具有中立态度，同时还与家族有长期的交往和良好的关系，因而容易得到冲突各方的认同和接受。三是建立制度化的协调机制。定期召开家族会议或家族代表会议是推进家族沟通、鼓励家族成员参与的有效途径。随着家族成员的增多以及家族事务的复杂化，家族会议的重要性就愈发明显。

6. 建立退出机制，保护家族成员的合理利益并减少后顾之忧

当家族企业的冲突双方相持不下，冲突又无法调和时，唯一能彻底解决和平息冲突的方法就是其中的一方或双方退出企业。但是，由于退出家族企业要付出巨大的代价，家族成员一般都不愿这样做，因此，家族企业必须建立切实可行的家族员工退出机制，应该在经济上对退出者进行适当的补偿，而家族必须对退出者的未来继承权和身份地位等予以明确，从而消除退出者的后顾之忧。

第四节　家族企业国际化

一、企业国际化的界定、特征与模式

（一）企业国际化的界定

企业国际化是企业将经营活动不再局限于一个国家或地区，而是运用其内部资源和能力，通过克服存在于世界各国或地区市场的不完全性，将经营活动扩展到其他国家或地区的行为和过程。其目的是，通过国际市场获取和组织生产要素，以获取最大利润或为企业发展寻找更多的市场机会和空间。

从国际化方式来看，从广义上讲，企业国际化是产品、服务、技术、劳动力、管理及企业本身进入国际市场开展竞争与合作；从狭义上讲，企业国际化是企业到国外投资，设立生产经营机构，向境外延伸研发、生产和营销能力，在更多的国家和地区合理配置资源等。企业国际化由此可分为两个层次：基本的层次是指商品和劳务的输出，主要涉及货物、服务、技术、劳务等的出口贸易；更高的层次是指资本的输出，即对外直接投资，或者说跨国公司化。

（二）企业国际化的条件

企业国际化受到企业内部资源能力和外部环境的约束，只有充分考虑这些因素，企业国际化才能够得以顺利开展。

1. 外部环境

企业国际化要充分考虑所进入国家的政治、法律、社会、文化、经济等诸多要素。一般来说，按照不确定性程度，企业的外部环境可以分为相对稳定性、可预测的不确定性、很难预测的不确定性和动荡的无法预测的不确定性四种。比较而言，相对稳定性和可预测的不确定性下的外部环境能够降低企业国际化过程中的风险，有利于企业国际化行为并获得收益；而难以预测和动荡的无法预测的不确定性下的外部环境会给企业国际化行为带来很多不确定的因素及风险，容易导致损失。因此，企业在做出国际化决策时，对于所要进入的国家和地区，一定要从多个方面收集信息并深入分析，切不可贸然行事。

2. 内部资源能力

企业在进行国际化决策或采取国际化行动时，要对如下要素进行考虑：是否具备国际化人力资源储备，即是否拥有国际化全球化视野、国际教育或跨国经营经历的人才；产品是否已在国内市场上获得了竞争优势，如低成本或差异化，从而能够对全球竞争者的行动、全球顾客的需求做出快速反应，有效应对国际化市场上的产品竞争；是否在研发、创新和技术变革方面具有优势，从而能跟上国际技术变化的速度；是否有清晰的国际化战略思路和计划，从而能够在国际化战略指引下有条不紊地推进企业国际化进程。

（三）企业国际化路径

1. 渐进式国际化路径

渐进式国际化是指企业先立足于国内市场，然后通过一系列渐进的阶段逐步涉足国际市场。其理论基础是以 Johanson 和 Vahine 为代表的北欧学派提出的企业国际化阶段理论。由于这些学者来自乌普萨拉大学，所以该理论又得名乌普萨拉理论（U - M）。

企业国际化阶段理论认为，企业对国外市场知识缺乏是阻碍企业国际化的主要因素。因此，从市场范围看，企业国际化演进路线是，本地市场—地区市场—全国市场—海外相邻市场—全球市场；从经营方式看，企业国际化演进路线是，纯国内经营—通过中间商间接出口—直接出口—设立海外销售机构—海外生产销售。

这种渐进式国际化路径表示企业的海外市场进入是一个由浅入深的过程，同时也表明企业对海外市场信息了解程度由少到多、由被动到主动的过程。渐进式国际化路径如图 5 - 13 所示。

图 5 - 13　渐进式企业国际化路径

此外，美国密歇根大学的 Cavusgil 教授将企业国际化的全部过程划分为五个阶段，具体包括：

（1）国内阶段。初期规模小，业务布局国内，进行产品的生产与销售。

（2）出口前阶段。主动了解国外的市场环境，开始出现偶然性业务。

（3）试验性出口阶段。小规模对外出口，间接参与全球交易。

（4）积极出口阶段。直接将产品大规模地输出国外。

（5）完全出口阶段。以全球市场为目标进行自己的生产与销售活动。

2. 天生国际化路径

麦肯锡咨询公司于1993年在对澳大利亚中小型新兴出口企业的研究中发现，一些企业从成立初期就开始进行国际化经营，从而被称为天生国际化（全球化）企业。这些企业从创立时起就积极利用多国资源寻求竞争优势，并在多国出售其产品，其国际化发展速度远远快于企业国际化阶段理论所提出的情形。

天生国际化企业的出现，其原因主要在于：

（1）全球市场的同质化、跨国通信及物流成本的下降以及互联网技术的发展降低了企业国际化的成本，使规模和资源处于劣势的新创企业开展国际化成为可能；

（2）新创企业创业团队的国际商务经验、国外学习居住的经历成为企业国际化所需知识的来源，使一些以全球市场为导向的新创企业不再以渐进的国际化方式获取国际市场知识并逐步增加对国际市场的投入，而是以快速的方式开展国际化；

（3）创业团队的关系网络提供企业国际化的机会、知识，从而加快了企业的国际化进程；

（4）高科技产业技术生命周期的缩短也促使该产业的企业尽快实现全球化销售以收回研发成本。

二、家族企业国际化

（一）家族企业国际化的界定

根据企业国际化的定义和家族自身的特点，可以将家族企业国际化界定为：家族企业出于家族利益和企业利益的综合考虑，为了能够从国际市场获取和组织生产要素，以获取更多的市场机会和更大的发展空间，将企业经营活动扩展到其他国家或地区的行为和过程。

（二）家族企业国际化的动因

1. 取得家族企业国际化的经验

一国或地区市场的有限性以及经济全球化趋势推动家族企业考虑国际化发展道路。但由于缺乏对其他国家或市场的了解，家族企业通常不会贸然进行国际化，而是通过在国外开设分支机构以取得国际化经验，从而为将来的国际化进程积累知识和网络关系。例如，我国家族企业通常会在香港特区、东南亚地区开展业务，然后是美国华人集中的区域。通过这块试验田，家族成员可以取得国际化管理经验，确立家族企业的海外网络关系。

2. 培养家族企业接班人

设立海外分支机构有助于创始人锻炼继承人的国际化经营能力，使其积累一定的业绩，树立其在家族企业中的威望。华人家族企业更倾向于用这种方式来培养接班人。

3. 分散本土经营风险

不同地区的市场受经济周期的影响不同，产业竞争程度不同，因而所具有的风险程度也是不一样的。例如，李嘉诚家族通过业务全球化来分散经营风险，确保整体收益。其控股的和黄移动电话业务第二代移动电话 GSM 在以色列与澳大利亚市场日益饱和时，就在印度等移动电话普及率低的新兴市场上大力推进 GSM 业务，形成在以色列、澳大利亚、印度等市场上同时经营 GSM 业务的局面，避免了以色列等地移动电话升级为 3G 以后盈利水平的下降。

4. 规避政治风险

尽管和平是当今世界的主流，但不同国家和地区在政治制度、政治氛围、政治倾向性以及政治稳定性方面还是存在一定的差异。尤其在一些欠发达或不发达地区，政治动乱、政权的频繁更替都为家族企业成长和发展带来了巨大的风险与不确定性。因此，这些国家的家族企业希望通过国际化来达到转移产业或财富的目的。

（三）影响家族企业国际化的家族因素

虽然家族企业国际化可以分散特定国家和地区的风险，并从规模经济、范围经济和学习曲线等多方面受益，但其国际化过程不仅会受到所在国家或地区政治、经济、法律、社会、市场等外部因素的影响，同时也会受到家族企业自身的特点（如股权结构、家族涉入情况、长期导向意识等）的影响。

1. 家族股权对家族企业国际化的影响

家族企业国际扩张将给企业带来潜在的机会和风险，而企业股权结构将显著影响企业所有者的风险偏好程度并由此进而影响企业的战略决策。家族对企业股权的集中性，对于是否进行国际化会产生直接影响。因为在股权集中于家族手中的时候，国际化所面临的风险会直接影响家族经济利益以及社会情感财富。现有研究证实了这种推断。

有研究显示，相比非家族企业，家族企业往往不太倾向于国际化，其国际化的进程也相对较慢。其原因在于，家族不愿意自己的企业或股权去承担企业国际化所带来的风险和由此带来的损失，或者由于家族成员缺少国际化准备、非家族管理者缺乏国际化准备、管理团队对国际化的抵制以及缺乏国际化经验等。

当然，也并不是所有的家族企业都回避国际化问题。当一些家族企业认为国际化能够为其家族成员提供工作机会、年轻的家族成员对多极化已有所准备、有家族成员居住在国外时，这些家族企业会出现明显的企业国际化行为。

此外，一些研究还从社会情感财富理论的视角对家族企业是否采取国际化行为予以分析。社会情感财富理论认为，家族企业在进行战略决策时更倾向于从家族社会情感财富的得失来考虑，而不是仅仅为了追求利润最大化。例如，德国学者 Pukall 和 Calabrò 在研究社会情感财富与家族企业国际化关系时就指出，当家族企业经营不太景气、家族的社会情感财富存在风险时，家族企业主会更愿意冒险去改变企业经营状况，比如采取国际化战略；而当家族企业处于繁荣期时，家族企业主则担心国际化会损失社会情感财富，从而其国际化意愿较低。

2. 家族涉入对家族企业国际化的影响

所谓家族涉入是指家族对于企业运营管理的介入程度。比如由家族成员作为企业的高层经理。家族涉入对于家族企业国际化的影响具有两面性。

一方面，由于国际化是一个难度较大的工作，对于那些依靠自身在家族中的地位或权力进入家族企业管理层或董事会的家族成员来说，常常是一个巨大的挑战，因而他们往往难以接受国际化。因为一旦国际化失败，这些家族成员在家族中的地位或权力就会受到损害，继而影响他们在企业中的地位。出于自我保护的考虑，这种类型家族成员对企业管理的涉入就不利于家族企业国际化进程。

另一方面，基于管家理论视角的研究认为家族涉入会促进家族企业国际化。这些研究指出，在家族企业国际化经营中，家族经理人扮演着家族企业"管家"的角色，力图维护企业价值，保持企业的竞争优势。由于家族经理人和家族企业创始人关系密切，他们能共同定位企业使命，制定和执行企业战略，这使得家族经理人能更好地认识当前企业经营环节的弊端，以及如何通过国际化消除这一弊端。在利他主义思想下，家族经理人更倾向于通过国际化维持企业组织架构，提高企业合法性，利用国际化经营为家族成员提供工作机会和培育家族接班人，传承持续创业精神。

3. 家族长期导向意识对家族企业国际化的影响

家族长期导向是指家族关注家族的代际传承和企业的长期发展。家族长期导向意识对于家族企业国际化的影响也是正反两方面的。

一方面，由于传承和跨代目标、更长的 CEO 任期等因素，家族企业不仅在乎企业盈利，更希望家族与企业能代代延续、世代繁衍，因此，当本土市场的成长和发展空间有限时，长期导向会驱使家族企业转向国际化经营。进一步地，长期导向帮助家族企业克服国际化进程中可能遇到的阻碍和挫折，并推动家族企业国际化程度的加深。

另一方面，长期导向也可能使得家族企业更不愿意进行国际直接投资。家族企业创始人或经理人往往与本地关系网络有较强的个人联系，因而更愿意在本地投资，这种本土化定位不一定会影响企业出口，但对外直接投资意愿会大大降低。进一步地，家族企业的长期导向使其更加担心国际直接投资的风险，这种现象在家族经理人治理家族企业时尤其明显，从而降低了国际化经营进入家族企业备选战略的可能。

（四）我国家族企业国际化策略

改革开放以来，我国家族企业得到了迅猛发展，但在国际化进程中，我国家族企业的状况还是不容乐观。一是国际化自主创新能力不足。由于大多数家族企业都从事传统行业，依靠低成本、低价格来获取国际市场竞争优势，缺乏对研发的高额投入，从而导致我国家族企业后续发展能力不强。二是缺乏国际化人才储备。尽管我国是出口大国，但由于我国的企业主要处于国际价值链的生产环节，无法占据技术开发、营销管理、市场开发等高价值环节，导致我国的家族企业将精力主要投放在产品的制造上，而不太重视或无法重视与价值链其他环节有关的人才储备问题。三是忽视与高校研究机构的合作。我国家族企业与高校科研机构的合作较少，导致在产品研发、管理水平方面无法上升到更高层次，进而也影响了国际化水平。针对上述问题，我国家族企业应该积极采取策略来推进自身国际化水平。

1. 高度重视产品开发和技术创新

实践表明，家族企业在获得进出口权的初期，其长期受制约的进出口活力突然释放出来，短期内进出口贸易额会有较大提高，但部分企业由于缺乏长远的战略规划，不重视产品开发和技术创新，且不能及时对世界市场的需求变化做出快速反应，导致企业在经过短期增长后陷入出口滑坡的境地，有不少企业的产品甚至被迫完全退出市场。因此，家族企业在利用现有产品优势开拓国际市场的同时，要对世界市场格局变化的趋势有清醒的认识，并制定出相应的技术革新、产品开发战略。有条件、有实力的民营企业可以建立自己的研发机构，或与科研院所、高等院校甚至国有企业联合开发新产品、开辟新市场，使自己保持长久的竞争力，走上持续发展的道路。

2. 采取循序渐进的市场策略

在出口市场的选择上，家族企业应考虑到自身经济实力相对较弱这一特点，选择那些本企业产品具有竞争优势的重点市场进入。在获得稳定的国际市场之后，再逐步开拓其他市场。虽然北美、西欧、日本及东南亚国家和地区的市场容量大、发育成熟，且绝大多数是 WTO 成员，进入这些市场可享受到关税及其他方面的优惠，但也不能忽视这些市场竞争的激烈、市场趋于饱和的现实。相反，如果采取有效措施，积极开拓拉丁美洲、非洲、东欧和俄罗斯等国家和地区的市场，尤其是其中的 WTO 成员的市场，则反而能获得较高利润。

争取机会多参加各种类型的国际性贸易博览会、展销台等。广泛接触国外客商，在宣传自己的同时，也宣传自己经营的产品，收集第一手的市场资料，尽快加入各国出口商会，利用商会的信息服务功能获取客户资源和供求信息。另外，可选择重点国家或地区的中心城市，设立联络办事机构，在寻求客户、建立营销网络的同时，更直接地获取当地市场需求信息，为出口产品进行售前宣传和售后服务，并为将来开展对外投资奠定基础。此外，通过互联网设置企业自己的主页，开展电子商务，也是一条成本低且符合时代发展趋势的做法。

3. 制定符合自身资源能力的市场战略

我国家族企业整体实力还是偏弱，因此，要避开跨国公司的强势领域，选择那些跨国公司不愿进入或跨国公司力量薄弱的领域，则成功的概率会增加很多。美国 DEC 公司的经历值得家族企业学习。20 世纪 70 年代，身处计算机行业第一巨头 IBM 公司的经营宗旨是为顾客"包办一切"，特别是在大型计算机领域，更是独树一帜。此时，DEC 公司打出了"让用户做计算机主人"的口号，加强对顾客的计算机培训，并将开发、研制的重点放在了市场上尚属于空白的小型机上，从而避免了与 IBM 公司的直接冲突，并在计算机市场占得一席之地。

4. 改变用人机制，增加国际化人才储备

家族企业要突破家族式管理的限制，改革用人机制，大胆吸纳职业经理人和具有国际化管理才能的人才管理、经营企业。通过赋予股权激励等多种方式留住人才、激励人才，为自身的国际化发展储备人才。

格兰仕的成功秘诀

格兰仕集团创立于 1978 年 9 月 28 日，是一家领先的综合性白色家电品牌企业，是中国家电业具有强大影响力的龙头企业之一。格兰仕与中国改革开放同龄，在发展理念上始终坚持实干创新，专注实体经济，聚焦家电制造。围绕着"百年企业 世界品牌"的发展愿景，创业 30 多年来，格兰仕立足广东，面向全国，走向全球，从微波炉制造到微波炉"智造"，再到综合性、领先性白色家电集团，一直是中国制造在国际市场上的一张名片。

1. 让经理们放手去干

格兰仕老板梁庆德认为，"人是格兰仕的第一资本。有高度事业心、责任感、使命感、认同感，与企业荣辱与共、同舟共济的人才是格兰仕的中流砥柱。"

梁庆德五上上海登门求贤，以一片真诚感动了当时全国著名的微波炉专家，使他们抛弃了上海优越的工作和生活条件，前来格兰仕创业。在资金困难的情况下，支持刚到企业来的俞尧昌在全国媒体上做引导消费者如何使用微波炉的宣传。

2. 危机管理

梁庆德认为，决胜市场成功的最为锐利的武器就是在企业内部实行危机管理，这种危机意识不是居安思危，而是居危思危。"危机，离我们不远"，"我们的危机时刻存在"，格兰仕把这些警句式的观念作为企业的世界观印在自己的宣传品上。他们认为，昨天的辉煌不足以抵抗明天的危机，今天必须拼搏才能消除明天的危机。

3. 大家的格兰仕

一个好汉三个帮，梁庆德说，格兰仕是大家的，靠我一个人是没用的。而这句话化为格兰仕的企业口号就是："格兰仕是格兰仕人创下来的，是每个格兰仕人的光彩。"

通过骨干持股，梁庆德成功地解决了在民营企业中员工与企业利益分离和员工"为谁干"的难题，使格兰仕人有了归属感。现在在格兰仕，全部骨干所拥有的股份达20%多。因为是大家的格兰仕，所以梁庆德对于员工的使用与提升奉行"赛马"原则："能者上，平者让，庸者下；只认能力，不认关系。"

资料来源：http：//www.yingsheng.com/pxzx-glgy/71049.html

第三篇　家族财富管理：
传承与守成

第六章　家族企业传承与家族财富管理

第一节　家族财富管理的起源与演变

一、家族财富管理的起源

家族财富管理的起源，包括古代起源和近代起源。家族财富管理的机制最早可以追溯到罗马时代，当时家族内部雇佣"domus"作为家族财富的管理员。这种做法一直延续到中世纪，国王和贵族通过家族的管家来管理自己的财富，并逐渐形成了关于打理财富的专门知识门类；家族财富管理的近代起源应当以信托制的出现或私人银行的出现作为起点，因为这标志着打理一个家族财富的工作，从家族内部分离出来，成为一个独立的行业。

实际上，直到19世纪，大多数家族的财富都以土地的形式存在，包括附着于其上的森林、矿产、农田、建筑、税权等；其余的货币、珠宝、收藏等，并不构成家族财富的主要部分。这使摩根（Morgan）家族的金融家和艺术品收藏家在1838年成立的摩根之家（House of Morgan），以及洛克菲勒（Rockefeller）家族于1882年成立的家族办公室，更具有现代意义的典型性。家族开始通过组建实体组织的形式来管理金融资产、艺术品、慈善基金会等形式的家族资产，并为家族成员提供私人的咨询和生活服务。

对家族财富管理起源的不同认识，是由于对家族财富管理中两种基本模式的不同理解产生的，即：传统的限定于家族内部的财富管理活动；机构化的由家族外部提供的财富管理服务。两种家族财富管理，无论是从服务内容、服务方式、参与主体的角度，还是从成本/效益的角度，都有相当程度的区别。同时，对于哪些任务应当通过家族内部完成、哪些任务更适于通过外部服务提供的问题，已经成为建立家族财富管理规划中一个不可忽视的环节。

二、传统的家族财富管理

亚里士多德指出，财富管理即城邦和个人的一切财政管理。就单个家庭（或家族）而言，其内容主要是指：（1）获取自然财富（渔猎、农作、畜牧）；（2）获得财富之后能够使财富进一步增值的活动。而第一种活动有时又被认为是家庭主的主业，而非真正意义上的家政管理。色诺芬在《经济论》中提到许多实际的家政事务，其中包括：财物的储藏、保存和加工，管理土地、管理奴隶并组织奴隶进行生产，规划家庭生活开支。

这一阶段的家族财富管理几乎涵盖了家庭生产和生活的方方面面，而其目的是利用财富来维持家庭开支并尽量获得盈余，最终保持家庭的有产者地位。在此后相当长的一段时间内，家族财富管理一直作为家族经营的重要组成部分，这与当时以农业耕作和自然采集为主的生活形态息息相关。

私人银行的出现，是家族财富管理发展的里程碑事件。16 世纪，原先在法国的部分贵族和商人由于天主教信仰原因被驱逐出境，成为第一代瑞士的私人银行家，为皇室和贵族提供财富代管的服务。早期的私人银行是完全私人拥有的，并且经营私人银行的家族提供无限责任的担保，私人银行业因此得名。到 18 世纪末，瑞士私人银行家凭借充裕的资金成为各国的海外融资中心，将货币兑换、资金转移、资产管理、票据贴现等业务延伸到整个欧洲，并帮助客户处理遗产和规避税收。当时私人银行数量多达 200 家。私密性和独特的客户网络是传统私人银行的最大特征。如现存历史最悠久的私人银行 Hoare & Co，成立于 1672 年，成为其客户的前提条件之一是必须得到至少 2 名以上客户的推荐。

传统家族财富管理阶段最主要的特征是，为特定的拥有巨大财富的个人或家族提供服务，目的是帮助客户保持和增加其财富的价值。由于客户需求的特殊性，其提供的业务明显地区别于现代金融业的主流服务。

三、现代的家族财富管理

除了传统的家族财富管理逐渐成熟，个人理财业务出现并发展成为成熟的财富管理业务，是现代家族财富管理的重要源头之一。

最早由金融机构推出的个人理财业务出现于 20 世纪 30 年代的保险业中。由于保险概念对于当时的公众来说还过于空洞,保险公司发现由销售人员为客户提供一些购买保险的指导,并帮助客户规划保险收益、办理手续,可以有效地增加保险销售。随后,这种方式也被用在共同基金的销售,但仍然缺少成套的流程和方法。个人理财在这一时期被看成是销售金融产品以及建立、维护客户关系的工具,财富管理服务的观念在这一时期仍未形成。

第二次世界大战后,由于全球金融制度变化以及资本市场的发展,一些综合性银行和投资银行业也开始进入财富管理市场,成为新的竞争者。这一阶段,由于大型金融机构的进入,股票、外汇、信贷及金融衍生品等投资被纳入财富管理的内容中,税务筹划、养老规划和离岸账户管理也成为财富管理的主流业务。随着对财富管理的需求扩大,以及市场对专业人士的需求增加,1969 年第一个财富管理协会——国际理财规划师协会(IAFP)诞生,标志着财富管理进一步专业化。

20 世纪 60~70 年代对离岸财富管理的关注促进了中国香港、新加坡等全球金融中心的发展。受益于得天独厚的地理环境带来的大量国际贸易,国际金融服务也是中国香港、新加坡重点发展的行业之一。这一时期,两地以瑞士为模板,大力发展财富管理行业,香港地区面对中国内地,新加坡面对东南亚,发展出了自己独特的财富管理体系。同一时期,一批以"避税天堂"闻名的群岛离岸金融中心也逐渐发展起来,主要通过优惠的税收制度安排、健全的法律制度、完善的基础设施、发达的旅游等条件来吸引富人在岛上注册公司、转移财产以及休闲。

20 世纪 80 年代以后,美国进入婴儿潮推动的经济繁荣时期。资本市场投资和 IPO 的大笔回报是当时财富人口的主要来源,财富管理业务开始融合更多的投资银行业务,例如融资管理、资产管理、现金流管理和投资顾问服务。金融业逐渐认识到高端客户的重要性,并通过收购私人银行、家族办公室的方式向家族财富管理业务拓展。一些传统的家族财富管理机构也积极尝试机构化转型。例如著名的贝西默信托(原先是服务于单一家族的家族办公室,其拥有者是钢铁大王卡内基的合伙人亨利·菲普斯)在 1975 年向其他富裕人士开放,至今已成为拥有2 000 名客户、管理 575 亿美元的机构。

20 世纪 90 年代之后,家族财富管理行业总体呈现出逐渐统一的趋势。一方面,原先隶属于单个家族的传统家族财富管理机构大量走上开放经营的道路。除贝西默信托外，洛克菲勒家族办公室、北方信托等家族办公室开放了自己的家族财富管理服务。一些传统私人银行，如 Julius Baer Group，公开上市经营，并在2005 年彻底完成了从家族控制到公众治理的转变；还有一些并入大型金融集团，例如顾资银行被苏格兰皇家银行收购，瑞士联合银行与瑞士银行公司合并成为UBS。至今，传统私人银行已从第二次世界大战后的 67 家下降至 12 家。另一方面，金融机构加强了对家族财富管理市场的争夺。花旗银行、汇丰银行等都在20 世纪 90 年代至 2000 年年初建立了私人银行业务，投资银行如摩根大通、高盛集团也利用自己的高端客户资源开展家族财富管理。同时，受西方各国先后放开金融市场管制的影响，财富管理服务的业务范围持续扩大，复杂衍生品交易、私募股权投资、对冲基金、结构性金融产品成为财富管理业务的主要金融产品。"一站式"综合性财富管理服务的理念日渐凸显，并成为家族财富管理机构塑造品牌、培养客户黏性的主要手段。

四、家族财富管理与家族财富传承的关系

家族财富管理一般经历三个阶段：创造财富—管理财富—传承财富。投资管理属于维护管理阶段，财富管理的最后一个阶段——传承对于家族财富管理更为重要。俗话说"富不过三代"，这句话似乎成了一种魔咒困扰着很多家族企业。事实上，仅仅只是在"第一代"，由于公司股权资产的纠纷就层出不穷。辛苦建立起来的财富，如因家庭内部纠纷而无法继续传承，是不值的，所以说我们所做的一切投资考虑都是为了之后财富能得以被长久保存。由此看，财富传承是值得研讨的一门学问。我们所说的财富传承并不是单纯把全部财产交给子孙后代而已，管理财富需要精明的商业头脑和敏锐的洞察力，不能保证每一位继承人都能承袭前一代的成功。财富传承不完全需要家庭成员直接介入管理，可以把企业交付给更具能力的管理者经营，但同时要保证家庭成员仍旧拥有产权（property right）。

财富传承，简单来说，就是如何安全地将资产托付给下一代，与此同时，保证之后的管理者会合理保护资产。比较典型的就是家族企业。由于不同家族企业合法继承人人数不一，情况不同，因而就要因地制宜，确保不会在日后引起法律上的纠纷。财富传承是一种长远的投资，但不同于普通的投资更多地着眼于金融技能，传承过程中会涉及更多的法律因素。除了考虑金融上的管理，更要注重管

理上的合法性。就中国国情来看，很多关于财务上的法律规范还不够成熟，因此，会出现一些疏漏，而这就是我们需注意的。

即使在法律系统较为成熟的西方发达国家，家庭财产纠纷在大型家族企业中也频繁出现。涉及财产分割的问题总是难以让各方满意，因此，当我们提到财富传承时，就不是简单的财富交接过程，而是一个合理分摊的过程。在中国，对于财富传承可能更容易引起纠纷。这是因为很多富人对法律没有完整的认识，他们之中很多人并不会在年轻时提前立下有效遗嘱，使之后的财产分割问题变得颇为棘手。除此之外，因为中国人家庭观念很重，在财富传承过程中，不免因为一些情感因素而导致家庭成员之间产生分歧。由此看来，在考虑如何传承财富时，应该尽量从客观的评判角度出发，制定一个公平合法的传承方案。

第二节　家族财富传承工具

财富传承牵扯的问题很多，包括将资产传承于哪些人、传承比例、遗产税税率有多高、资产怎样进行保值增值、怎样传承方可造福多代人等，要回答这些问题，细心的资产运营方案必不可少。常见的财富管理工具有遗嘱、保险、信托等，这些工具均可以保障财富管理之平稳。

一、遗嘱

（一）遗嘱的内涵、类型及继承关系

1. 遗嘱的内涵

遗嘱通常的内涵是，立遗嘱者在世的时候，依据相关法律法规对他的个人财产提前进行处置计划安排，该安排计划的生效时间是立嘱者离世之时。

2. 遗嘱的类型

遗嘱为最常见、也是最快捷的资产传承方式。遗嘱的形式多样，有立遗嘱者亲口诉说设置之"口头遗嘱"，有旁边由他人来证明遗嘱真实性的"公证遗嘱"，也有立嘱者亲自书写传承之"自书遗嘱"，还有通过录音设备记录传承条目之"录音遗嘱"，还有立嘱者不方便的时候恳请别人代为记录传承条目之"代书遗嘱"。

3. 遗嘱继承关系

遗嘱的一个重要原则是，必须依据立嘱者的本人意愿形成。依据相关法律，遗嘱通常需要指出哪些人是继承人，同时还要指出哪些人是继承人之后最具竞争力的继承人，要是前者因种种原因不能继承，那么后者取而代之。此外，立嘱者也要说明财产的具体分配方式与范围，且可以说明继承人继承该财产所必须履行的附加义务，并说明由哪个人来把握遗产继承的顺利进行，也即遗嘱执行人。遗嘱继承关系如图 6－1 所示。

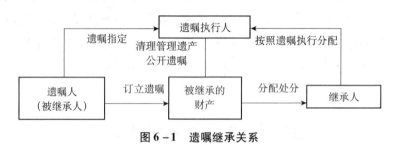

图 6－1　遗嘱继承关系

（二）遗嘱与赠与

与遗嘱相似的财富管理方式还有"赠与"。赠与行为的含义是，赠与人将本人的全部资产所有权赋予他人（受赠人），而他人也可以合法接受赠与。赠与行为需要合约满足法律的要求，不能违法，还要签订赠与合同，如果赠与人和受赠人不方便，其余形式的合约也是可以的。与遗嘱不同的是，赠与能够在赠与人生前进行财富所有权转移，但遗嘱却只能是立嘱者死后生效，这意味着赠与合同能够反悔，但也容易引起一些财产纠纷。

二、保险

保险通常是指，投保人依据合约把保费交给保险人，合约说明了部分也许出现的事故，它们会引发财产、生命损失，保险人必须对投保人的财产、生命损失进行赔偿；也存在某种保险约定，投保人受伤、生病、离世或其他原因导致生命财产损失的，在满足合约条例的前提下，保险人也必须给予投保人一定的赔偿，以弥补投保人的生命财产损失。近年来，中国保险业发展迅猛。相关报告指出，在受调查的高薪阶层中，接近一半的人购买了各种各样的保险产品，他们这样做的目的一般都是规避风险，防止突如其来的灾难导致的巨大伤害。保险当事人关系如图 6－2 所示。

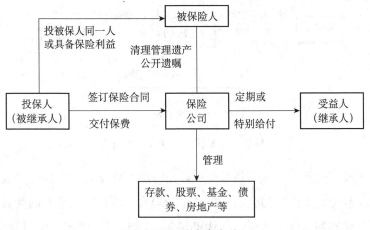

图 6-2　保险当事人关系

三、信托

(一) 信托与家族信托的内涵

信托，是指委托人基于对受托人的信任，将其财产权委托给受托人，由受托人按委托人的意愿以自己的名义，为受益人的利益或者特定目的进行管理或者处分的行为。信托的当事人主要包括委托人、受托人、受益人。

家族信托的当事人，就是委托人为财富家族，受托人为信托机构，受益人为利益相关者，大多是家族财产的继承人。因此，家族信托就是信托机构受家族的委托，为实现家族的财富规划及传承目标，代为管理、处置家庭财产的资产管理方式。

(二) 信托管理方式

财富家族将资产委托给信托公司，资产的所有权与收益权相分离，但相应的收益依然根据其意愿收取和分配。家族信托可以保证，即使委托人家变、分产、意外死亡或被人追债，家族信托资产都将独立存在，不受影响。信托财富管理方式结构如图 6-3 所示。

(三) 家族信托的作用

家族企业主可以根据自身意愿决定信托产品的成分，从而对财富进行有效的管理。

1. 家族信托可以实现家族对公司的长期控制

首先，家族资产管理者一般都不希望家族资产被家族外部人员夺走，也不希

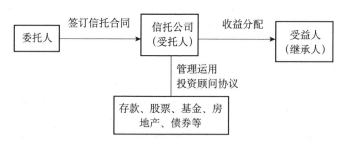

图6-3 信托财富管理方式结构

望家族资产股权摊薄。家族信托基金很好地解决了该难题,家族资产管理人可以将资产成立基金,交给专门企业来打理,管理人只需规定该基金的受益人就可以了。这样,就能够实现家族资产的内部流通,同时实现资产的保值增值。其次,由于家族信托的管理主体是熟练的管理人员,因此,与其他形式相比,这种方式可以较好地增加投资回报率,这样能够让家族财产实现长期增值。再次,家族信托也能让家族的所有资产成为一个不可分割的部分,这意味着,一旦委托,家族财产就将全部由代理人进行管理,而且以证券形式或者企业形式或者不动产形式等不同形式存在的财富不用分割。最后,家族信托也可以消除非法剥夺的危险,从而维护财富的价值。

2. 家族信托存在较强的正外部性

有些企业家希望把他们的资产捐给社会上需要帮助的人,但面临的一个问题是,捐给一些所谓"爱心机构"的资金经常会被人擅自使用,被部分管理者中饱私囊,达不到捐赠的初衷。一旦设立了家族信托,指定特定的人为受益人,能够很好地解决这一问题。因此,家族信托作为一类科学合理的财富管理工具,其应用前景非常光明。

四、不同财富传承工具比较

(一) 财富管理效率方面

遗嘱继承是一种较为简便的财富管理工具,但遗嘱继承也可能引发纠纷。遗嘱很容易引起争议,而争议的焦点是,遗嘱是否具有法律效力、遗嘱是否为立嘱者本人意愿等。即使遗嘱合理避开了一些财产纠纷事件,但遗嘱继承不能对继承人如何支配遗产来进行限制,引发继承人对遗产进行随意使用浪费;而且,在完善的法律体系之下,遗嘱继承还将要面对高昂的遗产税;同时,遗嘱继承也不能使资产在家庭和企业之间独立。故遗嘱继承无法成为财富管理的首选。

与遗嘱继承相比，保险就显得灵活多了，通常体现在以下两点：灵活性与多功能性。例如，保险可以依据被继承人诉求来对合约进行修正，保险对于财富管理的效用是非常明显的，它能够基本完全展示投保人的个人诉求，投保人可以规定保险生效时间和对象，进一步让想要留给下一代的资产变得安全；另外，财富所有权转移无须对公众公开，这种保护客户财产隐私的做法确实能够吸引一大批人前来参与；而且，投保后的赔偿财富受法律保护，债权人无法追要，这也对于部分躲债的投资者有益；资产的分离还可以起到降低遗产税基数、科学避税的作用；同时也能够约束受益人对收益财富的使用，例如可以规定受益人只能分期获益，这样就有效遏制了受益人挥霍浪费的倾向。但是，保险于财富管理也不是万能的，缺点体现在，保单不能马上变现，流动性差；保险财富管理的主要对象是现金资产，无法对其他资产财富进行管理；保险赔付不仅仅全凭合约，如果保险机构财务状况不佳，那么投保人也将跟着受损。

对于家族信托而言，首先，家族信托可以实现家族对公司的长期控制，并且增加家族资产投资利润。家族资产管理人通过将资产成立基金，实现家族资产的内部流通及资产的保值增值。其次，由于家族信托的管理主体都是专业熟练的管理人员，因此，可以较好地增加投资回报率，实现家族财产的长期增值。家族信托也会让家族的所有资产成为一个不可分割的部分，家族信托还可以消除非法剥夺的危险，从而维护财富的价值。

（二）执行的可行性

遗嘱继承缺乏创造财富的功能，而且还具有较多不足，加上中国《继承法》已经有三十年没有改进了，相当多的内容早就无法与当前的社会经济事实所契合，况且遗嘱继承存在着遗产税征收的潜在短板，所以遗嘱继承在当前背景下实施的可行性较低。

相比而言，保险的财富管理功能就要多得多，加上中国的保险法规已经比较完善，保险机构推出的产品与服务也具有差异化，满足不同类型的客户需求，可行性较高。实践也表明，当前高薪阶层购买保险产品的比例逐年递增。

与前面两种方式相比，信托的功能就要复杂强大得多了。只是因为当前国内信托法律的不完善、信托氛围的缺乏、信托产品的供给过少等原因，信托的可行性依然没有保险那么高。不过，随着我国高薪阶层对于信托认知的不断加深，以及信托法律的不断完善，信托的强大功能定会慢慢凸显。

每种财富管理工具可以按照财富管理方案和偏好进行整合运用。例如，可以将信托和遗嘱结合起来，这样就能够有效利用家族信托之生前信托、遗嘱信托之生后信托，发挥多方优势，达到财富管理的目的。因此，每一种财富管理工具都有优劣，不能一味地依靠某种工具来进行财富管理，而应该综合运用各种工具，以期达到财富的保值增值、安全传承等目的。

不同家族财富传承工具各有优劣，真正运用起来也是各有难易，实际运用中需要根据具体情况加以综合运用。对于家族财富而言，最为重要的部分是家族企业，它是创造家族财富的源泉，是凝聚家族精神的载体。此外，相对于现金、证券等资产的传承，家族企业的传承更为困难和复杂，因此，如何实现家族企业传承是家族财富传承的核心。

第三节　家族企业传承概述

一、家族企业传承的内容

家族企业传承包含两个方面的内容，一方面是企业所有权的传承；另一方面是企业经营权的传承。随着现代企业制度的日趋完善，企业的所有权与经营权逐渐发生分离。企业的所有权一般情况下由家族内部成员继承。即使考虑到现代企业制度的不断发展，企业主会利用下放所有权来刺激继承人工作的积极性，但这也只能是相当小部分的股权激励。企业主不可能完全把所有权下放给职业经理人，这是由我国特有的家族文化所决定的，除非继承人是企业主子女或者企业家族内部人员。在家族企业内，企业的所有权由企业主掌握，企业的经营权是完全可以传承给外部人员的，这样才能使企业所有权和经营权有效分离。

家族企业的权利传承，并不是老企业主的退出和新企业主的上位那么简单，权利传承必然会对整个企业和家族有着广泛的影响。可以毫不夸张地说，家族企业的权力传承就是企业的"生死之劫"，无论东西方家族企业都不能例外。能否顺利实现企业权利的传承，就决定了家族企业保持繁荣、健康、持续发展的问题。贝克哈德和戴尔（Backard and Dell）认为，家族企业虽然有其特定优势，但受各方面因素的影响，能够持续健康发展以致获得成功的企业并不多。

二、家族企业传承的影响

家族企业传承对于家族而言是个重大的事件，对于家族相关成员及家族企业均会产生重要的影响。

（一）传承对于家族成员的影响

1. 传承对企业掌门人的影响

企业掌门人的个人因素与企业传承能否成功有着密切的联系。据《华尔街日报》调查显示，多数家族企业没有持续获得成功发展的主要原因就是家族企业掌门人没有摆脱权力陷阱，导致企业出现危机。常见的一个现象是，家族企业的掌门人有意回避传承问题。尤其是家族企业的掌门人就是创始人时，早期创业的艰难、管理企业的感情、企业成功的成就感以及对权力的眷恋，使家族企业掌门人对权力存在非常固执的追求。出现这种情况，往往不到迫不得已，如出现身体状况等不可控原因时，家族企业掌门人一般不会考虑企业的传承，而这种缺乏传承计划的做法常常会给家族企业带来发展的障碍。企业掌门人出色的经营管理能力、优秀的个人素质和敢于创新的魄力是家族企业能够取得成功的主要原因，也正是这个原因使很多家族企业的领导者在传承之后出现了失落感。因此，企业掌门人应当提前做好心理准备工作，并选择合适的时机退出企业管理工作。

2. 传承对家族其他成员的影响

家族企业的主要特征是企业关系与家族关系相互交织、紧密联系。在这个系统中，企业掌门人不但要处理好企业内部矛盾，而且也要处理好家族内部矛盾，保持家族企业的健康有序发展。在家族企业传承的过程中，必然会产生利益冲突。家族企业的管理者，无论是家族成员还是非家族成员，都对企业的发展做出了应有的贡献，如果不能被选择成为企业的继承人，那么就应该对他们采取必要的补偿以安抚其继续为企业效力。

在企业传承过程中，家族关系是依靠亲情、血缘以及感情来维系的，而在企业里则更强调制度、规范、条款的制约，家族关系和企业必然会造成相互冲突。这种冲突，既有积极的影响，也可能导致消极的后果。这是因为，建立在亲情关系之上的家族企业成员相互之间的信任度更高，同时也会导致个人权利角色模糊、个人职责不明确，企业领导权威会受到家族关系的削弱，限制以才取人的自由度，损害非家族企业成员的工作升迁和职业生涯发展等。

由于家族企业内部领导者的权力至高无上，因此，在家族企业传承过程中，传承人对于家族、亲情的看重程度以及用人理念等都会对家族企业中的非家族成员造成很大程度的影响。如果传承人在用人上更偏重于家族成员，那么非家族成员势必会被边缘化，其晋升和职业生涯都将受到限制；如果传承人任人唯贤，那么就会极大地鼓励非家族成员的工作积极性。但是，传承人在这方面的倾向往往并非显现化的，一开始的时候企业员工很难清楚传承人属于哪种类型的人，这就造成了在传承初期势必会出现企业内部人心惶惶的局面。原先受到重用的人会担心权力旁落，而失落不得志的人则满心憧憬着一个新的开始。这种人心的躁动，将在一定程度上影响企业经营效益，因此，传承人应十分重视企业内部的这种心理变化，及时表明自己的态度，安抚员工紧张的心情。

（二）传承对企业的影响

家族企业传承会导致企业制度和文化的重组。从国内家族企业发展进程看，家族企业创始人的性格特点及个性在创始人进行企业管理工作时就渗透到企业文化之中。但是，在新的继承人上位后必然会进行一系列的改革进而导致企业文化的变迁。这种家族企业的传承问题由来已久，并且是一个普遍存在于各国家族企业中的问题。但是，改革开放以来，特别是随着我国家族企业的兴起和发展，家族企业代际传承问题已成为国内家族企业首要研究的问题。目前国内家族企业传承问题的研究主要集中在四个领域：一是关于企业所有权和经营权传承问题的研究；二是关于企业继承人甄选的研究；三是关于企业继承人培养和教育以及传承时间安排的研究；四是如何正确处理家族内部成员关系问题。比较我国和国外相关研究，可以发现，我国的研究与国外的研究还有一定的差距，在理论上还没有形成体系，研究成果较为空泛，应用性不是很强，研究方法比较落后，缺乏科学的、规范的实证性研究。比较起来，国外的研究则更加重视对具体企业的调研和案例分析，通过案例分析得出数据，其准确性和可行性大大提高，这一点是我们在今后研究中需要加以借鉴的。

三、家族企业传承的困难性

一个家族能够持续经营很长一段时间，无论其财力有多雄厚，归根到底往往是因为其进行了出色的长期传承规划。为什么"富不过三代"这一世界通用的谚语到今天为止还和过去一样适用呢？这说明企业传承具有很大的困难性。

1. 对资本形式仅理解为金融资本

很少有家族能够理解他们的财富由三种形式构成：人力、智力和金融。他们更多是把资本理解为金融资本。为数不多的家族会认识到，没有对人力、智力资本的积极管理，他们是无法保持其金融资本的。一个家族不能保持其财富的最关键问题在于，他只注重于家族的金融资本，忽视了人力资本和智力资本。一个家族不能理解其拥有的财富，更不能成功地管理这一财富，注定这一家族要应验古老的预言。事实上，这种仅关注金融资本的做法甚至可能导致其在一代之内就会破产。

2. 将财富保有看做一个静态的过程

很多家族都不能理解财富保有是一个动态而非静态的过程，家族的每一代人都得是第一代——创造财富的一代。许多继承了金融财富的家族成员，都不知道金融财富被创造出来是多么不易。这些家族成员的后面几代人很少能与初始家族财富的创造者有同样的热情。一个家族幻想，或者更糟糕地，认为该家族的每一个成员都是财富的创造者，甚至每一代都会出现创造性天才，能够成为伟大的金融财富创造者，这本身就是愚蠢的。这样的家族正在走向灭亡，并且很快就会破产。

对于一个想要保有财富的家族来说，他必须增加其财富。如何做到这一点呢？他可以更加关注家族人力资本和智力资本的保有。他可以将其主要使命理解成保有人力资本和智力资本的过程，同时更出色地管理好第一代创业者创造出的金融资本，通过更好地理解其主要职责，每一代就可以在实践中充当新的一代，即财富创造者。

3. 缺乏对企业获得长期发展的耐心

许多家族通常难以掌握适当的时间框架以进行成功的财富保有，结果就使利用家族的人力和智力资本计划变成非常短期和个人的行为，家族取得成就的目标设定得相当低，结果导致家族缺乏对企业获得长期发展的耐心。当把20年、50年和100年的衡量期限引入家族投资策略中时，对耐心的要求就不用担心。正是这份耐心解释了像菲利普·卡雷特和沃伦·巴菲特这样伟大的投资家的成功。无论一个家族干什么事，耐心都是一种美德。

4. 缺乏对发展规划的定性描述

家族大多不能理解财富保有的基本问题是定性的，而不是定量的。大部分家族在规划时注重于定量目标。这些家族基于其个人和集体的金融资产负债表的分量来判断成功与否。不管是成员个人还是家族整体都会准备详细的利润表，显示该年度收入与支出相减的结果，依此来判断该年度家族财富是增加还是减少。这种对资产负债表和利润表的细心管理，对经营和保持家族金融财富来说十分重要。不幸的是，这一行为并没有将家族的定性资产负债表考虑进去。定量资产负债表的每一行、每一列无法描述与评估人力和智力资本及其每一年的增长和下降。没有对这两种重要资本形式的定性评估，家族和个人的资产负债表就是不完整的，也不能判断出一个家族在多大程度上实现了财富保有的目标和任务。这些关键定性问题包括：

（1）是否每一个家族成员都很兴旺？

（2）一个家族每一代成员间所形成的社会契约是否能激励每一代领导者都与家族同进退、悉心聆听被领导者的个人问题，而这些被领导者也选择服从他们的领导者？

（3）家族成员是否知道如何放弃家族财富的管理，而不觉得是被迫放弃？

（4）家族中被选出的代表是否尽职尽责地管理家族人力、智力和金融资本以帮助每一个成员追求幸福，而每一个成员又是否感觉到他们在这样做？

第四节　家族企业传承的主要模式

一家企业面对传承的时候，往往要同时面对所有权和经营权两个方面的问题。那么，在考虑家族的无形资产和企业未来可能面对的障碍时，就出现了四种截然不同的传承模式。

一、子承父业型

"子承父业"型就是父亲把企业的股权都交给子女，把企业的经营管理也交给子女，这就是所谓的子承父业。其实，这就是让企业完完全全在家族内传承，仍然由家族拥有企业，由家族来管理企业，也就是所有权和经营权的双传承。看上去这是家族企业最完美的传承模式，但是，要成功完成这样的交接，条件也是最苛刻的。只有当两代人之间能顺利实现无形资产的保护和传递，而且家族能够通过一些途径扫除障碍时，"子承父业"才是一种合理的传承方式。

二、所有权传承型

"所有权传承"型，可以简单地理解为"只当地主不耕地"型。家族退出企业的经营管理，也就是说，家族继续拥有企业的所有权，但是让职业经理人来打理企业。家族如果不能管理企业，那么把企业的经营变得标准化，由职业经理人来管理可能更加适宜。同时，如果企业未来经营要面对的困难比较少，企业的股权不容易被分散，家族继续持有企业也是一件很好的事情。在"只当地主不耕地"的传承模式下，家族不再需要有能力去经营企业，只要做好负责任的股东就可以了。

三、经营权传承型

经营权传承型可以理解为"只耕地不当地主"。"只当地主不耕地"是在经营权与所有权中，交接所有权，放弃经营权。那么，与之相对应，就有交接经营权、放弃所有权的传承模式。这就是"只耕地不当地主"型。日本的遗产税很高，因而很多日本家族企业的传承就是遵循这种模式。遗产税只是阻碍股权集中的一个方面，还有像来自家庭人数、企业融资等方面的阻碍，都会导致股权分散。如果这些障碍无法跨越，那么家族放弃大股东的位子就是合理的。同时，这种模式要求家族仍然能给企业带来特殊贡献。就像丰田家族，他们所坚持的"质量为上"的企业经营理念，仍然能够帮助丰田建立消费者对品牌的信任。这时，家族参与经营对于企业来说仍然是非常有价值的。

四、退出型

如果家族已经不能够为企业带来什么特殊贡献，而且企业未来面对的困难又很多，那么家族同时放弃企业的经营权和所有权是最为明智的，也就是第四种模式——"退出"型。退出并不意味着失败，退出也可能是一种很好的选择。家族退出企业，让其他更好的团队来经营企业，同时家族可以通过出售企业获得大笔财富。家族未来要做的事情就变成了如何管理财富。

案例·+·

传承没有规划，澳门"赌王"树倒猢狲散

家族企业要成功完成传承，避免企业在交接班的时候面临价值的巨大滑坡，

传承规划是非常重要的。尤其是在家大业大的情况下，缺少规划会让企业和家族在临近交接的时候陷入混乱，最终变成树倒猢狲散的悲惨局面。澳门"赌王"何鸿燊就是这样的一个例子。

澳门"赌王"何鸿燊1921年11月25日出生于中国香港，具有犹太血统。他遗传了犹太人善于经商的特点，一手建立起澳门的赌业王国，垄断澳门的博彩行业数十年之久。企业贡献了澳门40%的GDP，在澳门占有举足轻重的地位。

90多岁的何鸿燊年事已高，但是他还没有公布过他对企业接班情况和财产的安排。这么大的企业要如何延续下去不得而知。一大家子人本来就容易产生矛盾，当几年前何鸿燊意外摔跤、健康状况堪忧的时候，家族矛盾更是一下子爆发出来。四房太太及其孩子都摩拳擦掌，试图动手分家产。二房和三房联手把何鸿燊最主要的控股公司100%的股权，利用发行新股的方式分散稀释到只剩下0.02%。然后二房、三房几乎瓜分了集团控股的股权。何鸿燊在病榻前还请律师帮他打官司，要求二房三房归还这些股份。

官司进行期间，何鸿燊的博彩股票大跌了20%左右。事实上，博彩业的股价下跌并不常见，因为开赌场基本都是稳赚不赔。但何家却在很短时间里股价下降20%，这是企业在面对传承的时候价值滑坡的又一个例子。而且，更糟糕的是，没有接班的规划，企业在面对传承的时候相当被动，而家庭纷争给企业造成的伤害会因为这种被动处境而被放大。

这场纷争最后是如何收场的呢？答案是没有收场。因为何鸿燊的企业对经济的影响非同一般，所以何家的家务事惊动了政府。在当时香港政府官员的调停下，整件事暂时平息下来，但何鸿燊的家业规划仍然不明晰。在可预见的未来，何家的财产争夺战可能还会再次打响。

资料来源：http：//news. hexun. com/2016-01-30/157 922 406. html

第七章　家族企业文化传承

第一节　家族文化的起源与特征

一、家族文化的起源——家训

家庭是社会的细胞，家庭稳定则是社会稳定的基础。古往今来，有无数思想家从社会稳定、社会发展的高度来探讨和研究家庭问题。历朝历代，都存在着大量社会问题，而其中有不少都是由家庭问题引发的。因此，重视家庭问题、研究家庭问题，事关整个社会的发展和稳定。促进家庭稳定和幸福的因素有许多。其中，家训就是一个重要的因素。家训是中国家庭教育的优良传统，是中国家庭教育的方法之一。关于家训的说法很多，有人做过统计和专述，包括家范、家戒、家教、家规、家法在内不下 70 种说法，然而其中被使用得最为广泛的还是"家训"。

（一）家训文化的发展历程

据《史记·鲁周公世家》记载，西周政权建立以后，遍封功臣，建立诸侯国。周武王之弟周公旦，受封于鲁国。由于周公旦要留在京城辅佐侄子周成王，不能就封，就让自己的儿子伯禽就封于鲁。伯禽临行之前，"周公戒伯禽曰：'我文王之子，武王之弟，成王之叔父，我于天下亦不贱矣。然我一沐三捉发，一饭三吐哺，起以待士，犹恐失天下之贤人。'"周公训子，就是父母对子女当面进行训教，这也是一段关于中国家训文化最早又最可信的记载。

父母对子女面对面的训诫，用文雅的词来说，就是"庭训"。"庭训"典出《论语·季氏》，讲的是孔子当面训诫儿子孔鲤的故事。由此，"趋庭"、"鲤对"、"庭对"也成为中国家训文化的代名词。后来，中国的家训通过书信、训词和遗嘱等形式传递；再后来，家训又通过制定完整的家规、家约、家范来体现，形成了家庭内部所有成员的行为准则。

（二）家训文化的基本功能

1. 训导教育子女成人成才

这是家训最基本的一个功能。前文说到周公戒子、孔子庭训，都体现了这一点。中国的家训文化，不管是在哪一个时期，都离不开对子女的教育。

2. 实行家庭的自我控制

任何一个家庭都不是孤立的。它作为社会细胞、社会的基本单位，必须接受来自外在的社会控制。这种社会控制包括法律控制、行政控制、道德控制以及习俗控制。同时，为了维护家庭内部的稳定，调整和处理好家庭内部关系，将子女培养成人，使家庭得以承继和绵延，还必须要有家庭的内在控制及家庭的自我控制。这种自我控制的一个主要方面就是通过家训（包括家规、家约、家范等），以口头或书面等各种形式来体现，从而起到对子女及全体家庭成员的教育、引导和约束作用。

3. 确立良好的家风

家风是指一个家庭的传统风习，是人们在长期的家庭生活中逐渐形成和世代沿传下来的生活作风、生活习惯、生活方式的总和。家风的形成，是家庭长辈和主要成员潜移默化地影响和教诲的结果，而家训和家风有着密切的联系。隋朝初年的颜之推在《颜氏家训·治家篇》中说过这样一段话："夫风化者，自上而行于下者也，自先而施于后者也。是以父不慈则子不孝，兄不友则弟不恭，夫不义则妇不顺矣。父慈而子逆，兄友而弟傲，夫义而妇陵，则天之凶民，乃刑戮之所摄，非训导之所移也。"在这里，作者强调了家风引导和家庭中长者、尊者的表率作用的重要性。在近现代，江南钱姓家族人才辈出，若星汉灿烂。这和其先祖制定的《钱氏家训》并代代相传、恪守不移从而形成良好的家风是分不开的。

4. 进行孝道的教育

孝道是人类最基本的道德，因此，关于孝道的教育成为中国家训文化的重要组成部分，也是中国古代家训文化成果的重要体现。关于孝道，无论是思想家、帝王、官员以及民间的士绅读书人家庭，在他们的家训实践和家训著作中都有大量体现。

在古代帝王的家训中，对孝道很重视。三国时期魏武帝曹操对儿子要求严格，尤其重视儿子的慈孝。他曾发表《诸儿令》说："今寿春、汉中、长安，先欲使一儿各往督领之，欲择慈孝不违吾令，亦未知用谁也。儿虽小时见爱，而长大能善，必用之。吾非有二言也，不但不私臣吏，儿子亦不欲有所私。"字里行间所表达的主要精神，是不以权谋私、赏罚分明、用人唯贤，但同时也清楚地表明了他对儿子孝道品行的严格要求。

清朝入关以后的第二任皇帝康熙对家教一贯重视，后来雍正特将其父在世时对诸皇子的训诫编为《庭训格言》。全书共 246 条，包括读书、修身、为政、待人、敬老、尽孝等内容。该书有言，"凡人尽孝道，欲得父母之欢心者，不在衣食之奉养也。唯持善心，行合道理，以慰父母而得其欢心，其可谓真孝者矣。"该书又提出，"《孝经》一书，曲尽人子事亲之道，为万世人伦之极，诚所谓天之经、地之义、民之行也。推原孔子所以作经之意，盖深望夫后之儒者身体力行，以助宣教化而敦厚风俗。其旨甚远，其功甚宏，学者自当留心诵习，服膺弗失可也。"通过《庭训格言》可以看出，康熙认为"真孝"和行孝道不能停留在书本经义上，而是要"身体力行"、"服膺弗失"。这两点至今仍对孝道文化的传播和实践具有现实意义。

二、家族文化的特征

中国是一个家（家族）文化传统极为悠远与厚重的国度。在中国传统文化中，家是一种具有超常稳定性的社会存在，长期处于伦理道德形态的中心位置，这使得中国文化具有鲜明的家本位特征。家不仅是传宗接代之所，而且是生产和社会生活的基本单位。家族文化构成了中国传统文化结构的基石和核心。

1. 注重人伦秩序

所谓人伦就是人与人之间尊卑长幼、亲疏远近的社会关系。中国人非常注重人际关系，并常以血缘、亲缘、姻缘、地缘、学缘等来衡量人与人之间的亲疏远近。我国著名的社会学家费孝通先生在其《乡土中国》一书中提出差序格局理论，用来描述中国社会人与人之间的关系问题。

费孝通先生认为，在中国文化背景下，社会关系是逐渐从一个一个人推出去的，是私人联系的增加，社会范围是根根私人联系所构成的网络。这一社会关系的网络是以血缘关系为基础形成的。更具体地说，它是根据生育和婚姻事实所发生的社会关系，从生育与婚姻所结成的网络，可以一直推出去，包括无穷的人，过去的、现在的和未来的人物。基于此，这个网络像一个蜘蛛的网，有一个中心，就是自己。以己为中心，像石子一般投入水中，与别人所联系成的社会关系，不像团体中的分子一般大家是立在一个平面上的，而是像水的波纹一般，一圈圈推出去，越推越远，也越推越薄。

费孝通先生认为，从自己推出去的和自己发生社会关系的那一群人里所发生的一轮轮波纹的差序就是伦（人伦）。中国人对血缘的重视延展到了整个社会，决定了中国人的社会生活和人际关系。传统中国社会的人际关系正是在以父系主导的血缘关系基础上形成的立体关系网。

2. 注重关系和谐

中华民族是一个崇尚和合的民族。和合文化源远流长，也深深渗透于家族文化之中。孔子以"和"作为人文精神的核心，强调"和为贵"。孟子则提出，天时不如地利，地利不如人和。钱穆先生认为，"融会协调，和凝为一"是中国文化精神的一个重要特性。这种和合文化使得中国人的家庭生活具有强大的内聚力。

3. 强调家族至上

在和合文化的主导下，和谐与平衡被视为理想的终极家庭价值，家和万事兴成为中国人判断人们行为的一种重要道德标准，家族至上的意识便成为传统家庭伦理的核心精神。

4. 强调家国一体

《诗经·小雅》上说，普天之下莫非王土，率土之滨莫非王臣。因为在古代家国实际上是一体的。大学道，古之欲明明德于天下者，先治其国。欲治其国者，先齐其家。欲齐其家者，先修其身。儒家把身、家、国、天下看成是一个相互贯通的大系统。在家国同构的宗法制度下，家是缩小了的国，国是放大了的家。通过化家为国，将家庭伦理情感转化成国家政治道德观念，并将各种可能出现的个人独立意志消弭于无形。

第二节　家族企业文化的优势与劣势

一、家族企业文化的内涵

家族企业文化是指在家族企业中以血缘关系为基础、以家的管理模式为特征的企业文化。

我国的家族企业基于独特的中国文化根基，中国文化可以说是一种"家文化"，这种文化从理论上讲特别适合家族企业的生存和发展。家族企业是在"家族"的基础上产生的"企业"，它的核心仍然是一个"家族"。

受家族文化的影响，家族企业强调"以家人为本"、家长在管理中通常具有绝对权威、传承上重视子传父业。家族企业文化的这些特点使其在企业管理过程中表现出明显的优势和劣势。

二、家族企业文化的优势

（一）企业凝聚力强

家族企业中血缘关系弥补了一般企业中纯粹经济关系的暂时性、不稳定性等不足，家族成员之间与生俱来的信任是靠契约约束的人际关系难以比拟的。家族企业多雇用家庭成员、同乡或好友，雇主和雇员之间的关系犹如一个家庭成员之间的关系，他们不但在企业中实施仁政，善待员工，而且还经常深入员工中去，了解他们的困难和疾苦。因此，在家族企业中，人际关系和谐，员工队伍稳定，公司成员一般都能效忠于企业，以公司事业为己任，全心经营，努力工作。员工在心理上有归属感，对企业目标有认同感，企业有着很强的凝聚力。

（二）企业内部沟通顺畅

家族企业成员大多是亲属、老乡、朋友、同学等，他们的价值观有着相似或相互融合的地方，沟通时双方很容易站在对方立场上考虑问题，夫妇和兄弟姐妹们更能懂得彼此说话的主要意思及隐含的决心和犹豫，能够达到很好的沟通效果。另外，口头的和非口头的信息能在家庭成员与老乡间迅速传递，有利于及时解决企业成长中遇到的问题。

（三）代理成本低

代理成本发生在所有权与经营权分离的企业制度里，尤其是经理式公司里，当股东退出决策层、企业经营决策权由经理们把持时，就会出现经理（代理者）的疏忽、偷懒、挥霍与作弊的行为，也就是出现了代理成本，从而侵吞所有者的利益。而在家族企业里，所有权与经营权相统一的产权配置结构，最大限度地保证了经营者行为取向与企业利益之间的激励相容，降低了企业的委托成本。另外，家长集权的家族制治理结构降低了企业运营过程中的决策成本和协调成本，家族成员彼此间信任及了解的程度远远高于其他非家族企业的成员，家族企业成员之间可能负担较低的心理契约成本。

（四）决策迅速

家族企业实行的是集权式的组织模式，家族企业的创立者或继承者往往以其较大的股份、较高的辈分或独特的个人魅力在家族企业中扮演着家长的角色，家长依托家族的血缘关系，将企业的决策权集中在自己手里或家族内部，从而建立了集中、稳定、强大的领导实体。同时，利益的一致性使得各成员对外部环境变化具有天然的敏感性，外部尤其是市场变化的信息能很快传递至企业的每位成员，从而使得企业的决策最快。

（五）激励效果好

家族企业采用利益共享、风险共担的机制，使得企业的存在与发展同家庭的利益紧密相连，因此，家族成员视企业为自己的生命，为了企业，他们不惜自我牺牲。在企业创业初期，大多数企业资金缺乏，只有家族企业成员可以在不发工资的情况下义务工作，这种精神所产生的生命力是一般的非家族企业难以具备的。

三、家族企业文化的劣势

文化是一柄"双刃剑"，我国家族企业文化得益于厚重的传统儒家文化的影响，表现出强大的凝聚力和稳定性，但同时传统儒家文化的一些弱点也显现于家族企业文化之中，体现在与现代经济环境的不相适应，并影响到家族企业的经营管理能力。

（一）独断性不利于家族企业的科学决策

一个家族企业能够生存到今天，与创业者独到的判断、决策、经验、胆识是分不开的，在企业刚起步或出现危机的困难时期，企业非常需要集中领导、果断决策、统一意志、统一行动、节约讨论时间、提高办事效率，这样才能把握住市场上稍纵即逝的机会。然而，当企业发展到一定规模时，这种单凭企业主一人的经验、智慧、权威去做判断和决策的风险渐渐变大。企业主的独断专行，使他们盲目地依靠经验主义进行决策，难以接纳不同意见，甚至压制不同意见者。家族企业主这种刚愎自用的管理方法不能集思广益，尤其随着企业的不断发展，无论是技术、产品还是市场、融资，均超出了企业主所拥有的经验沉淀和知识准备，这样做出的决策很容易因不适应现代企业的经营管理现实而出现失误。做决策时，既缺乏必要的科学论证，更不存在有效的权力监督，这也是很多家族企业大起大落、生命周期短的根本原因。

（二）排外性不利于家族企业引进优秀人才

中国文化是一种低信任度的文化，这种信任只存在于血亲关系之中。因此，家族企业内部成员把自己的利益与企业的利益紧密相连，表现出极端的忠诚和凝聚力。而对非家族成员却有一种无形的隔阂，特别是当外族成员从企业中获得利益的时候，家族成员很自然会流露出抵触和戒备心理，所以即使是那些出类拔萃的人才通常也得不到企业主的信任和重用。由于在用人上家族企业背离了基本的公平原则，所以家族企业中的非家族成员如果能力得不到最大程度的发挥，就会产生与企业离心离德的情绪，并最终会选择离开企业，这也就产生了家族企业中员工的流动性特别大的现象。另外，因为大部分家族企业主不愿意把经营权和所有权分离，不放心把经营权交给外聘的职业经理人去控制，或者对外聘经理人的权力设置种种限制，导致管理效率低下，极大浪费了企业的管理资源，同时也影响了优秀职业经理人进入家族企业的积极性。因此，家族企业文化的排他性特征已严重阻碍了企业竞争力的发展。

（三）封闭性不利于家族企业的创新

中国长期自给自足的自然经济形成了人们小富即安的意识特点。当一个家族企业取得一定成绩、做成一定规模的时候，一些企业主就开始停止追加投资、拓展市场和研发新产品。刚刚完成了资本的原始积累，原本是企业最好的发展时机，却不愿冒风险而跌入封闭守旧的圈子里。现代企业所处的是一个日益开放、竞争日趋激烈的环境，当非家族企业都在紧锣密鼓地筹建自己的研发中心、培养研发队伍时，家族企业者却还是以一个产品打天下的局面去应对，这必然要与高端技术和前沿产品失之交臂，不但影响了企业做大做强，甚至将成为阻碍企业可持续发展的禁锢。

（四）亲情性不利于家族企业的规范管理

家族企业文化是一种以亲情为基础、缺乏制度意识的文化，在家族企业中企业利益与家族利益是相互重叠的，家族企业作为一个经济组织，在追求企业利润最大化的同时，还要兼顾家族成员的利益，而且在感情和制度的天平上，明显偏向了感情这一边，对企业制度建设构成严重冲击。由于是凭感情做事，家族企业的生产经营行为就未免不受影响，企业的制度对家族成员而言形同虚设，在制度的执行上亲情重于制度，人治大于法治。这种重人情、轻制度的文化使家族企业管理失去了科学的尺度，也降低了企业的向心力和凝聚力。

第三节　家族企业文化创新与传承

研究显示，约有70％的家族企业未能传到下一代，88％未能传到第三代，只有3％的家族企业在第四代及以后还在经营。其根源在于，家族企业文化的保守性和排他性难以支撑起长远发展。因此，家族企业必须跟上时代的步伐，进行文化创新，把现代优秀企业文化融入家族企业文化之中，实现可持续发展。

一、家族企业文化创新

（一）强化家族企业文化与现代企业文化的融合

现代企业的竞争实质上是文化的竞争，是积极文化与消极文化的竞争，是开放文化与保守文化的竞争。积极、开放的现代企业文化具有拼搏、奋进、灵敏、宽容、理性、民主的精神，无论环境怎样变化都可以赢得主动；消极、保守的家族企业文化具有排外、唯亲、集权、专断的特征。家族企业文化与现代企业文化融合，必须对原有的家族血缘文化进行理性的变革以及客观的保留与摒弃。家族企业要克服家族情结的缠绕，加强家族企业文化与现代企业文化的结合，探索如何将现代企业制度和管理模式与家族企业文化有效融合的道路，要紧密结合自身企业的实际情况，选择合适的企业制度。只有这样，中国家族企业才有可能自我完成企业制度变迁。

（二）强化家族企业文化与人本文化的融合

人本文化实质上是从人的本性如需求、发展、平衡出发，以关心和满足人性为基础，激发人的积极性、主动性、创造性的发挥的企业文化。家族企业文化容易形成相对封闭、家族有优越感、偏听偏信、任人唯亲的心理态势，严重伤害非家族企业成员。构建平等、和谐的人文氛围，要放弃重资产、轻人力的管理理念，要放弃专制的企业文化，要做到对内以全体员工为本，对外以顾客、用户为本，要提倡平等、公平、公正意识，要与非家族成员真诚沟通、同甘共苦、和谐共处。这样，员工才会感到自己是企业的主人，才会认同企业的价值观与长远目标，才会发自内心地去为企业发展贡献自己的力量。

（三）强化家族企业文化与社会型企业文化的融合

家族企业要放弃利润第一的企业文化，追求社会效益最大化的企业文化。利润最大化是每一个家族企业追求的目标，但是企业利润最大化不能以损害社会利益为代价，如果损害了社会利益，即使取得了利润最大化，也只能是一时的，从长远来看，企业就会失去社会的信任，最终会使企业的长期利益不能达到最大化。因此，两者的融合要从以下三个方面着手：一是把家族利益与企业利益分开。企业的利益不仅仅包括家族的利益，家族利益只是企业利益的一部分，企业文化要体现各种利益的协调、共赢。二是把家族的价值观与企业的价值观分开。既然家族的利益不等于企业的利益，那么，就不能把家族的价值观强加给企业，要建立起企业自身的价值观。三是把家族所有与企业经营分开。在形成现代企业治理结构的基础上建立起企业的经营观、人才观。

（四）强化家族企业文化与共生型企业文化的融合

家族企业要放弃"单打独斗闯天下"的企业文化，实现共生型的文化。（1）企业之间存在着互惠互利、优势互补。家族企业的竞争并非就是你死我活，而是存在着互惠互利、优势互补，在此基础上可以加强合作形成企业联盟，即竞争中有合作、合作中有竞争，从而实现双赢。（2）在激烈的竞争中，家族企业单靠自己一家公司独霸市场是做不到的。一个行业有成千上万家企业，要想在激烈的市场竞争中独占鳌头，必须放弃相互诋毁、相互攻击、相互欺骗，放弃一心想打垮同行的观念，树立一荣共荣、一损共损的观念，实现双赢。（3）企业文化可以相融，企业要吸收和借鉴其他企业的先进文化。因此，企业要建构共生型的文化。

（五）强化家族企业文化与诚信企业文化的融合

企业受"老实吃亏"的影响，企业信用缺失，假冒伪劣商品泛滥，产品质量差，消费需求降低，市场萎缩；合同违约，债务拖欠，"三角债"普遍，现金交易增加，资金周转不灵；交易成本提高，投资风险加大，接受投资减少。从长远来看，企业缺乏信用百害而无一利，因此，企业要树立诚信文化。

（六）突出家庭亲和力的特色

家族企业是家庭关系与企业相结合的产物，其所具有的独特企业文化传统是企业发展必不可少的内在动力。企业文化建设需要突出家庭的亲和力特色，要以家族成员之间信任度高、目标容易统一、经营中"道德风险"行为概率小的特点，培育企业精神、共同的价值观念、文化氛围以及广大员工认同的道德规范和行为方式。

二、家族企业文化传承

（一）家族企业文化传承的核心要素

在现代企业管理及知识经济时代的背景下，家族企业应对激烈竞争的市场环境，迫切需要构建知识导向型的企业文化来增强企业的竞争优势。知识经济、学习型文化新常态下，家族企业文化传承应该具备以下核心要素。

1. 协作与共享性

家族企业对内是一个由众多人员组成的共同协作体，对外开展经营活动也是在与他人协作之中进行的。因此，这些就相应地要求我国家族企业文化在知识经济时代的构建具有协作共享性。

一方面，随着全球经济一体化趋势的不断推进，经营无国界化，这使得市场竞争日趋激烈，为了应对这种激烈的市场竞争，大多数家族企业主逐渐意识到要竞争必须合作，在合作中取得竞争优势。因此，在企业外部，要不断扩大与其价值链上的利益共同体比如供应商、顾客等之间的合作，合作可以使企业彼此间取长补短、共享资源，实现优势互补，最终实现双赢或多赢的竞争优势。合作竞争将成为家族企业新的价值取向及企业经营战略的核心，树立以合作促进竞争、以竞争促进合作的观念。

另一方面，在组织内部，家族企业建立起知识共享型的企业文化，要求企业的知识管理者拥有鼓励知识共享的核心理念，积极地为企业营造一种全员共享学习的宽松组织环境；要求企业有完善的以知识共享和创新为导向的激励机制，要求知识型企业的每一位员工参与知识共享和创新的行为都有相应的客观评价标准；能够使企业员工认为贡献知识和与人分享知识是一种自然的行为，彼此之间积极主动地分享知识，并鼓励员工积极主动地向他人学习知识，促进知识的有效获取、交流、分享，促进知识的良性循环，实现知识增值，提升家族企业的竞争力。

2. 学习性

在当今社会，知识就是价值资源，知识是企业获取持续竞争优势的基础。学习是企业获取知识、适应新变化以及促进企业发展、开拓新领域、加快企业创新的必经通道。在当今知识经济、世界经济一体化迅速发展的时代，顾客需求不断地发生变化，产品的生命周期也在不断地缩短，家族企业所面临的生存环境也发生了巨大的改变。在这样的时代背景下，家族企业要想获得成功，就要求家族企业创建一种学习型的企业文化，以变应变，以灵活多变的运作方式积极地适应外界环境的变化，才能确保在未来的残酷竞争中不被淘汰出局。企业在激烈的市场竞争中能否获得成功取决于企业核心竞争力的强弱，而企业核心竞争力的强弱又取决于企业所拥有的知识，那么，关键看企业的学习能力。而知识来源于人的不断学习，所以家族企业要适应复杂多变的外部社会环境，获取其持续发展的竞争优势，其企业文化就要具有学习性，打造终身学习制企业，加强对全体员工的培训学习，促进员工综合素质的提高，提高企业的竞争力。这就要求上到企业主、下到企业内每一个员工都要加强自身学习，在企业内建立学习型组织，培养一种重视学习、善于学习的文化氛围，鼓励企业全体员工学习新事物、新理论等，研究新问题，开拓新领域。

3. 以人为本

人本管理是现代企业管理的新模式，以人为本是人本管理的核心价值观，即强调关心人、尊重人、激发人的热情、满足人的合理需要。在当今知识经济时代，人本价值观不单单包括这些，更重要的是关注"人的能力"，重视"人的能力"培养、开发和利用，即由人本逐渐扩展为"人的能力本位"，尤其是创新能力的发挥。在知识资本日益重要的新时代，企业的核心竞争力取决于企业所拥有的知识，而人既是知识存储的载体，又是知识创新的主体，因此，可以说人力资本对企业核心竞争力的创造作用也显得日益重要。著名知识管理专家托马斯·H. 达文波特说："既然知识主要寓于员工之中，而且是员工对其加以利用和分享，以获得经营结果，那么知识管理就不仅是管理信息和信息技术，而且也是管理。"所以家族企业要树立以人为本的管理理念。这就是要求在家族企业管理活动中以人为中心，注重人才管理，强调尊重人，通过各种方式与渠道，培养和提高员工知识集约、共享、交流、应用与创新的意识和能力，促进员工工作的积极性、主动性，促进个人经验的生成和积累，实现隐性知识和显性知识的升华，促进知识生产力的提高，并使这些知识在产品和服务中得到有效的转化，实现知识为企业增值的能力，提高企业核心竞争力。在众多知识管理成功的企业中，都通过不同方式建立了体现以人为本的企业文化。美国 IBM 公司和日本索尼公司都是以人为本管理的典范。IBM 公司把尊重人作为管理的基本宗旨，坚持人人平等，强调对员工的关怀，致力于创造一种激励员工追求卓越的内部环境；索尼公司创造了共同管理、信任下属、充分授权等开放式管理模式，极大地调动和激励了各级管理人员及员工的积极性和主动性。因此，在知识管理的大环境下，我国家族企业文化要构建一种以人为本的企业文化。

4. 高度信任性

我国属于低信任度文化的国家，人们更容易相信与自己有血缘、亲缘关系的人，因此在一个家族宗亲系统中，家族成员彼此之间会自然产生一种信赖感，相信自己的家长或同族等关系密切的人，而对家族宗亲以外的人自然也就产生了一种先天性的隔阂。这种根深蒂固的观念所产生的一些弊端，对我国家族企业文化的影响是深远的、巨大的。然而，在知识经济时代，建立相互信任关系是促进员工参与知识管理的重要条件。由于家族企业内的这种低信任度文化，圈内人不信任圈外人，双方只考虑自己利益，那么在企业中难以形成知识共享的氛围，个体创新与团体创新就会萎缩，进而会产生内耗，降低家族企业的管理效率，因此，充分有效地利用知识创新、实现知识增值进而提高家族企业竞争力的效率更会降低。信任作为企业文化的基础，有利于实现知识的交流、使用、共享，有利于激发员工工作的积极性、主动性。因此，在知识管理条件下，家族企业文化构建要体现高度信任性。要创造相互信赖的工作环境，构建一种高度信任的企业文化：在家族企业内部，要充分信任家族成员与非家族成员并对其授权；在企业外部，与顾客、供应商等之间的关系，也要诚实、公平、互惠互利，建立起彼此的信任，这样才能实现优势互补，提高竞争优势。

5. 创新性

在当今知识经济时代，知识在经济社会发展的过程中日益发挥着重要的作用，创造和传播知识已经成为检验企业核心能力的关键要素，知识的应用与创新成为企业发展的强大推动力。

近年来，人类知识的老化速度不断加快，就像产品一样不断地进行更新换代，这对家族企业持续运行的期限和生命周期来说是一个严峻的挑战。因此，家族企业只有在学习中不断变革，应用知识创新，开拓新市场、挖掘新资源，才能应对挑战。

随着知识经济时代的到来，知识化、经济一体化、信息化是世界呈现出的三大特点。这三大特点相互影响、相互促进，使家族企业所面临的外部经营环境发生剧烈的变化，产品的研发周期越来越短，产品的竞争也更加激烈，那么，在这种时代背景下，家族企业创新作用将会得到空前强化。因此，在知识经济时代背景下，以知识为基础的企业核心竞争力理论要求家族企业的企业文化要具有创新性，以此来提升自身在激烈的市场竞争中的竞争优势，给企业带来无限生机和活力，推动家族企业持续健康发展。

（二）家族企业文化传承策略

1. 重新构建企业价值观

一个健康发展的企业，必定有优良的企业文化。企业文化是企业的灵魂，而企业文化的核心内容则是企业的价值观。据有关专家统计研究，中国家族企业的平均寿命不到三年，特别是 20 世纪 80 年代的改革开放初期，出现的一大批暴发户现在绝大部分销声匿迹了，究其原因，就是这些企业没有正确的价值观。因此，在当今知识经济时代，我国家族企业文化构建的首要战略问题是建立与知识管理相适应的价值观。

（1）家族企业文化要体现以知识为中心。在当今，知识经济是以知识为基础的经济，经济发展主要取决于智力资源的占有和配置。按照经济合作与发展组织（OECD）的说法，知识经济是指以现代科学技术为核心的建立在知识和信息的生产、存储、使用、消费之上的经济，在这个时代，已与传统的工业经济繁荣取决于自然资源、货币资本、硬件技术的数量、规模和增量不同，它把经济的繁荣建立在依赖于知识或有效信息的积累和利用上，也就是把知识作为发展经济的主要驱动力，这将从根本上改变传统经济的特点，从而也将使以价值取向为中心的企业文化发生深刻的变革。因此，在当今知识经济时代，这就要求家族企业文化要以知识为核心，注重企业知识的获取、内化以及应用创新等，实现知识的价值。

（2）家族企业文化要体现尊重知识员工。在知识管理的诸多要素中，人是知识管理的核心元素，因为人是知识存储的载体，同时也是人对知识进行创造、应用、创新等。而企业知识管理就是要员工运用智慧不断地创新知识并应用新技术、新知识来实现知识增值，带动整个企业的创新，提高企业竞争力。因此，要尊重知识型员工，使企业员工能够积极、主动地进行知识的分享和交流，尤其是可以充分挖掘埋藏在员工大脑中的隐性知识，促进新的知识在员工之间快速形成，增强知识在企业的应用、创新，增强家族企业的竞争力。

（3）家族企业要树立促进企业不断创新的目标。在知识经济时代，知识的老化速度不断加快，产品也在频繁地更新换代，客户需求呈现出多样性且向高目标不断地靠近，同时，随着经济全球化趋势的不断推进，企业间竞争日趋激烈，这就凸显出企业创新能力的竞争是企业间实质性的竞争，而企业创新能力的竞争最终归结在企业有效地进行知识的生产并应用知识创新为企业实现增值。我国家族企业只有通过坚持不懈地进行创新，新的知识资源才会被源源不断地生产出来，从而推动我国家族企业不断创新，才能把已有的和可以利用的知识资源转化为现实的生产力，转化为实实在在的竞争优势。

2. 创建具有本企业特色的企业人才文化

家族企业的文化构建除了要管理层重视、参与之外，还在于企业全体员工的参与。知识管理作为一种新型的管理理念和思想，在知识管理的诸多要素中人是知识管理的主体，人既是知识存储的载体，又是知识创新的主体。因此，在实施过程中不断突出强调人的重要性——人力资源是企业一切力量和创造力的源泉，也可以说当今时代企业的竞争归根结底就是人才的竞争。

在知识管理理念指导下，现代企业倡导人本管理，人处于管理的中心并占主导地位，强调尊重人、关心人，最重要的是充分调动人进行知识分享、交流、应用以及创新的积极性和主动性，要依靠全体员工共同打造具有本企业特色的企业文化。所以家族企业要走现代化管理之路，就要改变关系式治理的用人模式，摒弃其"任人唯亲，内外有别"的传统观念，要建立合理的用人机制，建立科学、公正的用人机制，面向社会吸取优秀的人力资源，要不拘一格降人才，任人唯贤。在人力资源管理方式上，要实行柔性管理，摒弃其集权管理，要适当地下放权力。在人力资源开发上，家族企业要建立良好的培训机制，不断提高员工的自身素质。

3. 建立学习型组织

在知识经济时代，学习越来越成为企业提升竞争力的重要因素。构建学习型组织的企业文化受到越来越多的人的关注。在当今众多的企业实践中，我们可以看到"学习型组织"和"企业文化"有效集成融合起来对企业所起到的卓有成效的效果。例如，美国英特尔公司、日本松下公司的成功都要归功于全员学习和全员创新的企业文化。我国的海尔、联想等著名企业也都在按照学习型组织模式，加强企业的全面建设，提高企业的创新力，增强企业自身的竞争优势。

学习型组织是一种以信息和知识为基础的组织，它将学习内化为组织的日常行为，促进其每个成员自我学习、自我发展和自我控制，使组织不断得到改善；把企业命运与员工前途紧密地联系在一起，能使员工产生一种主人翁意识，把个人的学习和组织的学习作为个人和组织生存与发展的需要，把知识的共享与交流作为提高企业竞争力的关键因素。因此，员工为了个人也为了企业的生存与发展，不再对知识实行垄断，自觉地进行知识共享与交流，并利用知识进行创新，为企业创造价值。因此，在知识经济时代家族企业应该是学习型的组织，学习型组织的构建是家族企业文化建设的重要组成部分，家族企业要结合自身特点建立学习型组织。

4. 建立透明、公平、公正的管理制度

透明、公平、公正的管理制度对于家族企业实施知识管理是非常重要的。透明的工作氛围能够更好地加强家族企业同员工以及员工与员工之间相互信任的关系。这样可以加快知识流通的速度与知识创新的进程，同时还能避免彼此间猜疑所造成的恶性竞争，从而减少家族企业不必要的内耗，促进知识管理的顺利实施。公平、公正下的管理制度有利于提高企业知识管理绩效。管理的公平、公正能够增强员工的个人满意度，使得员工能够开心心地工作，也有利于加强企业内部的和睦团结，这样的氛围非常有利于家族企业知识管理绩效的提高。

5. 建立科学有效的激励机制

激励是一项科学含量非常高的复杂工作，它是管理者遵循人的行为规律，利用各种有效的方法去调动员工的工作积极性、主动性和创造性，为企业创造最大的效益。美国哈佛大学詹姆斯教授统计，如果没有激励，一个人的能力仅能发挥出20%~30%，只不过是保住饭碗而已；如果对其进行充分的激励，其能力就可以发挥出70%~80%。可见，激励对人是一种精神力量或状态，能够对人的行为起到激发、推动、加强的作用，指导和引导人们的这种行为奔向目标。

家族化管理的企业，由于内部特殊的人际关系格局，对家族内部外部人员划分明显，两者之间缺乏亲密合作和相互信任，家族外部人员对企业缺少成就感、归属感。长期激励机制的不健全，不仅使员工在较高层次上受尊重的需要、自我实现的需要难以在以后的工作中得到实现，也会慢慢地降低员工知识交流分享的积极性，这对激发员工利用知识进行创新更是一种挫败，会降低人力资本的价值。家族企业建立科学有效的激励机制应当以公正、公平的分配制度和规范行为为核心，员工激励要从物质和精神两个方面双管齐下。一方面，采用多元的物质激励模式。除了企业要为员工提供优良的工作条件等物质激励来激发其知识创新的热情，还要在企业内部拉开报酬档次，以鼓励员工学习和团队沟通，有效调动员工学习创新的积极性和主动性，实行与业绩紧密挂钩的物质激励。另一方面，与企业文化相结合，重视精神激励。马斯洛认为，针对不同的需求，应采取不同的激励措施。落实到家族企业管理的实践中，精神激励可以表现为以下三个方面：首先，家族企业主要做到充分授权给下属，提高员工工作的自觉性与热情；在决策方面要倡导员工参与，实行集体讨论、集体决策，让员工产生一种主人翁的责任感以及与企业共呼吸、同命运的使命感，自觉地进行知识的生产、传播、共享、应用以及创新。其次，实行价值激励，家族企业核心价值观始终贯穿于企业经营管理的各个环节，发挥着激励员工的重要作用，在这种良好的基础上，需要继续不断地强调和坚定地执行，最大限度地调动员工的工作热情和工作积极性。最后，实行尊重激励，尊重是增强员工自信力爆发的催化剂，在企业内部建立相互信任和尊重的氛围，消除家族人员与非家族成员之间的不平等待遇。企业主不仅要信任家族成员，更要充分信任非家族成员，在企业内部自上而下形成一种彼此信任的宽松气氛，使员工在这种信任的气氛中感受彼此的亲密，让每一位员工充分意识到自己是企业中极其重要的一员，使主动贡献知识、与人共享知识变成一种自然的行为。

解读方太的企业文化

宁波方太厨具有限公司创建于 1996 年年初，针对当时市场上的油烟机存在着"造型单一、滴油、拆洗不便、不安全（电线外露）、噪声大、吸力弱"六大缺点，方太认为，如果加强技术攻关，变"缺"为"优"，也就占领了市场新的闪光点。经过统一认知后，方太并未急功近利投入生产，而是在不断深化技术攻关的同时，把企业的理念和战略问题放在了首要位置，因为他们知道：如果不确立好系统完善的市场目标和企业理念，只把企业建设和发展投注于产品研发与市场营销上，那就只能是在风起云涌的浪尖上打个"水漂"，一波三折之后还得尘埃落定。

1. "产品、厂品、人品"的三品合一构筑了方太独特的品牌文化

"产品、厂品、人品"的三品合一是方太品牌文化的真正含义。宁波方太厨具公司自 1996 年投产以来，已在风云变幻的市场上连续刮起六次"方太旋风"，成为引领消费、创造市场的典型。2000 年方太公司实现销售额 4.5 亿元，实现税利 8 600 万元，销售突破 55 万台，继续在国内同行业保持市场占有率第二，"方太"商标被认定为浙江省著名商标。

方太良好的经济运行态势，在很大程度上得益于方太从创业伊始就在较高层面上设计了经济和文化的有机整合，并自始至终以"品牌兴厂，文化兴牌"为战略指导思想，努力塑造"产品、厂品、人品"三品合一的品牌文化，以"一切做到最好"成为方太人的形象口号，把品牌文化和企业形象有机地结合起来，揭开了品牌文化的真正内涵。

方太董事长茅理翔说："有些人认为创立名牌只要产品质量好、用户满意就够了。我的理解是，品牌的真正含义必须是'产品、厂品、人品'三者的有机结合。三品合一是方太品牌的核心思想。"

2. 经营管理的最大化是追求一种卓越的"质"

方太领导人牢记这样一句话，"天使在想象中，魔鬼在细节里"，这是 500 年前西班牙女王告诫准备启程"征服世界之旅"前的哥伦布的名言。因而他们在经营管理上把理想和细节的环节分得相当明晰，他们在从容和务实中完善着铁打的理想，把西方的经营"显学"和自身在实践中滚打的经验在融合与碰撞中迸出更实性的智慧之光。

方太是一个家族制的民营企业，在运作初期，企业的好多方面亟待改进和完善，方太领导人积极去著名的企业考察学习，并不断研究自身面临的实际问题，引进日本的 6S 管理，让流水项目在平时的工作里条理清晰地梳理清楚。

方太董事长茅理翔先生早在多年前就认识到家族制在企业发展中存在的局限性，因而在飞翔集团中，他就努力摒弃家族制可能带来的不利因素，不允许自己的经营中产生不必要的内耗，但要彻底消除家族制，他认为在目前的国内还是不现实的，因而他提出了"淡化家族制"的理论。针对家族制可能带来的不良效应，茅理翔和他的方太管理者们已经进行了大刀阔斧的经营管理改革，茅理翔把他的"口袋理论"体现在家族成员间的所有权和经营权分配上，他认为，最好是能把企业的钱放在一个口袋里，否则就会给企业埋下一颗"定时炸弹"。他的

拆除方法是，根据子女各自的能力和特长，让他们独立地去创业。

方太的经营哲学还能以厚重的人文气息把"家"的概念和现代管理的"学"融合起来，确定了以ISO9000与"两本"（人本管理、成本管理）经营管理的有机结合，在追求中把"方为规矩，太乃境界"定为卓越规则，既建筑了"方"的硬性框架，又赋予了"太"的柔性精髓，刚柔相济，相得益彰。

3. 构建服务文化并使之成为经营之道

方太在构建服务文化中同样秉承"以人为本"的原则，并努力在经营中得以实施。方太按照国际上先进的营销模式运作，建立了一个强大的营销网络，创造出一种全方位现代营销模式。方太总部设有销售部、市场部、监察部以及服务中心、策划中心、渠道中心、对外新闻中心、信息中心、展览中心等，外部设有46个办事处和分公司，销售员、维修员和服务员是总部的3倍。这个全员化、立体化、规范化的营销网络实现了宣传、销售、服务等的一体化，由总部中心枢纽控制的营销发散性地辐射于全国各地，有力地保证了方太服务文化在全国范围的全面迅速地传播和渗透。

方太在营销战略中以优质服务为经营管理的核心。他们以"方太，让家的感觉更好"作为服务工作的中心思想和行动纲领，以"我是方太人，请一切做到最好"为服务规范，在全国数百个服务网点重点推行了"更佳感觉星级服务工程"。其中，在同行业率先推出800免费咨询电话，承诺首次免费服务清洗，三年保修等措施，接着方太又推出安装、送货、维修、打墙洞、加长出风管等九项免费服务措施，以超额附加值赢得了广大消费者的信赖。

方太的飞速发展，在很大程度上植根于方太企业的文化精神，并不断地辐射到方太所能覆及的角角落落，方太的企业文化已成为方太管理的重要组成部分，也是促进方太发展的重要手段，以期切实达到以方太文化推动方太经济的目的。我们有理由相信，尽管方太的征程还是"漫漫远兮"，但我们从方太人身上"不断求索"的精神可以看到方太"家"的明天会更好！

资料来源：魏玉祺. 中国人力资源开发网.

第八章　家族财富管理工具之一：家族办公室

第一节　家族与家族办公室

随着全球范围内家族（企业）的快速发展，超高净值人群正面临紧迫的家族成员、家族（企业）保护、财富管理和传承问题，因此，急需专业的服务机构为其提供全面的服务，家族办公室由此诞生。从全球视角看，家族办公室已经成为一种流行的家族（企业）的专业财富管理服务机构。

一、家族办公室的概念

随着社会环境的变化与家族（企业）的不断扩张，传统的点对点的方式已经无力统筹家族面临的诸多挑战，需要更系统全面的整体解决方案。

（一）家族办公室的起源

早在春秋战国时期便有了"家宰"的概念，即古代卿大夫家中的管家，负责主宰家中事务，其职能也就相当于我们今天所说的家族办公室的负责人。可以说，"家宰"即是中国家族办公室的鼻祖。

从世界范围看，家族办公室最早起源于古罗马时期的大"Domus"（家族主管）以及中世纪时期的大"Domo"（总管家）。11 世纪末至 13 世纪末，由于欧洲贵族们必须带兵出征，所以就会把自己的财产托管给其他贵族，因而渐渐衍生出这种专为贵族打理财产的服务机构。现代意义上的家族办公室产生于 19 世纪中叶，一些抓住产业革命机会的大亨将金融专家、法律专家和财务专家集合起来，研究的核心内容是如何管理和保护自己家族的财富与广泛的商业利益。这样就出现了只为一个家族服务的单一家族办公室（single family office，SFO）。1838年，摩根大通（J. P. Morgan）家族的金融家和艺术品收藏家成立摩根之家（house of morgan）来管理家族资产。

1882 年，洛克菲勒创立了自己的家族办公室，专门负责管理洛克菲勒家族规模庞大的资产，这是世界上第一个真正意义的家族办公室（family office），它一直存在到今天并且也为其他家族提供服务。

进入 21 世纪，家族办公室的形式越来越多样化，提供的金融服务也越来越广泛，同时还超越了纯金融服务领域，提供继承人计划、家族分支或代与代之间的争端调解、针对后代的投资事务指导以及各类秘书服务等。

（二）家族办公室的概念

关于家族办公室的概念，目前并无统一的说法，一般认为，家族办公室是一种财富管理的机构。根据美国家族办公室协会（Family Office Association）的定义，家族办公室是专为超级富有的家庭提供全方位财富管理和家族服务，使其资产得以长期发展，以符合家族的预期和期望，并使其资产能够顺利地进行跨代传承和保值增值的机构。

Bowen（2004）认为，一个家族办公室通常被定义为这样一个组织，它为富裕的个人和/或家族提供广泛的金融、地产、税务、会计及家族个人需要等建议。

FOX（2009）定义家族办公室为"因特殊目的建立的独特家族企业，其以综合的方式提供定制的财富管理解决方案，来促进和保护家族身份和价值观"。

同样，Grace（2000）断言，家族办公室"对家族财富的规划、传承、税务的深刻理解，对于富裕投资者如此重要"。

在家族办公室领域仅有极少的学术研究，而专业机构、金融机构以及家族办公室对家族办公室的信息和研究更加丰富（Family Office Alliance，2010；FOX，2009；GenSpring Family Office，2010；Institute for Private Investors［IPI］，2010；Campden，2008、2009；Spectrem Group，2001）。这些机构研究的目的是帮助富裕家族和家族办公室更好地了解家族办公室不断变化的状况。

具体来说，家族财富联盟（Family Wealth Alliance）每年进行一次多家族办公室（MFO）研究，研究这些机构的表现、发展以及挑战。2009 年，该联盟开始对单一家族办公室进行研究。两家为高净值人士提供教育、投资信息、知识交流的私人专业机构——FOX 和 IPI，已经将研究深入投资表现、职员薪资、风险管理、治理实践、慈善事业等与家族办公室作用相关的维度（FOX，2009；IPI，2010）。

2009 年，Campden Wealth 的研究部门 Campden Research 进行了一项家族办公室挑战和发展的研究；他们还进行了另一项独立的由美林证券发起的研究，专门研究欧洲的单一家族办公室。Campden 还发起了一项研究，分析家族财富风险以及如何保护家族财富。Campden 还与 Wilmington Trust 合作，开展对女性和财富的研究。

多家族办公室 GenSpring 进行了一项对高净值男女的理念、行为、实践及兴趣的研究，其中许多人拥有家族办公室或是多家族办公室的客户。GenSpring 家族办公室编纂了许多该领域公认专家的观点。2009 年，GenSpring 家族办公室连同北卡罗来纳大学格林斯伯勒分校的家族企业研究所和纳瓦拉西班牙大学 IESE 商学院主办的一个国际家族企业与家族办公室的关系试点研究（Rosplock et al.，2010），跟踪了 52 个来自著名家族企业的家族成员，研究人员初步得出治理、继任计划、企业家精神和家族企业特质对家族办公室影响的重要信息。

与专业机构的研究相比，学院派更加热衷于研究家族财富和跨代财富方面。虽然通常认为财富就是钱财或资本，一些研究人员将财富的定义扩大到更广泛的包括大量的非金融方面。SFBT（Stafford et al.，1999）的概念结合了家族、企业和社会三者，以更好地了解家族在家族企业中的作用，并能推广到家族办公室。该理论相比其他单纯关注收入的家族企业理论更强调可持续性，可能更加适用于家族办公室的研究。

结合以上研究，我们认为，家族办公室是指通过设立信托基金、购买保险、税务筹划、投资理财等方式为家族企业或高净值人士进行企业治理、财富管理、财富传承的一种机构。总结起来，家族办公室主要有以下特征。

1. 家族办公室是唯一与家族利益相一致的理财机构

家族办公室的独立性和盈利模式保证了它是站在家族的角度提供服务，其利益始终与家族的利益保持一致。根据 Family Office Exchange 的数据，与家族利益不一致的私人银行在 2009 年金融危机中表现糟糕，其管理的家族平均损失超过 18%，而家族办公室的抽样调查显示其损失不超过 6%。

2. 家族办公室高度专注于家族的个性化要求

大多数家族办公室只为一个家族服务，高度专注于家族的个性化要求，即使是多家族办公室，其服务的家庭数最多不会超过 12 个。对于私人银行的客户来说，银行间的合并、利益的冲突、无休无止的产品营销推广、个性化程度的降低和更加激烈的竞争让他们感到厌恶。近几年仅伦敦就有300多个资产逾1亿英镑的富豪家族设立了家族办公室。

3. 家族办公室对家族信息高度保密

要委托机构管理家族财产就必然会披露大量的家族信息，家族办公室作为专业独立的机构可以提供严格的保密措施，而对监管严格的银行等其他机构来说，家族信息并不能得到安全的保证。

（三）家族办公室的类型

1. 按功能划分

家族办公室按照功能划分可分为三种类型，即单一家族办公室、多家族办公室和虚拟家族办公室。

（1）单一家族办公室（Single Family Office，SFO）。简单地说，单一家族办公室就是一家管理单个家族财务的私人公司。通常情况下，一个功能完整的SFO将涉及一个家族全部或部分投资管理、受托人管理、信托及物业管理，许多家族办公室也会有"看门人"的功能。因为单一家族办公室的业务只是建立在相关富豪家族的需求和喜好基础上，所以这种类型的家族办公室并没有统一的组织结构，在全球呈现出千姿百态。

有些SFO属于精简型企业，它们由一些专业人士组成，只专事于投资事务。而另一些SFO是大规模的团队，它们有各种类型的内部员工以及众多的供应商关系，并搭建了内容全面的服务平台。富豪家族组建SFO的目的通常在于使其对财务以及私人事务进行掌控，这种类型家族办公室的准确数量还不清楚，据估计全球范围的数字在数千家到上万家之间。SFO一般由富豪自己创设，由家族成员担任其中重要职位。除了财富管理相关事务外，SFO还包含其他一些功能，如处理家族内部关系等。

（2）多家族办公室（multi-family office，MFO）。多家族办公室，又称联合家族办公室，是指管理多个家族财务事务的私人公司。家族办公室涵盖了所有管理大笔私人财富所涉及的组织和服务，这些服务也可以由被家族控制的企业来组织实施，家族财富就集中在这个企业中；或者也可以由提供金融服务的公司或银行部门来组织，而家族在其中保留决策权。许多家族办公室都起源于"单一家族办公室"。这种情况下，家族是家族办公室的拥有者，并且专门为家族自身服务。

为了避免承担单一家族办公室非常高昂的运营成本，家族通常决定让他们的家族办公室为其他家族服务。当一个家族办公室向其他家族开放其服务时，它就变成了"多家族办公室"。

MFO 的鼻祖是位于今日纽约的贝西默信托公司（Bessemer Trust）。1907 年，亨利·菲利普创立了贝西默信托，将其作为单一家族办公室；1974 年，贝西默成为全球性的银行及信托公司，并开始为其他家族提供服务。如今贝西默已成长为一个为 2 000 名客户提供服务、管理约 560 亿美元资产的多家族办公室。

与单一家族办公室类似，MFO 可能也管理多个家族的受托人、信托和房地产商以及投资，有些也会提供"礼宾"服务。大多数 MFO 是商业性的，因为它们把服务卖给其他家族。仅有非常少数的私人 MFO 独属于个别家族，而不向其他家族开放。随着时间的推移，SFO 往往成为 MFO，这是由于 SFO 的成功促使别的家族向它靠近。通过 MFO 往往更容易实现规模效益，令一些家族接纳其他家族到他们的家族办公室的中。

MFO 是对一种广泛存在的财富管理模式的有益延展。因此，MFO 会与其富豪客户之间发展出相对更少见、更深入和更持久的关系，它们一般提供多种专业技术方面的服务。跟单一家族办公室比较起来，多家族办公室主要着眼于利润和财富增值。

（3）虚拟家族办公室（Virtual Family Office，VFO）。虚拟家族办公室，又称功能性家族办公室。一般而言，家族希望通过家族办公室管理他们的财务和其他事情而获益，但那些不希望建立一个实际公司的家族会建立虚拟家族办公室，他们会将所有的服务都外包给外部服务和咨询供应商。因此，虚拟家族办公室是指名义上可能并不采用"家族办公室"的名称但在实际运作中却实现着家族办公室各项功能的私人公司。

VFO 通过组建各个虚拟团队，根据家族成员、家族、家族企业的需求，将服务的具体内容外包给特定行业的专家或者专业的第三方服务供应商，以降低服务成本，实现功能及利益的优化。

2. 按利益关系划分

按照家族办公室与家族及其企业的利益关系不同，又可将家族办公室分为内置型、外置型、分离型、一体型和控股型五种类型。

（1）内置型家族办公室。内置型家族办公室就是指在家族企业内部设立部门来协助治理家族和企业。通常的做法是，在集团、控股公司或旗舰企业中设置战略投资部、战略发展部或者在集团之下设立投资公司，除了承担企业内部的职能，还进行家族金融资本、社会资本、人力资本及家族事务的管理。由于内置型家族办公室的运营成本可分摊到企业之中，因此，适合家族办公室的初期，当今中国很多新兴的家族办公室即以该形式存在。但是，内置型家族办公室的最大问题是家族与企业的边界比较模糊，这会引发并激化家族与企业之间的利益冲突。

（2）外置型家族办公室。外置型家族办公室通常以与企业平行的独立法人实体如有限公司、有限合伙企业、家族信托或家族基金会等形式存在。其主要管理家族在实业之外的投资，看起来更像一家基金公司或对冲基金，帮助家族分散投资、熨平经济波动对财富的影响，外置型家族办公室可以与家族企业有着一定的业务或金融连接，但很少介入企业经营。

（3）分离型家族办公室。在家族世代延续中，因市场变化、家族主营业务结构调整或因家族企业数量规模逐步增加，企业各分支机构之间的矛盾也会凸显，由上代传承而来的授权已不适应，上代或本代事先委托的家族办公室或家族信托业未必能够妥善处置。这时，家族离心力可能会导致家族企业被出售，其内置型家族办公室就会被分离，与原家族脱离股权关系，这种情况下的家族办公室就属于与家族企业分离的类型。出售企业所有权后的部分家族成员拥有大量可投资金融资产且与原家族办公室关系密切，如果双方信任取得委托与被委托的关系，分离型家族办公室就仍可以为其提供全方位的资产管理，并担负家族无形资产的传承工作，负责家族治理、慈善活动、遗产规划等全方位服务。

（4）一体型家族办公室。一体型家族办公室从分离型家族办公室发展而来，可以说是其升级版。经过相当长时间的实践，一方面，家族后代对家族办公室越来越熟悉，投资业绩也获得了其他家族的青睐；另一方面，单一家族办公室昂贵的运营费用也使创始家族希望引入其他家族分摊成本，从而转变成多家族办公室。一体型家族办公室意味着家族办公室成为新的家族事业，家族正式完成了从实业家族向金融家族的转变。

（5）控股型家族办公室。控股型家族办公室是通过控股多个实业公司，对家族企业、金融资本及家族事务实行统一治理。当家族面临老一代成员去世，年轻成员失去热情、逐渐退出等继承和控制权问题时，家族办公室可以集中家族成员股权、巩固家族对企业的控制权。不同于外置型家族办公室，控股型家族办公室定位于成为实业企业的控股股东。控股型家族办公室还会进一步利用家族金融资本进行并购，从而成为家族财富的再生平台。

二、家族办公室的角色定位

虽然家族办公室起源于欧洲，但其真正的快速发展却是在美国。截至2013年年底，美国有约4 000个家族办公室或家族基金。其快速发展得益于美国经济高速发展，高净值人士快速增加，同时也得益于家族办公室自身所具备的资产保护、财富管理、企业传承等功能。

（一）家族办公室的功能

1. 资产保护功能

保护家族企业的资产，是家族办公室的作用之一。通行的做法是通过设立家族信托或家族基金的方式管理家族企业，从而达到分离企业资产与个人资产的目的。即使之后家族内部成员因各种法律问题而面临财产分割时，也不会影响到家族企业的稳定。

2. 财富管理功能

家族办公室的另一个作用即是替家族企业创始人或历代领导人管理家族企业财富，这也是家族办公室的核心目标。其实施的财富管理是全方位的，涉及税务管理、法律事务管理以及企业其他日常事务的管理等。

3. 企业传承功能

"传承"是家族办公室的终极目标，通过资产保护、财富管理等方式，确保家族成员、家族以及家族企业能够有控制地实现安全、有效的传承，保证企业持续有效运营。当然，企业传承功能也包括家族文化精神的传承。

实现家族财富与精神的传承是中国家族（企业）面临的关键问题。目前，家族传承主要涉及三个方面的内容：一是家族财富的传承；二是家族企业的传承；三是家族精神的传承。通过设立家族办公室从而构建有效的家族治理结构与家族治理机制，可以实现家族成员之间的制衡与约束，从而确立有效的家族财富传承机制。

4. 其他功能

随着家族办公室的发展，其功能也在不断扩大，除了传统意义上的资产保护、财富管理，还包括协助客户移民国外、安排家族内的适龄成员到海外留学等服务。家庭办公室主要通过法律筹划、财务安排、家族文化和精神价值的建构等方法来实现上述功能。

（二）家族办公室与传统私人银行的异同

从根本上看，私人银行业务和家族办公室都是满足家族财富增值的方式。但是，由于私人银行和家族办公室的成立初衷与经营模式不同，必然存在差别。

1. 代表利益不同

这是家族办公室与私人银行的本质区别。家族办公室是独立的，其利益与富豪家族利益一致，与一般以产品销售为主导的程式化服务不同，家族办公室可以更好地满足富豪家庭个性化金融需求，使得富豪家庭感到自己的利益被摆在第一位。最典型的家族办公室是家族为了本家族财产的打理而雇用专业人员成立的一个机构，它主要就是为家族服务的。现在依然存在很多著名的家族办公室，为一些庞大的家族财富帝国提供服务。也有一些起源于为某一个家族提供资产管理服务的机构逐渐发展成为世界著名的投资银行和资产管理公司，更接近于私人银行了。还有一些家族办公室为几个家族服务，这样可以在一定程度上降低成本，毕竟家族办公室雇用的应该是各领域的精英。而大部分私人银行往往从属于商业银行，他们是站在使商业银行利益最大化的角度上提供服务，难免产生委托代理问题。

2. 服务"门槛"不同

一般而言，私人银行是为拥有 100 万美元金融资产的个人和家庭提供服务，而家族办公室的服务对象则是拥有净资产达 3 000 万美元以上金融资产的家族。

3. 服务内容不同

大部分私人银行所提供的服务内容是从个人角度出发，这对于那些极度富有的家族来说远远不够，对超级富豪家族而言，家族办公室提供的产品和服务远远多于一般意义上的私人银行产品，可以满足客户更加多元化的需求。例如，家族代际传承、慈善基金设立、子女财产分配等，都是传统私人银行业务无法覆盖的范畴。

可以看到，家族办公室和私人银行都是以其专业技能发挥财富管理服务，两者之间并非泾渭分明。但是，相对来说，典型的家族办公室更侧重于对特定家族的服务，很多家族办公室的成员都是世代服务于特定的家族，像中国过去的管家一样。这样，他的忠诚度更高，对特定家族的了解也更多，服务更加细致，延伸提供家族教育、子女培养、安排生活的全方位服务就有现实可能性，私密性也更好。但是，家族办公室不可能无限制地扩大，其人员的专业性相对于庞大的银行专门机构来说，肯定有差距。所以私人银行的优势也是显而易见的。而且专门的家族办公室人力成本非常之高，为不特定客户提供专业服务的私人银行在专业性和成本方面也有优势。但这些都是相对的，因不同家族的规模、资产的情况而有所差异，而且家族办公室也需要借助于其他投资机构实现财富增值，所以两者之间也有合作关系。

三、家族办公室的服务内容

任何一个家族办公室的核心都是投资管理，但成熟的家族办公室可以提供许多其他的服务，包括教育、培训甚至家族治理的最佳实践。因此，一个成熟的家族办公室可能提供的所有全方位的服务应包括以下方面。

（一）财务规划

财务规划一般包括投资管理服务、慈善管理以及生活管理和预算三个方面。

1. 投资管理服务

通常情况下，投资管理服务是建立家族办公室的主要目的，财富保值是重中之重。投资管理服务包括：（1）总体财务状况评估；（2）确定家族投资目标和理念；（3）确定风险敞口和投资期限；（4）资产配置——确定资本市场和非资本市场之间的投资组合；（5）打理银行关系；（6）管理家族资产的流动性；（7）提供对投资和外部经理人的尽职调查；等等。

2. 慈善管理

慈善事业的管理在家族办公室中扮演着越来越重要的角色。其中包括建立和管理基金会，以及对慈善捐赠的建议，这些服务通常包括：（1）慈善计划；（2）协助建立及管理慈善机构；（3）指导制定捐赠策略；（4）对慈善机构的技术、运营管理的建议；（5）设立资助基金会和信托；（6）组织慈善活动和相关尽职调查；等等。

3. 生活管理和预算

这些服务通常被称为"看门人"，但范围更广，因为它们也包括预算服务。这些服务主要包括：（1）俱乐部（高尔夫俱乐部、私人俱乐部等）会员资格；（2）管理假日资产、私人飞机和游艇；（3）预算服务，包括财富复查、短期和中期流动性需求分析和长期目标规划；等等。

（二）策略

策略主要包括企业和财务咨询、不动产和财富转移以及培训和教育三个方面。

1. 企业和财务咨询

除了资产管理咨询，家族办公室也提供融资和企业发展的咨询服务，包括：（1）借款财团；（2）启动融资；（3）过桥融资；（4）结构化融资；（5）私募股权；（6）并购；（7）管理层收购；（8）业务发展；等等。

2. 不动产和财富转移

家族办公室会涉及企业继承和法律筹划，从而将财富转移给下一代。服务主要包括：（1）所有类型资产和收入来源相关的财富保全、转移的分析和规划；（2）对房地产结算和行政管理实行定制服务；（3）对家族治理进行专业指导；（4）对财富的代际转移进行专业指导；等等。

3. 培训和教育

围绕下一代的教育有许多需要注意的事项，诸如财富管理和财商教育，甚至广泛的经济问题，这些服务包括：（1）组织家族会议；（2）保障家族教育的承诺；（3）协调代际教育与外部顾问。

（三）治理

治理一般包括报告和记录存档、行政服务以及继任计划三个方面。

1. 报告和记录存档

保持一个妥善存档记录，并整理成报告的工作文化，是家族办公室的另一个核心部分。这些服务的关键部分包括：（1）统一报告所有家族资产；（2）合并业绩报告；（3）基准分析；（4）年度业绩报告；（5）运行一个在线报告系统；（6）税务筹划和报告。

2. 行政服务

行政服务或后台服务，对于家族办公室的平稳运营必不可少。这些服务包括：（1）协助一般的法律诉讼；（2）发票和税收偿付，以及税务合规安排；（3）账单支付以及授权支出的审查；（4）开设银行账户；（5）银行账单对账；（6）员工管理和员工福利；（7）法律推介和律师事务所管理；（8）公关推介和公关公司管理；（9）技术系统推荐和供应商管理；（10）规范和控制管理；等等。

3. 继任计划

对于一个有长久生存能力的家族办公室和它所服务的家族来说，确保顺利接班，并为子孙后代做好规划是不可或缺的。这些服务包括七个方面。（1）客户领导力受到意外干扰后的可持续计划。（2）对家族内外高级管理人员的 SWOT 分析。（3）重新评价非家族负责人在家族董事会的角色。（4）构建企业社会责任平台和项目。（5）发展正式知识的共享和培训计划。（6）实施代际财产转移计划。（7）一个家族的章程或宪法的设立，主要有以下目的：一是程式化约定的家族企业结构和使命；二是定义家族和非家族成员的角色与责任；三是制定符合家族价值观的目标政策及程序；四是确定家族相关企业重大纠纷的解决程序。

（四）咨询

咨询包括税务及法律咨询、协助规范及监管、风险管理和保险服务三个方面。

1. 税务及法律咨询

税务近年来已经成为家族办公室的重要工作之一，也成为家族办公室非常重要的功能。法律同样也是非常重要的一个方面。家族办公室一般会聘请法律总顾问、注册会计师或是财务和税收专家。这些专业人才通常提供以下服务：（1）构建最适合家族的税务计划；（2）设计考虑到税收影响的投资和房地产规划策略；（3）确保家族办公室所有部分的税务合规性。

2. 协助规范及监管

家族办公室要确保严格遵守有关投资、资产、企业运营方面的法规。这些服务包括：（1）为内部提供审计服务；（2）建立公司治理机制；（3）确保招聘高素质的员工；（4）监控集体业务，确保合规；（5）提供独立意见，并为董事会提供咨询意见；（6）加强投资过程监管；等等。

3. 风险管理和保险服务

因为 2008～2009 年的金融危机及随后的影响，风险管理和保险服务在最近几年起到越来越重要的作用，也是家族办公室未来最关键的服务。主要包括：（1）对风险进行分析、测量、报告；（2）评估保险需求，采集和跟踪政策信息；（3）评估现有政策和资产；（4）对客户和财产的安全性选择做出评估；（5）制定灾难恢复方案和计划；（6）（可能）使用离岸账户保护资产；（7）制定对冲基金投资状况的策略；（8）家族的健康风险；（9）数据安全和保密性；（10）回顾社交媒体政策，制定声誉管理战略；等等。

第二节　家族办公室的运行

一、家族办公室治理

（一）家族办公室治理的概念

家族办公室治理是指为保证决策的科学性，通过一系列正式和非正式的制度安排来协调企业与所有利害关系人之间利益关系的一种方式。

家族办公室治理有狭义和广义之分。狭义的家族办公室治理就是股东对经营者的监督和制衡，通过对机构设置、权利责任、议事规则、决策流程、人力资源管理、激励约束机制的建立等，实现所有权、控制权、经营权、收益权配置和安排的具体化；但从广义上，家族办公室治理还应包括家族办公室与广泛的利益相关者（包括股东、债权人、服务供应商、客户、雇员、政府、社区等）之间的关系界定。

家族办公室还有内部治理和外部治理之分。内部治理是指用制度的形式协调各参与方之间的权利义务关系，是企业剩余索取权和控制权的具体化；外部治理则包括注册、资质、准入政策及监管等。

（二）家族办公室治理模式

家族办公室是一个复杂而精密的金融单位，家族办公室治理必须通过建立完善的治理机制，以制度的形式规定议事规程和决策流程，规范所有者和经营者的权利义务关系，实现家族办公室的功能，才能保证家族办公室与家族及其企业的和谐发展。

家族办公室和家族企业的治理是相辅相成的，当前，家族企业在家族依然拥有企业经营控制权的同时，基本实现了社会化，即企业里大部分中高级经理人甚至总经理都是非家族成员，企业成为家族成员和职业经理人共同管理的现代家族企业。因此，家族企业的治理模式从家族化治理模式、互信共治模式发展为职业化治理模式，也就是说，家族企业的治理模式由家族成员主导型向利益相关者共同治理的模式不断演进和创新。

家族办公室治理最好能顺应家族企业的治理模式，规范家族办公室的职责、议事规程、激励机制、人力资源管理等各方面，以保证决策的科学性。从各种类型家族办公室的治理思路分析得出家族办公室主要有两种治理模式：一是通过家族办公室下辖授权、召开会议或家族信托以控股等手段实现对家族办公室的控制，主要针对一体型、控股型和内置型家族办公室，这种模式相对简单，与家族企业家族化治理模式相对应，这几种家族办公室自身就是家族企业或其内设部门，随着家族在不同阶段对家族办公室的需求发生变化，它们的功能可以灵活地调整和升级，因事设岗是其基本的考虑。二是外置型家族办公室治理，它通常以与企业平行的独立法人实体如有限公司、有限合伙企业、家族信托或家族基金会等形式存在，与家族企业的互信共治模式和职业化治理模式相呼应（郭菊娥等，2015）。

外置型家族办公室治理一般考虑按现代企业制度即公司化进行治理，包括章程的制定、股东会、董事会的权利义务约定、议事规则、机构构架、激励约束制度等所有权、控制权、经营权、收益权的配置和安排按现代企业制度进行规范。例如，洛克菲勒家族信托通过控股一体型家族办公室——洛克菲勒金融服务有限公司，实现家族对家族办公室的管理和控制；阿涅利家族办公室 GAeC 通过对其控股型家族办公室——EXOR 集团的控股，保证了家族对家族办公室的有效治理。如图 8－1 所示。

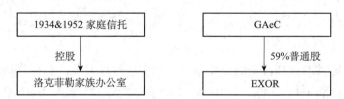

图 8－1　洛克菲勒家族和阿涅利家族对家族办公室的控股情况

资料来源：郭菊娥等．家族财富管理理论与实践［M］．西安：西安交通大学出版社，2015．

二、家族办公室的组织架构

家族办公室的组织架构包括对架构体系、团队和机制的构建，通过对人力、资本等资源的有效配置，实现家族办公室的功能。

一般来说，由一个总经理办公室管理家族办公室的各项目运作及筹划，再结合家族办公室的团队构建、机制构建，组建各类由实现不同特定功能的团队组成的部门或委员会，即为家族办公室的构架体系，以保障家族办公室的正常运作。

（一）家族办公室的构架体系

家族办公室通过内部的精密协作，实现对家族事务的整体筹划。家族办公室不同于其他种类的财富管理服务商，它兼具了高透明度和封闭性的优点，为实现这一目标，家族办公室需要构建高效系统的架构体系，至少应包括以下六大委员会：投资管理委员会、财富管理委员会、信托委员会、教育学习委员会、运营管理委员会和信息技术委员会。各委员会彼此高度协作，以共同实现家族目标。

1. 投资管理委员会

负责制定投资策略，执行投资活动，进行资产配置、投资战略制定、基金经理和基金公司尽职调查与筛选等。

2. 财富管理委员会

负责税务筹划、遗产规划、财务规划、家族教育和家族治理等领域，并跟踪政策法规的变化动态，以便更好地使用相关工具。

3. 信托委员会

主要为家族提供本土和跨境信托架构、治理和管理咨询。委员会向家族提供相关工具和资源，也包括附属公司可以作为受托人。

4. 教育学习委员会

为家族客户提供非凡的学习体验，为家族办公室合作伙伴提供区域性的交流机会，制作白皮书，为客户开发新工具，组织活动和开发学习项目。

5. 运营管理委员会

向家族提供财务和投资的合并报告，从多个管理人处汇总投资信息，并提供计划执行层面的支持。

6. 信息技术委员会

随着大数据、云共享及移动支付的蓬勃发展，该委员会主要负责信息系统与保密系统的建设和维护，以及在必要的情况下将家族部分数据端与外部顾问分享，开发移动端支持平台等。

（二）家族办公室的团队构建

家族办公室的团队构建大体可分为财富管理团队、税务筹划团队和法务团队。

1. 财富管理团队

通常由私人银行家和信托经理组成，以家族成员及家族企业的具体需求为出发点，对其财富进行全面和系统的筹划。财富管理团队通常由优秀的财富管理领域从业者组成，由于具有丰富的家族财富管理经验，他们往往能顺利进入角色，凭借自身优势完成使命。

2. 税务筹划团队

通常由对家族税务和企业税务进行筹划的会计师、税务师组成，为了达到税务最优的目标，筹划整个家族办公室的税务运作。

3. 法务团队

通常由律师和法律顾问组成，主要为家族办公室提供全面的法律筹划与服务。考虑到专业性和职业精神的同时，家族办公室往往优先选择具备统筹能力的法务团队。作为法律领域翘楚的法务团队，最好还能对会计、税务等多方面知识有所涉猎。

（三）家族办公室的机制构建

机制的构建与结构的构建是密切相关的，家族办公室往往根据结构的构建而创立相应的机制，确保自身的高效运作。首先，为了明确各自职责，家族办公室应对各个委员会设立相应的工作简介。家族办公室也要制定应急方案以应对不可预见事件对家族及其企业的冲击。其次，为了衡量内部利益相关者的绩效，建议家族办公室设计关键绩效指标框架，便于对家族办公室的各团队实现有效监控（谢玲丽等，2013）。

家族的规模越大越需要成熟、柔性的沟通和治理机制。例如，当前大部分成熟的家族办公室都有自由退出机制，有进入就有退出，退出机制是依据法律法规和规章制度等治理个体主动或被动退出公司治理规制范围，而这恰好是中国家族企业治理上缺乏的。在家族成员对家族事业失去兴趣、对家族企业的经营能力失去信心以及因家族财产分割而分崩离析等情况下，退出机制给家族成员一条获益的路径，避免了一方任由控制的一方剥削的可能。家族企业在不同时期的需求不尽相同，家族成员要明确自己的角色定位，一旦发现自己跟不上企业的步伐，最好选择主动退出。

三、家族办公室的服务流程

（一）建立客户档案

理财顾问收集信息以全面了解客户的现有财富，包括客户的所有金融与非金融投资、负债（显性负债与隐性负债）、收入、税收、预期的财富传承等。接下来，将客户的资产分为两类：用于偿还特定负债的资产，应投资于低风险领域；其他资产，可根据客户的风险特征和偏好进行投资。随后，理财顾问通常会利用调查问卷向客户询问一系列与风险相关的问题，评估客户对风险的容忍度。根据评估结果，理财顾问就可以确定客户对财富管理的一组偏好，如投资委托的类型、应包括或不应包括的投资类型、联系的方式与频率以及客户的期望等方面。

（二）投资建议与解决方案

理财顾问根据客户对服务的偏好和客户的风险特征，使用资产配置模型（专有模型或非专有模型），设计出资产配置策略。理财顾问通常会在相关专家的帮助下，制定出客户策略中更具技术性的方面。这样就可以得到一份全面的建议，其中总结了资产配置信息，以及为满足客户需求而推荐的所有财务解决方案。建议中也可以包括情境分析和风险分析。

（三）达成一致与实施

理财顾问与客户进行商议，就介绍的解决方案征求客户的意见并最终达成一致。接下来要做的包括建立投资组合、执行相关交易、确保积极的维护。理财顾问可以使用投资组合跟踪软件，在投资组合偏离了原有的资产配置方案时获得提示。

（四）审查

理财顾问持续审查客户的风险特征和服务特征，并定期与客户一起进行正式审查，全面了解客户的资产负债状况，查看相对长期财务目标所取得的进展，并对投资组合进行必要的调整。

因为家族办公室的个性服务是根据客户或者家族量身定做的，相应的费用也很高，家族财富管理的资产一般至少1亿美元。这个标准比通过预期收益、目标以及产生的费用来计算家族办公室所需的最少资产简单多了。也就是说，家族办公室实际上并没有明确规定的资产下限。家族办公室的运营成本和收益目标，必须可以通过选择资产分配和结构来实现。

家族办公室可以说是当今世界上增长最快的投资工具，因为拥有大量财富的家族越来越认识到建立家族办公室的优势。很难估计世界上有多少家族办公室，因为家族办公室的定义多样化，但全球有至少3 000个单一家族办公室，其中至少1/2是过去15年建立的。

财富越来越集中于非常富有的家族，持续的全球化趋势正在推动其增长。特别重要的是，未来几年家族办公室在新兴市场将强劲增长。尽管在这些经济体中有很多大型家族企业，但其中的大多数还没有被家族办公室掌握。

第三节　中国家族办公室的发展趋势

一、家族办公室的发展现状

（一）家族办公室的市场规模

伴随着财富的迅速膨胀，家族办公室的数量也在快速增加。据估计，在美国约有 2 500 ~ 3 000 家家族办公室（FOX，2009；Shapiro，2002；Hauser，2001；Avery，2004），而全世界各地的家族办公室约有 4 000 ~ 6 000 家（Hauser，2009a；Rankin，2004；FOX，2009）。此外，FOX 估计，在美国、欧洲和亚洲的家族企业或家族控股企业中存在非正式家族办公室的数量达到 6 000 多家（2009）。家族财富顾问推荐最少以 2 000 万 ~ 3 000 万美元资产建立一个家族办公室（Rosplock，2007）。

（二）家族办公室的客户规模及特征

一般认为，金融资产 3 000 万美元以上的家族为家族办公室的客户。2016 年 11 月底，瑞信研究院发布了《2016 年全球财富报告》。该报告显示，目前多数财富掌握在少数人手中，美国富翁人数最多。中国人均财富值在 5 000 ~ 25 000 美元之间，成年人平均财富为 22 864 美元，属于中等偏低水平。此外，2016 年中国的高净值人士数量达到全球第二（见图 8 - 2）。在未来五年内中国百万美元以上富翁人数将暴增 73%。[①]

1. 家族办公室的客户特征

（1）对理财表现得越来越成熟，但有时也与大众投资者犯同样的错误，如过度追求业绩，过多冒险，以及投资组合分散不足等。

（2）客户的需求日益成熟和复杂，可供其选择的产品和服务也更多样、复杂，而同时他们的时间却越来越不足，只能有较少的时间用于理财。

---

① 瑞信研究院 . 2016 年全球财富报告，2016.

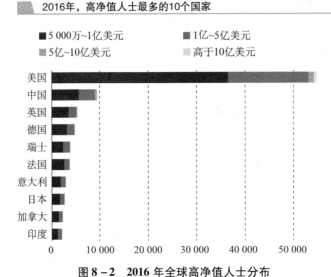

图 8-2   2016 年全球高净值人士分布

资料来源：瑞信研究院 . 2016 年全球财富报告，2016.

（3）客户服务质量、保密性和安全性是客户选择理财服务者的重要因素。

（4）对非传统投资越来越感兴趣，也在风险与收益的透明度上要求更高。

（5）对不能达到标准的理财服务者很少容忍，不管他们是服务较差、投资业绩欠佳还是报告上存在缺陷。认为必要时，更愿意更换理财服务者，一旦认为他们有不道德行为，还会提起诉讼。

2. 客户的地区性差异

（1）北美。北美的客户更偏爱非传统性投资，有着更多元的经理人关系，更喜欢设立家族办公室，而对个人与其商业经营上的财富的结合没有兴趣。

（2）欧洲。欧洲的客户们更关注有减税效应的投资产品、规划和咨询服务，而且他们对真实资产更有兴趣（不动产、船只、私人企业），他们还倾向于有更少的理财关系人。

（3）拉丁美洲。拉丁美洲的客户更强调私密性，喜欢与离岸银行业建立紧密关系，持有大量的固定收益资产和私人掌控的生意，他们也拥有很少的理财关系人。

（4）中东。中东的客户更关注不动产和本金保障产品，他们也在战术层面管理自己的资产，即规律性地转换其资产类别。他们对对冲基金没有兴趣，重视离岸银行业关系。

（5）亚太地区。亚太地区的客户则持有较高比例的现金、不动产和私人企业，重视在本地区的投资机会（例如在中国，在快速增长市场的联合投资交易）。他们倾向于把私人的和公司的银行服务结合起来，因为他们更紧密地掌控着公司的经营资产，也高度重视保密性。

3. 金融危机后客户的新特点

（1）有价值的建议。随着投资者越来越了解所拥有的投资选择，他们日益期望获得"专业"或"独立"的投资建议，并会通过其他来源（包括同类投资者、互联网及其他研究数据），验证顾问及财富管理公司提供的建议。他们也期望，顾问及财富管理公司能根据他们实际的风险承受能力，设立切合实际及适当的投资目标。

（2）透明度与简化。富裕客户要求增加"透明度与简化程度"及"提高向客户报告的质量"，以便他们进一步了解产品、估值、风险、表现及收费结构。甚至在咨询理财顾问之前，富裕人士会先行审阅产品披露声明及投资风险。由于在金融危机期间信息不足，富裕人士对投资价值的实时情况缺乏，经过这次危机，他们也会要求财富管理公司提供更详细的报告及提高数据更新的频率。逐渐地，他们最终选择的产品将是他们能够了解的产品。

（3）高效的投资组合及风险管理。危机过后，绝大部分客户认为"高效的投资组合管理"及"高效的风险管理"十分重要。因此，他们日益要求及期望，财富管理公司能够对所建议的配置及产品进行切合他们投资目标及期望的情境分析，并对各种类型的产品进行深入研究，以便他们进一步了解风险。例如，许多富裕客户非常担心股市投资，希望限定下跌风险。同时，他们知道需要分散投资，需要在全球各地尤其是快速增长的市场进行投资。因此，他们希望风险情境分析能提供参考，以便做出投资决策，使这些决策不仅符合投资目标，而且依旧在较广泛的波动幅度及风险承受能力限制范围内。

二、家族办公室的发展趋势

目前美国高净值个人的人数最多（HNWIS）。2005 年，美国共有约 250 万人的百万富翁，而同期全球百万富翁人数为 720 万人。在欧洲范围内，德国的潜在客户数量最多。未来潜在客户数量增长最快的应是发展中经济体，特别是亚洲。至少世界上 25% 的富人居住在亚太地区，包括中国的 30 万人。

相比而言，欧美的家族办公室有比较系统的管理方式，它们在做资产配置时看到欧美经济发展放缓，而亚洲仍有投资机会，因此，增加在亚洲的投资。要进行这类投资，最好的选择是在亚洲本土进行操作，这就促使他们来到亚洲设立家族办公室。例如，在英国伦敦成立的家族办公室 Griffin Plutus，是一家为富裕家族管理财富的顶级顾问机构，其大中华区家族办公室是国内第一家具有 20 年以上纯正家族办公室整体顾问服务经验的机构。2011 年，瑞信在新加坡设立了亚洲家族办公室及家族慈善部门，聘请英国森宝利（Sainsburg）家族办公室的核心成员担纲。据有关报道，未来十年里，定位于高净值人群的家族办公室在亚洲的数量将会提升数倍，亚太地区尤其是中国将对专业的家族财富管理服务产生巨大的市场需求。

除此之外，家族办公室在类型、功能定位及治理结构等方面也呈现出不同的发展趋势。

（一）服务主体向多元化多层次发展

家族办公室的发展呈现出多元化、多层次的特征，不仅是从单一家族办公室走向多家族办公室，也从单层次向多层次进行多元化发展以满足不同家族的不同需求。

1. 从单一家族办公室向多家族办公室发展

家族办公室是一种昂贵的金融工具，成立一个收益能够大于成本的家族办公室，其管理的资产规模应不低于 5 亿美元，家族办公室的高成本通常令人头疼，但多家族办公室的规模经济无疑可以通过共享服务平台、投资团队等降低运营成本，共享不同家族在各个领域的经验及人际网络，增加投资经验及机会，吸引更好的投资经理、家族顾问、法律专家等专业人士加盟。同时，庞大的资产规模可以吸引更多的精英人才，广阔的合作网络也能更及时地捕捉商业机会。而单一家族办公室在管理复杂的投资组合、获得卓越私人股本和对冲基金等问题上往往会遇到困难。

一些世界上最富有的家庭，原先通过一个专门的公司管理他们的事务，也正在寻求拥有更多资源的财务顾问，这使得多家族办公室可以在全球范围扩张发展。金融危机暴露出单一家庭办公室往往面临的障碍：管理复杂的投资组合，聘请一流的人才，或者在世界各地尽职调查（《金融时报》，2009 年 11 月 9 日）。

因此，多家族办公室的总体趋势是清晰的。这种发展与国际化趋势相伴随。一个例子是美国 GenSpring 家族办公室，其为太阳信托银行（SunTrust Banks）的子公司，为 600 个家庭管理总计 150 亿美元的资产。2007 年，并购获得了 TBK 投资（TBK Investment 是一家服务拉丁美洲、西班牙和意大利客户的家庭办公室）。2008 年，它宣布在欧洲扩张并成为世界上第一个拥有全球品牌的家庭办公室。

2. 从单层次向多层次进行多元化发展

家族办公室随着家族实际需求的变化，有从单层次形态向多层次形态演化的趋势。例如，皮特卡恩家族并存两种家族办公室形态，即单一家族办公室和多家族办公室。其中，单一家族办公室定位于为需要的家族分支提供隐私和定制化服务。而多家族办公室则注重维持家族财富增长，这在当时只是该家族办公室的特色。随着家族办公室的不断发展，其必然将一个单一的形态向多元化形态转变。出于不同目的，家族办公室甚至可以是多层次结构。例如，菲普斯家族办公室主要由贝西默信托和贝西默证券双重结构组成，两者有明确的分工，其中，贝西默证券的主要职能是通过上市公司股票交易、长期股权投资、不动产和私募股权投资等投资业务对家族财富进行管理及再创造；贝西默信托则负责信托服务、金融服务和财富管理，从而确保家族财富的世代传承。这种多层次结构使得家族办公室的服务更加专业化和精细化。

（二）服务内容向帮助家族实现事业平台转换

欧美经验显示，大多数创始人及其家族最终会选择出售企业的控股权，将获得的财富转给子孙。家族办公室在功能上替代了家族企业，在管理家族事务的同时，逐渐变成新的家族企业，同时扮演着双重角色。家族企业的模式转变并不是个案，出售创始企业股权之后，将家族办公室作为新的事业平台是不少家族的选择。如皮特卡恩家族早在 1985 年便出售了自己家族企业的所有股权，其家族办公室已经成为新的家族企业。作为世界上最早出现的家族办公室，洛克菲勒家族办公室也成功实现家族事业平台的转换。这家起初仅为管理家族财富而设立的家族办公室在一个世纪后开始为其他家族提供服务。截至 2013 年，洛克菲勒家族办公室即洛克菲勒金融公司为来自全球的 260 个家族管理 231 亿美元的资产，成为世界上首屈一指的多家族办公室。

（三）治理模式逐渐向去家族化发展

随着家族办公室的发展，其对经验丰富的金融从业者的需求日益增加，家族办公室从非专业化的家族成员参与决策向专业化的投资团队演变，家族则通过董事会或家族委员会对家族办公室进行控股，保证对其的监督和控制。例如，菲普斯家族办公室早期主要由家族成员参与经营管理，到了 20 世纪 50 年代，公司高管被提名为家族办公室 CEO，从此，菲普斯家族开始逐渐将运营管理的位置让给职业经理人。而戴尔、洛克菲勒家族办公室在早期就聘用经验丰富的外部人员打理家族办公室的资产管理等业务。随着家族办公室去家族化的不断发展，控股型家族办公室是其较高形态，家族往往通过家族委员会对家族办公室进行控股来保持对其的绝对控制（郭菊娥等，2015）。

三、我国家族办公室的发展机遇与挑战

2015 年 8 月 18 日，兴业银行与波士顿咨询公司（BCG）在北京召开新闻发布会，宣布联合发布中国私人银行全面发展报告《中国私人银行 2015：千帆竞渡、御风而行》，该报告指出，2015 年中国私人财富达到人民币 110 万亿元，高净值家庭数量达到 201 万户，拥有约 41% 的私人财富，这既为我国家族办公室的发展带来了机遇，但同时也将面临许多挑战。

（一）我国的财富管理行业

我国财富管理行业是一个很大的市场，但是缺少客户细分和差异化服务。这个市场主要的参与者是银行、保险公司、共同基金、信托公司和证券公司。中国的财富管理行业一直在飞速增长，由于超过 75% 的私人财富仍然以现金和存款的形式存在，说明中国的财富管理服务行业拥有巨大的潜力。

1. 我国财富管理行业的特点

（1）市场占有率低。我国大约 80% 的高净值个人自己管理财富，自己做投资决策。他们持有现金和存款的比例少于 40%，显著低于平均水平，投资的产品主要包括股票、共同基金和银行理财产品。目前，为高净值个人提供的财富管理产品和服务仍然处于发展早期，缺乏复杂的产品、丰富的运营经验和合格的专业人才。

（2）理财需求的增强。目前，我国具有理财服务需求的高净值客户数量仍然非常少；金融危机之后高净值客户对理财服务的需求开始增长，风险厌恶的程度增强；高净值客户更偏好国内的理财产品，因为他们认为对国内产品更加了解。

（3）分散的市场结构。我国的理财服务业仍然很分散，大多数参与者仍然

致力于品牌的建设、差异化的服务以及专业的运营；另外，理财服务业进入"门槛"也较低，所需资本较少，政府监管较松。

2. 我国财富管理行业的主要参与者

（1）国内商业银行。由于拥有广泛的网络和客户基础，从开户数看国内商业银行占据私人财富市场的88%。中国银行是第一家建立私人银行部门的国内商业银行，之后中国工商银行、中国建设银行以及招商银行和其他商业银行相继建立该部门。

（2）外资私人银行。外资私人银行拥有成熟的私人银行服务模式，它们占据了约4%的市场份额。外资私人银行一般擅长资产配置，但是缺乏国内的客户群和国内很多产品的销售权。

（3）国内信托公司。我国的信托公司基本上是借款人和投资者之间的中介机构，它们把贷款和股票等金融资产打包成信托产品卖给投资者，特别是机构和高净值客户。信托公司一般都在财富管理产品的采购和研发上具有很强的实力，但是，由于缺乏分销网络，信托公司通常通过第三方如银行和独立财富管理者接触到投资者。

（4）独立财富管理机构。独立财富管理机构不与任何产品供应商或银行关联，它们一般专注于资产配置，提供各种第三方产品，它们的市场占有率约为7%。独立财富管理者能够帮助客户选择各种产品，大多数财富管理机构规模较小，只在自己所在的城市运营。

（二）我国家族办公室面临的机遇与挑战

1. 面临的发展机遇

目前，我国绝大部分家族财富都掌握在家族企业创始人手中，没有人比创业者更擅长于创造财富，他们的抱负、想象力和执行力令人赞叹。但是，管理财富所需要的知识技能和创造财富相比大不相同，尤其在国际金融体系日趋复杂的今天。过于自信可能导致投资决策失误，使家族财富遭受重大损失；也有可能遭遇道德风险，被心怀叵测的金融机构所利用。家族第一代应该保持谦虚和开放的心态，通过接受学习与教育，真正理解并驾驭家族办公室这个复杂而精密的工具。当然，家族第二代在参与家族办公室治理方面也是责无旁贷的，由于这一群体大多在西方大学接受金融和经济方面的先进教育，也对西方较为成熟的金融市场有一定的了解，因此，在学习财富管理的过程中，既是第一代的有力助手，也将成为家族办公室实际工作的重要参与者。与第一代的磨合沟通和对自身在家族治理中的定位，将成为第二代参与家族办公室的重点和难点。建议从家族第二代开始进行家族治理的谨慎规划，例如设立家族委员会、制定家族宪法等，不但是完善家族治理的主要举措，也是培养家族第二代的大好时机。

2. 面临的挑战

家族办公室对于中国超富家族来说是一个比较陌生的领域，需要在充分借鉴欧美及亚洲家族办公室经验的基础上，结合中国的实际情况进行本土化再造。欧美的家族办公室拥有上百年的演化历史，在不断借鉴与改良的过程中，在治理机制、团队建设、投资决策等方面积累了宝贵的经验。挑战在于，一方面，家族办公室是金融行业中"门槛"最高、私密性最强的机构之一，每家家族办公室的宝贵经验与核心资料不会对外人轻易展示。这就造成对国外著名家族办公室的研究往往是管中窥豹，难以领悟其核心奥秘。另一方面，我们也不能把国外成熟的家族办公室的治理模式不加改良就直接运用到国内，橘生淮南则为橘、生于淮北则为枳的道理是显而易见的。中国应当在充分借鉴国外既有工具的基础上，结合中国特色的政治、经济、文化、法律环境以及本家族的特质进行改造，否则，很难建成一家真正为本家族量身定做的家族办公室。海外行业典范的著名家族办公室能够在投资领域叱咤风云，这与美国资本市场发展的成熟程度和投资产品的丰富程度直接相关，中国家族需要依据国内和国际市场的具体情况进行相应的资产配置。

案例

洛克菲勒家族办公室

洛克菲勒家族办公室实际上是名为 Rockefeller Family & Associates 的机构，又被称为"5 600 房间"，可以被看做是整个家族运行的中枢。100 多年来，它为洛克菲勒家族提供了包括投资、法律、会计、家族事务以及慈善等几乎所有服务。

该机构的前身由老洛克菲勒在 1882 年创立。当时老洛克菲勒需要一些专业人士来帮助他打理庞大的资产并开展一些慈善活动，但由于他在很长一段时间内都拒绝将其投资团队专业化，所以家族办公室一直非正式地运行着；直到 1908 年，老洛克菲勒最得意的助手盖茨竭尽所能终于说服老洛克菲勒组成了一个"4 人委员会"来管理其资产。这个委员会包括盖茨以及小洛克菲勒，由盖茨全权负责。盖茨之后，麦肯齐·金、雷蒙德·福斯迪克、艾维·李、查尔斯·海特以及卡特勒等各界人才先后加入了该家族办公室的核心顾问团队。

根据 1974 年迪尔沃斯提供的文件来看，家族办公室负责除 1934 年以及 1952 年信托资产以外的家族资产，还根据不同家族成员的需求提供不同的投资顾问服务。在迪尔沃斯的领导下，家族办公室旗下形成了三个投资部门，分别负责传统投资、房地产投资和风险投资。传统投资部门负责股票和债券；房地产投资部门负责家族成员的房地产管理以及投资；风险投资部门通过家族公司 Venrock 进行投资。

1980 年，洛克菲勒家族办公室成立了在美国证券交易委员会注册的投资顾问公司，这家由洛克菲勒家族控股的机构叫洛克菲勒金融服务有限公司（Rocke-feller Financial Services，Inc. ），这意味着原先只为家族成员服务的家族办公室开始为外部客户提供资产管理服务。

洛克菲勒金融服务有限公司的现任 CEO 是鲁本·杰弗里三世（Reuben Jeffery III），在小布什执政时期，担任负责经济、商务和农业的副国务卿；首席投资官是大卫·哈里斯，他曾经是基金经理，之后就长期为公司服务。公司直接管理的资产为 77 亿美元，持有股票的总市值为 29 亿美元（2012 年 3 月数据）。

从持股情况来看，印证了公司持续分散化投资的策略。为什么家族的既定策略是持续分散化投资？因为对现在的家族来说，更重要的是，在不影响家族延续以及团结的情况下，能够持续稳定地为家族成员提供部分生活以及事业上的资金支持，而分散化的投资正好能够带来比较稳定的现金流以及较低的投资风险。

资料来源：蒋松丞. 家族办公室与财富管理：家族财富保护、管理与传承 ［M］. 广州：广东人民出版社，2014.

第九章　家族财富管理工具之二：家族信托

第一节　信托与家族信托

一、家族信托的内涵

（一）信托的概念与起源

信托的起源最早可追溯到古罗马帝国时期（公元前 510 年～前 476 年）。公元前 3 世纪中期之前，罗马法律的适用范围仅限于罗马公民，外来人和解放自由人没有遗产继承权，同时罗马法律对妇女的遗产继承权也有严格的限制。为规避罗马法对遗产继承人的限制，遗嘱人将自己的财产委托移交给信任的第三人，要求其为遗嘱人的妻子或子女利益而代为管理和处分遗产，从而间接实现遗产继承。由此可见，在古罗马帝国时期，已出现信托的雏形，但这种"信托"还是一种无偿的民事行为，涉及的"信托财产"只限于遗产范围。

现代意义上的信托制度则起源于英国封建时代的"用益制度（uses）"。在 11 世纪的英国，教徒非常热衷于死后将土地捐赠给教会等宗教团体，因而侵犯了封建诸侯的利益。13 世纪英国颁布的《没收法》规定，未经允许，禁止将土地捐赠给教会，否则一概没收。为规避法律，教徒们将其土地转让给第三人，同时要求土地受让人为教会的利益经营该土地，并将该土地所产生收益全部交给教会，这一具有创新意义的制度就是信托的前身。到 15 世纪，用益制度已被普遍适用，1535 年亨利八世颁布《用益权法》（Statute of Use），成为信托制度产生的直接渊源。经过不断发展，至 16 世纪，信托制度最终形成。

根据我国 2001 年颁布的《信托法》第二条的规定，信托是指委托人基于对受托人的信任，将其财产权委托给受托人，由受托人按委托人的意愿以自己的名义，为受益人的利益或者特定目的，进行管理或者处分的行为。信托的出现，其实满足了人们处置个人财产的不同需求。

（二）家族信托的定义

通过对信托制度起源的梳理，可以看出，信托制度的出现并非出于对投资的需求及财富增值的渴望，而是通过一种独特的设计，以规避现有法令政策对财产管理和遗产继承的严格限制，实现传承和保护家庭财产的目的。由此可见，信托制度诞生之初，是以"家族信托"为主要的表现形式，"用来经营管理家族财产"，涉及家庭和个人财产的管理、处分，以及遗产的继承和管理等事项。

因此，所谓家族信托，"是一种有效的财富传承方式，是高净值人士首选的一种管理家族资产的载体"，是"以家庭财富的管理、传承和保护为目的的信托，在内容上包括以资产管理、投资组合等理财服务实现对家族资产负债的全面管理，更重要的是提供财富转移、遗产规划、税务策划、子女教育、家族治理、慈善事业等多方面的服务"。

家族信托中的委托人具有财富传承的需求，一般为拥有家族企业或者巨大家族财富的个人或家庭。家族信托的受益人可以是委托人本身，也可以由委托人指定，一般情况下，受益人是该家族的成员。委托人可以在信托设立后更改受益人，也可以对受益人进行限制，即只有在受益人满足信托条款中的规定时才可以享有受益权。家族信托的受托人，既可以是信托公司，也可以是其他专业机构，还可以是自然人。

二、家族信托的功能定位

家族信托之所以成为家族（企业）趋之若鹜的热门工具，得益于家族信托是一个兼具家族（企业）财富保护、管理与传承功能的法律架构，并且在海外市场拥有成熟的法律制度与市场机制予以保障。家族信托作为财富家族最常用的财富持有及管理方式，具有稳定而可信赖的保护、管理与传承功能，被视作家族（企业）财富富过三代的"传承神器"，对于中国家族（企业）财富的代际传承而言，具有无与伦比的价值。

（一）财富保护功能

家族信托的首要功能便是对信托财产的保护。虽然世界各国关于信托保护功能的法律规范标准存在一定差异，但各国的信托基本都具备了对信托财产的隔离功能、私密保护功能、风险规避功能和财产稳定功能。

世界上大多数离岸信托地的法律规定，除非有充分的证据证明委托人在设立信托时存在非法的目的，或是恶意损害债权人、相关权益人权益等情况，信托财产的独立性、隔离功能将受到法律的保护。基于信托财产的独立性，被置入信托的家族财富也就得到了很好的隔离与保护。委托人通过设立信托，将其希望予以进行隔离性保护的资产置入信托中，使得保护资产产生独立性，以达到对资产隔离与保护的目的。信托的隔离功能还经常被富裕家族用于规避婚姻关系不稳定带来的家族财富损害风险。非常著名的案例就是默多克家族信托，使得默多克与邓文迪的离婚丝毫没有影响默多克家族对新闻集团的财产权益及控制。

（二）家族治理功能

经过数十年的创业和资产积累，目前正值家族第一代创始人向第二代接班人传承家族企业的时期，但家族企业在传承时却面临不小的问题。首先，接班人缺少必要的历练，对企业的管理缺乏经验、兴趣，教育经历可能与合格的继任者不符，且接班人通常没有艰苦创业的经历，往往安于守成，缺乏父辈们开拓创新的精神；其次，由于家族的扩大和家族成员的增多，在家族企业传承时，企业的股份控制权、经营控制权和决策控制权不可避免地由三权合一趋向分散和稀释，家族对企业的控制力会由强变弱；最后，在企业控制人交接班时，新老团队的融合问题以及如何增强企业中非家族成员对企业的向心力成为不小的挑战。这些问题不解决，家族企业将无法实现顺利传承，家族企业的治理也就无从谈起。

家族信托的适用，可以很好地解决这些困扰。首先，家族信托通过将家族企业股权作为信托财产锁定在信托结构中，将家族成员与企业所有权相剥离，从而既保持了家族对家族企业控制权、决策权的完整性，又避免了不愿或不能胜任管理家族企业工作的家族成员对企业的不适当作为，并为日后的海外上市奠定基础；其次，家族信托可以建立期权激励计划，稳固和调整非家族成员管理层与家族成员（管理层）的关系；最后，更重要的一点是，家族信托实现了家族成员与家族企业控制权、决策权的剥离，提高了企业管理层的可预期性和新老团队衔接、融合的稳定性。

（三）税务筹划功能

家族财富在持有、管理、处分、分配等环节都将涉及税务问题。（企业）持有房产可能涉及房产税，将房产进行出租或出售等经营管理或处分行为可能涉及契税、印花税、土地增值税。家族（企业）获得收益时涉及所得税，发生资产传承时可能涉及赠与税、遗产税等。对于资产数量巨大的家族而言，税务筹划尤为重要。

家族信托毫无疑问可以为家族财产的持有、管理、处分、收益、分配创造巨大的税务筹划空间。通过家族信托，家族可以对家族财产的持有架构进行灵活的跨区域的配置分配，灵活运用地区性的税收优惠政策与地区之间的税收优惠政策，根据家族的实际需求，进行多层次的税务结构优化。尤其是对家族资产复杂、家族企业业务多元化的家族（企业）而言，家族信托的税务筹划功能必须予以重视。

三、家族信托的基本构成要素

家族信托是一种信托机构受个人或家族的委托代为管理、处置家族财富的财产管理方式，以实现家族的财富规划和传承为目标，其受益人一般为家族成员。因此，家族信托只是信托的一种特殊形式，其不同之处是家族信托以实现家族财富的管理和传承为特定目的，其构建结构一般如图 9 – 1 所示。

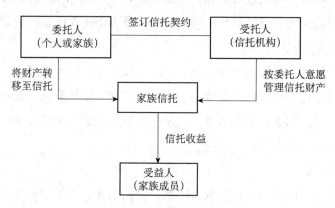

图 9 – 1　家族信托结构示意图

资料来源：郭菊娥等. 家族财富管理理论与实践［M］. 西安：西安交通大学出版社，2015.

如图 9 – 1 所示，委托人、受托人、受益人和信托财产是构成家族信托的四个基本要素。委托人的意志化为信托目的，指引信托的方向；受托人主导信托的运行，实现信托目的；受益人分享利益、参与运行，并时刻发挥着影响力；信托财产则是信托得以存续的载体和条件，并影响着信托运行的方式和轨迹。这四个基本要素犹如家族信托的四根柱石，它们是家族信托的归宿，是深度解析家族信托的四个维度。

（一）信托财产

从理论上来说，动产、不动产以及任何财产性权利均可作为信托财产置入家族信托中。美国《同意信托法典》对于信托财产的定义为："任何形式的所有权，不论是动产或不动产，不论基于普通法或是衡平法产生的，以及该所有权所附随的任何利益。"这也是信托财产在理论上所能够达到的最大范围。但是，受家族主观目的或者信托所在客观环境的限制，特定家族信托财产的范围往往不能够和信托财产的理论范围一样宽泛。

家族信托财产的范围受限于家族设立信托的目的。例如，以持有为目的所设立的特殊目的信托的财产一般是股权类资产。再如，以规避赠与税为目的的委托人保留年金信托的财产一般是能够在置入后快速增值的资产。实践中，特定家族信托中所置入财产的范围，应当在法律允许的范围内，通过综合考量家族信托所处环境的客观条件和家族诉求来确定。

（二）委托人

委托人一般是指决定设立信托并将信托财产转让给受托人的个人或者机构。委托人是一个信托的起点。信托的设立、安排是由委托人决定的，信托的运作很大程度上也是受委托人影响的。

委托人在信托中的权限和权利除了由法律规定外，也可以通过信托文件进行规定，这使得委托人的权利会受到一定程度的限制。如果委托人超出限制范围保留或者行使权利，那么可能会危及信托财产的财产保护、税务筹划、婚姻继承筹划等功能，甚至会危及信托的有效性。

（三）受托人

受托人是信托财产的管理者和支配者。虽然信托法律及信托文件均会对受托人的权利义务进行调整及规范，但一般而言，受托人仍然享有较高的自由行动的空间，对信托财产进行管理、投资和分配。

受托人对信托财产的管理、投资和分配行为都受到法律及信托文件的限制。例如，受托人需要遵守谨慎义务和忠诚义务这两种法定的信托义务。同时，法律一般会对受托人的投资行为有所要求，如要求其符合理性投资人的标准。再如，信托文件可以对受托人行为的标准和程序进行规定，以保证受托人的行为符合信托目的。

但是，如果信托文件过度地限制受托人的权利，将削弱受托人依据客观情况的变化对信托进行调整的能力，影响信托对环境变化的适应性。

因此，如何选择合适的受托人，如何在保证受托人享有相对自由的同时防止受托人偏离或违背信托目的、损害委托人及受益人的权益，是信托设立和运营过程中的重要一环。

（四）受益人

受益人是信托财产、财产收益的享有者，一般而言，受益人享有利益是信托设立之目的所在。信托实践中，为了防止受托人滥用权利侵害受益人的利益，受益人需要了解其有哪些救济途径，如何选择最合适的救济途径。但与此同时，受益人对自身的权利诉求往往因为没有全局关系而影响信托的正常运作，甚至损害整个家族的利益。

如何平衡受益人的正当权利诉求，维护信托的正常运作以及家族的全局利益，是信托的设计者、管理者需要认真思考的问题。当然，信托法律架构通常会设置保护人制度对受托人、受益人的权利进行制约与平衡。

第二节 家族信托的基本类型与构建

一、家族信托的基本类型

依据家族信托的主要内容是财产管理还是事务管理的不同，可以将家族信托区分为财富保护型家族信托和事务管理型家族信托。

（一）财富保护型家族信托

所谓财富保护型家族信托，是指以信托财产的管理为主要内容的家族信托，表现为委托人将信托财产交付给受托人，指令受托人为完成信托目的，而从事财产管理的家族信托。例如，委托人以资金和不动产为信托财产设立家族信托，受托人通过对资金和不动产的管理与使用来保障信托财产的保值增值。事实上，财产的管理并非是由信托所独有，但是与其他法律制度相比，信托在实现财产的管理方面更具有自己的独特性，进而也显示出自己的优越性。第一，信托是一种集财产转移功能与财产管理功能于一身的制度安排；第二，信托适于长期规划，这与赠与、委托等法律制度不同；第三，信托的设立更为灵活方便，信托财产更富多样性，这与公司的设立、出资等法律制度不同。

（二）事务管理型家族信托

家族信托实务中，除了信托财产管理以外，还涉及信托事务管理。所谓事务管理型家族信托，是指以家族事务的管理为主要内容的家族信托，表现为委托人将信托财产交付给受托人，指令受托人为完成信托目的，而从事事务管理的家族信托。具体的家族信托事务管理服务包括家族与家族企业治理、股权管理、受益权管理、信托利益分配、家族子女教育等方面。事务管理型家族信托由委托人驱动，受托人一般不对信托财产进行主动的管理或者处分，例如股权代持等。作为事务管理型信托业务，主要是利用信托权益重构、名实分离、风险隔离、信托财产独立性等制度优势，为委托人提供信托事务管理服务并获得收益，具有个性化设计的特点。例如，委托人为自己的子女教育留有一笔资金，但是又不放心将该笔资金交由家族成员保管，于是委托人便以该笔资金设立家族信托，交由委托人保管并指定用于委托人的子女教育支出。

二、家族信托的设立与构建流程

家族信托的种类繁多，不同类型的家族信托在设立与构建流程上往往差异很大，但是，各类型的家族信托在设立与构建上都必须遵循一些信托设立与构建的基本规律。因此，这里主要梳理境内家族信托设立与构建的标准流程的基本规律。

（一）家族信托设立与构建的标准流程

境内家族信托的设立与构建基本可以分为三个阶段：了解委托人的意愿和诉求；选择受托人并签署信托文件；置入信托财产并运行。具体而言，包含以下十个实施步骤。

第一步，委托人聘请熟悉境内信托法律并具有操作经验且值得信赖的专家作为家族信托设立的专业顾问。

第二步，由专业顾问深入了解委托人的信托诉求，对委托人的信托诉求进行必要的梳理。专业机构主要采取访谈形式，与客户充分交流，切实把握客户全面细致、灵活多样、具有隐秘性的需求。

第三步，由委托人与专业顾问共同厘清家族信托设立的影响因素。目前国内影响家族信托设立的影响因素较多，其中最为主要的是信托法律体系的残缺和模糊，以及委托人、信托服务的提供者对家族信托认识与理解的不足。这些导致了国内家族信托功能简单、法律风险较高、信托财产单一等特点。

第四步，由专业顾问进行必要的法律筹划和税务筹划，搭建初步的信托法律架构。

第五步，由委托人与专业顾问共同选择合适的家族信托受托人。

第六步，委托人与家族信托的意向受托人签订意向书。意向受托人开始信托架构设立的前期准备工作。

第七步，委托人、专业顾问及意向受托人对前期初步确定的信托法律架构进行必要的修改、调整与完善。

第八步，委托人与受托人签订信托文件（契约），并由委托人出具意愿书。

第九步，由委托人、专业顾问及受托人共同创建信托法律架构。

第十步，财产置入与运行。对后续实施过程进行跟踪反馈，并及时调整家族信托方案。

以上十个步骤，可利用图 9－2 概括归纳。

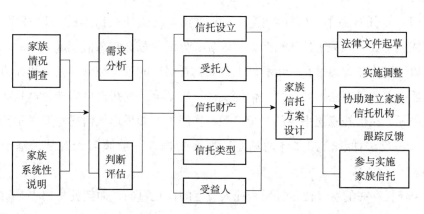

图 9－2　境内家族信托设立与构建的标准流程

资料来源：谢玲丽等．家族信托——全球视野下的构建与运用［M］．广州：广东人民出版社，2015．

（二）家族信托设立与构建的关键节点

家族信托的设立流程既精细又复杂。为避免迷失在细节的迷宫里，家族和律师需要准确把握家族信托设立与构建的关键节点：

　▲ 信托利益相关人权利义务的安排；

　▲ 家族信托的合法性；

▲家族信托的保护与救济;

▲家族信托受托人。

运用家族信托实现家族诉求的实质是"正确安排好信托利益相关人的权利义务"。家族信托的合法性则是家族信托能够有效运行的基本要求。设置适当的家族信托保护与救济措施,能够保障家族信托安全有效地运行,并且极大地减少家族信托调整的成本。而选择正确的家族信托受托人能够极大地便利信托的运作,最小化信托管理的成本,而且为信托的安全性多增加一层保险。

1. 控制权保留

在信托关系中,控制权保留是"信托利益相关人的权利义务"安排的最核心部分。中国财富家族都具有保留控制权的渴望,但一般而言,控制权保留与信托对财产的保护之间呈负相关关系。一旦家族对控制权的保留越过某个边界,就可能导致信托财产独立性丧失,信托无效。在由家族成员自任受托人(控制权的最大保留)与完全由家族外部的独立受托人来掌控信托(控制权的放弃)之间,根据家族诉求的不同,可能存在多种控制权保留的方式。在此,仅介绍其中常见的几种。

(1)信托意愿书。信托意愿书是由委托人向受托人出具的一份书面文件,其中描述了委托人关于信托财产如何管理、分配的意愿。在信托成立以后,委托人可以通过信托意愿书在一定程度上控制信托财产的管理和分配。一般而言,信托意愿书并非具有法律约束力的信托文件。理论上,受托人可以选择遵从或者不遵从委托人在信托意愿书中的要求。但在实践中,如果遵从信托意愿书不会导致受托人违反法律、信托文件的规定,那么受托人一般倾向于遵从,基于如下原因。

▲信托存在的意义便是实现委托人设定的信托目的,而信托意愿书是对委托人信托目的的具体化。因此,受托人应当遵从。

▲无理拒绝执行委托人的信托意愿书,会使受托人的声誉受到极大损失,将会大大减少受托人未来的收益。

▲家族的反击措施。家族可以在信托文件中规定,如果受托人不遵从信托意愿书,那么信托保护人能够撤换受托人。

法院也有可能将信托意愿书作为具有约束力的信托文件的一部分。在此种情况下,受托人不遵从信托意愿书即意味着违反信托文件。

（2）保护人或保护人委员会。委托人可以在信托架构中设置保护人或者保护人委员会，以监督受托人行使一系列信托文件规定的权利，确保信托能够实现委托人的目的。

（3）家族成员担任共同受托人。家族成员担任受托人，既可以对家族外部受托人进行监督与制衡，也可以主导家族财产的保护、管理和分配。但这种措施也存在着相当大的风险。家族成员担任共同受托人会使得法院倾向于认定信托财产失去独立性，乃至信托无效。

（4）私人信托公司。私人信托公司由家族成立，并且担任家族信托的受托人。家族通过控制私人信托公司的方式来控制信托财产。

（5）通过家族有限合伙制度来实现控制权。在家族有限合伙中，信托作为有限合伙人取得大部分收益，而家族成员则可以担任一般合伙人，以此来保留控制权。

（6）担任家族控股公司的董事、高管。中国财富家族可以将家族控股公司的股权置入信托，然后通过担任家族控股公司董事、高管来控制家族财产。

2. 受托人的选择

受托人无疑是信托关系中最为关键的角色，他将负责信托财产的保护、管理和分配。实践中，家族信托的受托人绝大多数是由家族以外的个人或者机构来担任的。因此，家族必须要有足够的耐心和鉴别能力来选择正确的信托受托人，否则将会给家族信托带来无穷后患。

家族在选择受托人时需要考虑以下六个因素。

（1）受托人的声誉、信用程度。翻开全球财富家族所使用的受托人名录，其背后尽是一些赫赫有名的信托、金融机构。既然受托人的角色如此重要，财富家族当然会选择一些声誉与信用极佳的大机构或者其所设立的分机构来担任。毕竟，事关大部分家族财富保护、管理与传承的问题，怎样谨慎都不为过。

（2）受托人愿意按照能够满足家族诉求的方式来保护、管理和分配信托财产。每个家族设立信托的目的都有所不同，因此，信托文件的核心条款、信托架构以及信托的运行方式也会不同。受托人能否尊重这种不同，并且愿意以最能够实现家族诉求的方式来完成受托人的使命，是家族在选择受托人时必须要考虑的。

（3）受托人的能力和经验。担任家族信托受托人的个人或者机构必须具备出众的能力和丰富的经验。他要在复杂的信托架构和文件要求中找到规范、有效、高效管理信托的方式。对外，要保护家族信托财产的安全；对内，在信托利益相关人发生冲突时，要严格按照信托目的和信托文件的规定，保障信托稳定、有效地运转。

（4）受托人的稳定性。从稳定性而言，机构受托人优于个人受托人，多名受托人优于一名受托人。

（5）受托人与家族的默契程度。在选择受托人时，中国财富家族可以先对受托人的管理习惯、内部政策等一系列问题进行调查，以判断受托人与家族的默契程度。

（6）受托人的管理费用和其他费用。

（三）家族信托协议的设计

信托协议是信托意思表示通常采用的方式，即由委托人与受托人签订信托协议，对信托关系的内容进行约定。

1. 境内家族信托协议

中国《信托法》第八条规定，信托协议应当采取书面形式。第九条规定，信托协议应当载明以下事项：

（1）信托目的；

（2）委托人、受托人的姓名或者名称、住所；

（3）受益人或者受益人的范围；

（4）信托财产的范围、种类及状况；

（5）受益人取得信托利益的形式、方法。

此外，中国《信托法》第九条还规定了信托协议可以载明的内容：信托期限、信托财产的管理方法、受托人的报酬、新受托人的选任方式、信托终止事由等事项。

实践中，国内现行的家族信托协议的主要内容如下。

第一部分，信托的设立及信托财产的交付。这部分会阐释信托的当事人、信托目的、信托成立与生效、信托当事人权利义务及相关约定。

第二部分，信托财产管理的相关约定，包括信托财产管理的原则及内容、资金托管的要求、银行账户（信托专户、受益人的收款账户）、信托利益（分配内容、标准、金额与方式）、信托财产管理服务报酬和信托费用的支付和税费的承担等。

第三部分，信托的变更、延期、终止与清算。信托的变更涉及受托机构及其他服务机构的变更等。

当然，对于一些特定类型的信托，法律、法规和规章还规定了需载明的特定事项。比如，针对国内的营业信托，《信托公司管理办法》第三十二条规定，还需要包括信托公司报酬的计算及支付、信托利益的计算及支付等。

2. 离岸家族信托协议

根据家族诉求、离岸地信托以及相关立法和其他环境因素的不同，离岸家族信托协议的法定形式和实质要求、信托文件的内容都将会不同。因此，这里以特拉华财产保护信托协议为例，介绍离岸信托协议的主要内容。根据特拉华州的相关立法，特拉华财产保护信托协议需采用书面形式，而且必须包括以下内容：

（1）委托人必须设立不可撤销信托；

（2）信托文件中要设置挥霍者条款；

（3）信托文件规定特拉华州法律为信托法律关系的适用法；

（4）委托人至少选择一名特拉华州受托人。

在其他离岸地，虽然法律多未进行类似的规定，但家族信托的文件中却往往出现与以上四项相类似的条款。这是因为这四项条款在几乎所有离岸地法律下都有助于提高信托财产的安全性。

实践中，特拉华财产保护信托的主要内容如下：

第一部分，信托目的和安排综述。信托协议将描述信托目的以及信托的大致安排（信托运行各个阶段各信托当事人的主要权利和义务），以便为条文的解释提供依据。

第二部分，受托人的权利。本部分将详细列举受托人在信托中拥有的权利，一般会长达数十项。

第三部分，受托人的义务、义务限制与免除。包括受托人的谨慎投资义务、忠诚义务等。对于在家族控制下进行的所有交易，受托人的义务受到相应的限制与免除。

第四部分，权利保留条款。特拉华立法规定，委托人可以保留多项权利，包括决定信托的投资和撤换受托人等。信托协议中也可以规定保护人、投资顾问，以行使相应的权利。

第五部分，与受托人相关的一些条款。如继任受托人的指定、受托人的替换、受托人的空缺填补、受托人辞任、受托人的报酬、受托人管理信托的具体义务、受托人裁量权的范围和行使规范。

第六部分，信托财产和信托法律适用。

第七部分，信托的税务安排。

第八部分，挥霍者条款。

第九部分，不可撤销信托。

第十部分，定义和其他。

三、世界主要离岸地信托

（一）根西岛信托

根西岛（Guernsey）信托法编制于 1989 年，更新为 2007 年版后大致与盎格鲁—撒克逊条款一致。根西岛的信托文件均为英文，当地信托没有注册要求，设立信托无须费用，除了居留信托（即受益人为居住在当地的人），无须年度报告费用。必须持有信托账户，但无须审计。根西岛信托存续期的最高年限为 100年，当地法律不认可国外判决，且可以否决国外法律中的法定继承权条款。

当信托受益人未居住在当地时，无论其收入是否分配，国外收入均享有根西税收及根西银行收益的完全豁免权。尽管通常情况下直接向受益人进行征税，但是，对于受益人居住在根西岛的，可能会根据信托收入对信托的受托人征税。

就国际信托而言，用非当地居民的受托人取代根西受托人有可能改变信托的适用法律，从而有可能将根西信托法迁到国外；同样，建立在其他辖区的信托，通过委派根西岛当地受托人也有可能将信托移至根西岛。尽管当地信托无须审计，非当地居民信托的受托人无须提交收益报告或将信托账户提交给所得税监管员，但仍需设立信托账户，并对其进行维护。

标准的根西岛信托有一些特殊的条款允许委托人保留对财富或资产的控制权，使用的架构包括私人信托公司（PTC）或目的信托，给予委托人更大的控制权——他们能同时列席 PTC 的董事会，也能行使目的信托控制权，他们才是 PTC董事会的最终权威。具体见表 9 - 1。

表 9 - 1　　　　　　　　　　根西岛的信托简介

	概况
架构类型	信托
法律类型	根西岛 2007 年信托法
建立信托所需时间	没有时间限制

续表

概况	
最低政府费用（不包括税收）	无，根西岛的居民有责任就其全球收入纳税
国外收入课税	无
是否签订免双重征税协定	是
信托资产	
标准货币	英镑
允许资产	任何币种，取决于信托条款
是否对信托资产限制	无，取决于信托条款
受托人	
独立法人最低人数	一个根西岛信托必有两个受托人
公司法人最低人数	否
公众访问记录权限	否
会议地点	取决于受托人所在地点
受益人	
最低人数	至少一个可指认人士
公众访问记录权限	否
委托人和受托人可否成为受益人	是
账户	
准备要求	受托人必须保持其托管的准确账目及记录
审计要求	无，除非信托条款另有规定
提交账户要求	否
公众访问账户权限	否
年度要求	
年度审计	不需要
其他	
提交年度报表要求	否
是否允许迁册	是，前提是信托条款允许法律改变

资料来源：谢玲丽等. 家族信托——全球视野下的构建与运用［M］. 广州：广东人民出版社，2015.

（二）英属维尔京群岛信托

英属维尔京群岛（British Virgin Island，BVI）信托条例于 1961 年创建，随后 1993 年的受托人修正案（Trustee Amendment Act，1993）和 2003 年的受托人修正案（Trustee Amendment Act，2003）对其进行了更新。

BVI 信托法主要有以下特点。

（1）BVI 信托在没有 BVI 居民作为受益人和没有 BVI 资产的情况下是免税的。信托的受益人可以是自然人、法人或者其他法律组织。为使信托有效成立，必须有确定的或者可以确定的信托受益人。因此，委托人可以指定将来出生的婴儿或将来成立的法人为信托受益人。

（2）信托的适用法律可以由信托文件进行约定，在没有约定的情况下，如果受托人位于 BVI，则信托由 BVI 法律管辖。

（3）信托可以迁入或者迁出 BVI，只要接收国的法律承认 BVI 信托的合法性。

（4）目的信托可以被许可，但受托人必须有一个 BVI 的居民。

（5）"保护人"明确被允许，但他们的权利也被明确定义。保护人享有以下权力：决定该信托的准据法；改变信托的管辖地；解聘或聘任受托人；解除或增加信托受益人；拒绝同意受托人的某项特定行为。

（6）特留份继承权被明确排除。

具体如表 9 - 2 所示。

表 9 - 2　　　　　　　　　　　　　英属维尔京群岛的信托简介

概况	
架构类型	信托
法律类型	普通法
建立信托所需时间	2 ~ 3 天
最低政府费用（不包括税收）	印花税 200 美元
是否签订免双重征税协定	否
永久所有权期限	360 年，有个别例外
信托资产	
标准货币	美元
允许资产	任何币种，取决于信托条款
最低资产要求	大约 100 美元
受托人	
独立法人最低人数	最少一个受托人（公司或者个人）。其他特殊要求取决于 VISTA 信托和非慈善目的信托的特殊要求
公司法人最低人数	否
公众访问记录权限	否
会议地点	任何地方
保护人	
是否允许	是
持有专业资格	可选
信托合同	
公众访问权限	否
账户	
准备要求	是
审计要求	否
提交账户要求	否
公众访问账户权限	否
年度要求	
年度审计	不需要
其他	
是否允许私人信托公司	是

资料来源：谢玲丽等．家族信托——全球视野下的构建与运用 [M]．广州：广东人民出版社，2015.

（三）开曼群岛信托

开曼群岛的信托立法有 2011 年《信托法》、2013 年《银行和信托公司法》和 2013 年《私人信托公司法》。2009 年修订的《保密关系法》规定，泄露客户信息将构成刑事犯罪，这有利于对家族信托的委托人和受益人隐私的保护。

开曼群岛典型的信托形式有全权信托（discretionary trust）、固定收益信托（fixed interest trust）、慈善信托（charitable trusts），特别信托替代制度（special trust-alternative regime）、豁免信托（remitted trust）等。

与其他离岸司法管辖区的法律结构相比，开曼群岛的 STAR 信托有很大的优势。STAR 的另外一个特点是，如果委托人在设立信托时援引 STAR 法条，则 STAR 适用的对象可以是为了人的信托、为了目的的信托，也可以是为了人和目的的混合信托。在这点上，开曼群岛具有明显的优势，因为其他司法管辖区的信托只能是为人设立或为目的设立，而不能同时为了人和目的设立。STAR 的该特点可以避免因信托是为人设立还是为目的设立而产生的诉讼。

开曼群岛信托简介如表 9 – 3 所示。

表 9 – 3   **开曼群岛的信托简介**

概况	
架构类型	信托
法律类型	普通法
建立信托所需时间	2 ~ 3 天
最低政府费用（不包括税收）	印花税 40 开曼元
是否签订免双重征税协定	否
永久所有权期限	150 年，有个别例外
信托资产	
标准货币	美元
允许资产	任何币种，取决于信托条款
最低资产要求	大约 100 美元名义金额
受托人	
独立法人最低人数	1 个受托人。取决于 VISTA 信托的特殊要求和一些诸如特许互惠基金的特殊单位信托，受托人可以是开曼群岛私人信托公司、外国公司或者个人
公司法人最低人数	否
公众访问记录权限	否
会议地点	任何地方
保护人	
是否允许	是
持有专业资格	可选
信托合同	
公众访问权限	否

续表

账户	
准备要求	是
审计要求	否
提交账户要求	否
公众访问账户权限	否
年度要求	
年度审计	不需要
其他	
是否允许私人信托公司	是
法定继承人	不适用

　　资料来源：谢玲丽等．家族信托——全球视野下的构建与运用［M］．广州：广东人民出版社，2015．

（四）列支敦士登信托

　　列支敦士登作为金融离岸地之一，其商业实体的最大特点是有很大比例的法人实体在列支敦士登注册，但在国外运营，这些实体包括资产管理公司、信托公司和基金会。

　　《列支敦士登法人和公司法》为该国商业和金融活动奠定了基石。该法最近一次修订是在2008年。股份公司的法定股本要求为50 000瑞士法郎，非股份公司的法定资本要求为30 000瑞士法郎。在列支敦士登成立公司，最少需要一名股东、一个管理机构（董事会、经理或者其他相关人员）和一名公司秘书，秘书可以是公司法人或者任何国籍的自然人，允许设立公司董事。

　　列支敦士登是欧洲大陆唯一一个主要采用了盎格鲁—撒克逊信托立法的大陆法系辖区。列支敦士登有成文的信托法，包含在《列支敦士登法人和公司法》内。

　　信托的设立须在委托人及委托人间达成书面协议，或以委托出具书面信托宣言再辅以委托人接受委托的书面声明。信托文件不必包含受益人的姓名。在列支敦士登设立信托通常不需要登记，只需将信托文件存储于公共注册处，其信息不会向公众开放。

　　列支敦士登法律允许已设的信托作相关变更，但需要信托文件的明文规定。此外，还需要经过列支敦士登最高法院的法外程序。

　　具体简介如表9-4所示。

表9-4　　　　　　　　　　列支敦士登的信托简介

概况	
实体类型	信托安排
法律类型	民法（推行来源于英国、美国、法国的信托概念）
建立信托所需时间	大约1周

续表

概况	
最低政府费用（不包括税收）	200 瑞士法郎（包括关税大约 700 瑞士法郎）
国外收入课税	只需要支付最低的企业所得税（1 200 瑞士法郎）
是否签订免双重征税协定	是
信托资产	
标准货币	瑞士法郎、美元、欧元和其他可接受的通用货币
允许资产	瑞士法郎、美元、欧元和其他可接受的通用货币
是否对信托资产限制	无限制
受托人	
如为自然人，最低人数限制	1 个
如为法人，最低数量限制	无
是否要求有当地受托人	无
公众访问查阅记录	无
会议地点	推荐在列支敦士登举行会议
保护人	
是否需要	可选
持有专业资格	可选
信托契约	
公众访问账户权限	否
其他	
特留份继承权	不适用
是否允许迁册	是，取决于信托契约

资料来源：谢玲丽等．家族信托——全球视野下的构建与运用［M］．广州：广东人民出版社，2015.

（五）库克群岛信托

库克群岛是首个为现代信托资产保护立法的国家，这在国际金融领域已成为众所周知的事实。1984 年，库克群岛颁布了《国际信托法案》。

库克群岛的信托由法律提供不同层面的保护，使得置入其中的财产免受一些无法预见的威胁和攻击。这些保护具有以下特点。

（1）不承认、不执行外国判决。

（2）针对信托的关于欺诈转让而发起的诉讼，其诉讼时效为 2 年。诉讼必须在转让行为开始的 2 年内提起。

（3）采用超越"合理怀疑"的更高标准举证责任。

（4）库克群岛信托也有其他配套的相对灵活的房地产和税收计划，以及隔离计划，即资产为专业的企业受托人所有并进行管理，囊括了多样化的投资计划和管理机遇。

库克群岛除了有完善的保护信托的法律法规以外，还有一些颇具特色的法律机制与之配合，如有限责任公司、专属保险等。具体简介如表 9-5 所示。

表 9 – 5 库克群岛的信托简介

概况	
实体类型	信托
法律类型	普通法，1984 年国际信托法
建立信托所需时间	2～3 个工作日
最低政府费用（不包括税收）	310 美元
是否签订免双重征税协定	无
国外收入课税	无
信托资产	
标准货币	美元
允许资产	任何币种
是否对信托资产限制	无限制
受托人	
独立法人最低人数	1 人
公司法人最低人数	1 人
是否要求有当地受托人	是
公众可否查阅记录	否
会议地点	任何地方
保全	
是否需要	可选
持有专业资格	可选
信托契约书	
公众可否访问	否
账户	
准备要求	受托人必须保存收入、资产、配额和转账记录
审计要求	否
公众访问账户权限	否
其他	
法定继承权	否
是否允许迁册	是

资料来源：谢玲丽等. 家族信托——全球视野下的构建与运用 [M]. 广州：广东人民出版社，2015.

　　家族信托的设立与构建，是一个复杂的系统工程。对内，需要考量委托人的情况，尽量满足委托人的合理合法意愿，协调信托各方当事人的权利义务；对外，需要对信托的大环境有全局性的把握。经济、政治、法律制度等因素，都可能对信托的设立和运作产生重大影响。特别是那些庞大复杂的家族信托，构建过程中的一个疏忽或失误，都可能对整个信托架构甚至家族治理产生损害。

　　鉴于境内信托法律的不完善、不成熟，离岸地以其特有的信托法律制度和税收优惠吸引中国财富家族对设立离岸地的信托，因此，既要对相关制度有充分的了解以甄选出合适的离岸地，又要注意设立的离岸信托能否被承认，是否存在被认定为虚假信托、欺诈转让的风险。

第三节　境内外家族信托的发展趋势

一、英美法系家族信托

（一）英美法系家族信托介绍

家族信托在不同的英美法系国家和地区的发展情况各有差异，这里选择英国、美国和中国香港加以详述。

1. 英国

英国是现代信托制度的起源地，1839 年颁布《受托人法》（the trustee act），针对受托人如何处分、转移信托财产的技术细节加以规范；1925 年颁布新《受托人法》，比较全面地规定了受托人的投资、受托人任命与解任、法院的权力等。

英国的信托业务起源于民事信托，虽然历史悠久，但英国人将接受信托当做一项荣誉和义务，长期实行无偿信托，市场化发展较晚，且经济水平逐渐落后于美国和日本，因此，信托业整体规模不如美、日等国，但总体来说，信托观念已深入人心。在家族信托的发展方面，很多富豪及其家族已通过家族信托来实现财富的保值、增值和传承，甚至英国女王伊丽莎白二世也设立了家族信托，通过第三方机构来管理女王的私有财产。

2. 美国

18 世纪末 19 世纪初，信托制度自英国引入美国后获得极大发展。美国创立信托机构的时间早于英国 80 多年，并完成由个人信托向法人信托的过渡以及民事信托向金融信托的转移，成为世界上信托业最发达的国家。根据委托人的性质，美国将信托分为个人信托、法人信托以及个人和法人混合信托三类，其中个人信托又包括生前信托和身后信托两类。信托根据委托人的要求和财产数量提供专业的信托服务。

美国早期的家族信托与其他类型的信托受相同的法律法规监管，设立方式较为单一。随着各州信托立法的修改，设立和运营家族信托更加容易，有利于委托人实现规划和传承财富的目标。美国著名的洛克菲勒家族、肯尼迪家族、班克罗夫特家族等全球资产大亨都通过信托的方式来管理家族财产，以此来保障子孙的收益及对资产的集中管理。

3. 中国香港地区

中国香港的法律制度属于英美法，其信托法由判例、规例和单行法规组成。有关信托的法规主要有《信托法例》、《受托人条例》、《信托基金管理规则》、《司法受托人规则》、《信托变更法例》、《财产恒继及收益累积条例》以及《娱乐慈善信托》等，其中《受托人条例》和《财产恒继及收益累积条例》分别制定于1934年和1970年，多年来未有重大修改，其中部分条文已不符合现代信托的需要，如专业受托人不能收取服务佣金、反财产恒继原则和反收益过度累积规则等，严重阻碍了中国香港家族信托的进一步发展。因此，中国香港私人家族信托的设立地大多选择在海外离岸岛屿，通过在离岸国家开设子公司（空壳公司）的形式，由家族信托基金拥有子公司100%的股权，并利用子公司控股家族旗下的其他实体公司，以达到管理家族资产的目的。2013年12月1日，中国香港全新的《信托法》正式生效，新规对1934年和1970年的旧例作出了大刀阔斧的改革，包括赋予受托人更大的预设权力，涵盖投保、委托代理人、特许投资和收取酬金，废除两项普通法原则，引入反强制继承权①规则。此次修订使得香港信托具有更高的灵活度和更透明的权责分配，也更能满足委托人的需求。

中国香港受西方发达国家的影响较深，设立海外信托的情况较为普遍，无论是商界大亨抑或是娱乐明星都会设立信托，以使资产得到保护和更好地传承。中国香港富豪邵逸夫生前将大部分资产套现注入邵逸夫慈善信托基金，信托基金同时承担家族信托和慈善信托两种功能，既实现了公益目的，也避免了爆发财产纷争，使财富得到传承。

（二）英美法系家族信托的主要特点

基于家族信托在财富管理及传承方面的诸多优势，在英美发达国家，家族信托制度已经十分成熟。英美法系国家和地区家族信托的主要特点有以下五个方面。

（1）在法律制度方面，英美法通过赋予信托财产"双重所有权"的性质，使信托制度的运作结构有了合理的法律基础。家族信托业务作为英美信托的本源业务，具有完善的法理基础和法律制度支持，同时有着源远流长的传统。

---

① 所谓强制继承权，常见于内地法管辖区，旨在限制立遗嘱人决定如何转移死后遗产的自由。比如，必须把遗产的某一部分预留给妻子或直系亲属的继承人，若这些强制继承人可得的比例无法满足，就会从立遗嘱人生前设立的信托中支取。

（2）在法律具体规定方面，英美法系对家族信托的规定趋于保守，在信托形式上禁止委托人设立"目的信托"，在权利义务上还没有完成由受托人中心主义向董事会中心主义的转变，因此，家族信托尚无法满足所有的家族治理目的。

（3）在受托人性质方面，家族信托的受托人一般不是营业信托机构。起初家族信托的受托人多为委托人信任的朋友或律师事务所，随着家族信托的发展，受托人逐渐由信任的朋友或机构转变为专门设立的"家族办公室"。

（4）在家族信托的功能上，除家族财富管理与传承的基础功能，还多与慈善信托相结合，兼顾家族慈善事业的发展。

（5）在家族信托设立地的选择上，一般选择"离岸家族信托"或者"在岸离岸信托"，以完成其国际化的资产配置目的。

二、大陆法系家族信托

（一）大陆法系家族信托介绍

与英美法系相比，大陆法系家族信托历史较短，这里选取德国、日本、中国台湾地区三个典型的大陆法系国家和地区的家族信托发展状况加以详述。另外，近年来，中国大陆地区的家族信托业务也出现萌芽，并进入初步发展阶段。

1. 德国

德国属于典型的大陆法系国家，信托法渊源不长，直到 19 世纪末才模仿英美等国建立信托制度。在金融经营模式上，德国长期以来实行商业银行混业经营的制度，信托业务主要由银行内部的专业职能部门或其控股子公司负责。德国信托业发展得较为平稳顺利，监管完善，银行功能全面，具有信托业务经营面宽、产品设计贴近普通民众、方式灵活多变等特点。具体到家族信托的发展状况，在信托制度建立之前，德国民间在处理遗产等问题时习惯于选择通晓经济的人当监护人或看护人代为管理。信托制度建立后，将信托分为个人信托和法人信托两种。个人信托业务针对不同客户的个别要求，具有很强的灵活性，包括财产监护信托、退休养老信托、保险金信托、子女保障信托、遗嘱信托、不动产信托、公益信托等不同形式。家族信托属于个人信托业务，被广泛应用于传承和积累家产、管理遗产、照顾遗族生活、保护隐私、慈善事业等领域。

2. 日本

日本的信托制度主要是借鉴美国的信托制度并予以成文化引进的。日本是亚洲最早引入信托制度的大陆法系国家，其健全的法律体系大大促进了日本信托业健康、平稳和快速地发展。1922年日本制定《信托法》，成为规范信托行为和信托关系的基本法规，随后还颁布《信托业法》、《兼营法》等。日本信托的一大特点是，许多创新性的信托业务或产品是根据相关法律法规加以创设的，例如，日本通过《贷款信托法》、《福利养老金保险法》、《继承税法》等法规后，分别出现了贷款信托、福利养老金信托以及财产信托。

在家族信托的发展方面，由于信托制度是继受而来，民众缺乏信托的观念和传统。同时，日本的家族观念很强，家庭财产通常由家长负责管理，若家长亡故，则通常由家族中有威望的亲属代为照看管理，因此，很少将家族事务委托他人管理。这使得日本缺乏家族信托发展的民众基础，只能通过营业信托的发展带动信托观念的培育和发展。目前，日本具有家族信托性质的业务主要集中于财产管理信托，包括生前信托、遗嘱信托和特定赠与信托。

3. 中国大陆

中国大陆信托制度发展较晚，家族信托业务目前尚处于发展和起步状态。海外家族信托的发展早于国内家族信托的发展，目前熟知的设立海外信托的富豪主要有龙湖地产吴亚军、蔡奎夫妇家族信托，潘石屹、张欣夫妇家族信托，牛根生慈善信托、家族信托等。2012年，平安信托推出国内首单家族信托，使得信托公司开始聚焦家族信托业务。被誉为"家族信托元年"的2013年和家族信托迅猛发展的2014年，各大信托公司、私人银行和第三方理财机构纷纷试水家族私人财富管理业务，家族信托得到越来越多金融机构和高净值人士的关注。

4. 中国台湾地区

20世纪60年代，台湾地区为引导民间资本流入投资事业，开始批准设立信托投资公司，信托业开始在台湾地区发展。台湾地区于1996年和2000年分别制定"信托法"和"信托业法"，2001年通过七大信托相关税法的修正案以及信托登记的相关规定，使得与信托配套的其他制度日趋完善。台湾地区的信托机构主要为混业经营的商业银行，针对个人信托业务，强调全方位、全过程的信托服务，对不同的个人或家庭，在不同的年龄段提供不同的信托产品，以满足个人资产保全、资产增值、子女教育、养老等多重目的。台湾地区家族信托的发展早于大陆，近年来，已有不少高净值人士借助家族信托来达到家族财富节税保值的目的。海外家族信托在台湾富豪家族之中的适用也较为广泛，台湾前首富王永庆生前设立海外信托，将多数海外资产放入五个海外信托中，从而避免了无休止的豪门争产。

（二）大陆法系家族信托的主要特点

大陆法系国家没有信托的传统，现代信托制度均由英美法系国家继受而来，因此，信托发展时间较短，就家族信托业务而言，不如英美法国家完善和成熟。大陆法系国家和地区家族信托发展的特点包括以下五个方面。

（1）从法律制度上来看，大陆法系缺乏信托法律传统，很多国家虽然已经出现了具有家族信托业务性质的信托形式，但家族信托还未从个人信托或事务管理型信托中独立出来。

（2）从财产权制度来看，大陆法系"一物一权"与英美法系"双重所有权"的财产权制度还是存在一定不融合的地方，为大陆法系家族信托的发展带来一定障碍。

（3）从受托人性质来看，大陆法系国家对金融行业多实行混业经营，家族信托的受托人多为金融机构。

（4）从功能来看，家族信托的功能还不全面，主要集中在遗产管理、赠与、公益、资产保值等功能。

（5）从法律渊源来看，大陆法系是成文法系，其信托法律以成文法即制定法的方式存在，判例法并不是正式的法律渊源，这与英美法系明显不同。

案例

潘石屹和张欣离岸股权家族信托

SOHO 中国有限公司（前身为北京红石实业有限责任公司）成立于 1995 年，由潘石屹（现 SOHO 中国董事长）和其妻张欣（现 SOHO 中国总裁）联手创建，是一家为注重生活品位的人群提供创新生活空间以及时尚生活方式的房地产开发公司。目前是北京最大的房地产开发商，主要在北京和上海城市中心开发高档商业地产。

2002 年，SOHO 中国为了在海外上市，搭建了红筹架构。潘石屹和张欣夫妇通过私人公司控制了 SOHO 中国（Cayman）股权；接下来，SOHO 中国（Cayman）设立了 7 家 BVI 公司，控制其境内 7 家地产项目公司。其中，潘石屹通过 Boyce（BVI）控制 SOHO 中国（开曼）47.39% 股权，张欣通过 Capevale（BVI）控制 SOHO 中国（Cayman）47.39% 股权，夫妻两人的股权共计 94.78%。此时，潘石屹和张欣分别拥有SOHO中国（Cayman）的均等股权。2005年11月14日，潘石屹将其在Boyce（BVI）的全部股份以馈赠方式转让给张欣。

SOHO中国的信托持股设计模式如下：张欣把Boyce及Capevale（BVI）的全部股份转让给Capevale（Cayman）（特意为成立信托而注册的公司）；紧接其后，张欣把Capevale（Cayman）的全部股份授予汇丰信托。该笔信托属于私人信托，最大的好处就是紧锁股权。比如，张欣在信托条款中设计了信托财产不可撤销条款。而张欣则是该笔信托的授予人、保护人及全权受益人。潘石屹、张欣两人作为Boyce及Capevale（BVI）的董事，通过对其控制，同时实现了资产转移国外和对SOHO中国的控制。具体结构如图9-3所示。

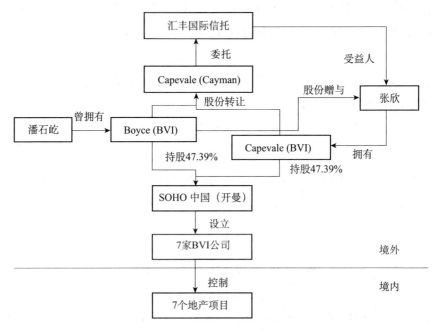

图9-3　潘石屹、张欣家族信托

2007年10月8日，SOHO中国在香港联交所成功上市（股票代码：410），融资19亿美元，创造了亚洲最大的商业地产企业IPO。2006～2012年，SOHO中国6次入选《财富》杂志中文版评选出的"最受赞赏的中国公司"全明星榜。

资料来源：香港瑞丰会计事务所.中国家族信托成功案例解析.http：// www. rf. hk/thustfund/ fortune/37460. html，2015-04-12.

第十章

家族财富管理工具之三：家族基金

第一节 基金与家族基金

一、基金的内涵及类别

（一）基金的内涵

基金有广义和狭义之分。从广义上说，基金是机构投资者的统称，包括信托投资基金、单位信托基金、公积金、保险基金、退休基金以及各种基金会的基金等。从会计角度分析，基金是一个狭义的概念，意指具有特定目的和用途的资金。比如，虽然政府和事业单位的出资者不要求投资回报和投资收回，但要求按法律规定或出资者的意愿把资金用在指定的用途上，因而也形成了基金。

"基金"一词在我国有多种含义，当前最常用的含义是指由基金管理公司或其他发起人发起，通过向投资者发行受益凭证，将大众手中的零散资金集中起来，委托具有专业知识和投资经验的专家进行管理和运作，由信誉良好的金融机构充当所募集资金的信托人或托管人的一种投资工具。这种基金是与股票相对应的一种大众化的信托投资工具，在市场上通常说的"基民"，指的就是投资这种基金的购买者。

因此，基金是一种集合理财的投资工具，严格意义上并不是法人实体，也不是任何机构和组织，但是，在日常的使用中人们还是习惯把基金当作一种机构来看待。一般而言，基金正是通过公募或私募以及政府注资等多种形式，将投资者所投资的资产集合成为一个资产池，通常初始的资产池主要是由现金资产构成，然后被委托的基金管理人可以将这些资产投资于其他货币、股票、债券、期货期权、大宗商品以及诸如房地产、金属等基金章程所规定的具体领域，通过对这些资产的操作实现投资者的目的。

（二）基金的类别

按照投资领域的不同来分，共同基金、对冲基金和家族产业基金是基金中三种最主要的形式。根据组织形式的不同，可划分为契约型基金、公司型基金；根据设立方式的不同，可划分为封闭式基金、开放式基金或半开放式基金；根据投资对象的不同，可划分为股票基金、货币市场基金、期权基金、房地产基金等；根据筹资方式，可划分为公募基金和私募基金。

在下文中，我们所要讲的家族基金中的一大类——家族产业基金，主要是集合在一起为家族产业服务的基金，其筹资来源主要是家族成员或者是家族企业，其投资方向可以是一级市场，也可以是二级市场，投资品种趋向于多元化，比如房地产、艺术品、企业股权、债权以及其他的动产和不动产，但在本书中，我们所重点关注的是家族产业基金用于投资一级市场中所起的作用。

（三）家族基金的界定

家族基金是指资金主要来源于同一家族的多个成员的基金。家族基金主要用于实现家族产业的多元化，分散家族企业的经营风险，实现家族企业的转型升级，加强家族向心力，加强家族联系和交流，实现家族基业长青和有效传承。

广义的家族基金按照其目的分类可分为家族保障基金、家族产业基金和家族公益基金。狭义的家族基金指的是家族产业基金。

如上文所述，家族产业基金主要投资于一级市场，包含家族母基金、天使投资、股权投资、专项产业投资、并购投资、特色产业基金等工具，还囊括二级市场基金，帮助家族企业实现产业链纵向和横向的扩张，实现家族企业发展的多元化和转型升级，加强家族财富抵御风险的能力。家族保障基金一般以家族信托作为主要工具，用于保障家族和子孙后代的基本生活以及教育医疗等事宜。家族公益基金既能帮助家族规避高额的遗产税，又能提升家族企业的品牌，使家族企业实现回馈社会的目的。

从形式上看，不管是以信托形式、离岸公司形式还是以单一户头或银行账户形式存在，都可以统称为"家族基金"。

二、家族基金产生的历史过程

家族基金的产生经历了一个漫长的历史过程。家族内部财富管理机制的出现最早可以追溯到罗马时代。一个家族可以雇用一个管理员，在中世纪就变成了管家，掌握一个家族的财富和商业活动。当家族成员不断增加时，家族的首领和管理者们就意识到保持家族财富的完整性和集中化管理的重要性。

截至19世纪，大多数财富都是以土地的形式存在的。土地作为一种财富保值的固定资产，不易流失，更容易从一代人传承到下一代人。随着经济的发展，土地也是一种良好的增值资产，其价值增长速度远远大于其他一般资产。13世纪初，信托金融工具首现欧洲，用于在家族的扩张和分散过程中传承财富，信托逐渐成为保有财富和传承家业的主要方式。私人银行家通过管理和运作家族信托，成为当时欧洲家族财富管理的重要形式。如今，新的金融工具（基金、股票、债券、衍生品等）的出现，也给家族带来了一种全新的管理和创造财富的方式，家族金融财富得以快速扩张。为服务家族进行多元化资产管理和资本运作，信托基金、私人银行、家族理财室、财富管理人以及其他服务提供商也应运而生。

改革开放以来，中国经济在得到快速发展的同时，涌现出大量的民营企业，进而创造出巨量的家族财富，巨量财富积累之后，一个重要的课题就摆在企业家的面前：如何管理好这些财富使之保值增值并顺利传承给下一代？家族基金作为家族财富管理最主流的工具之一，在家族财富保值增值、传承与规避风险的过程中发挥了不可或缺的作用。

三、家族基金的组织架构与功能

（一）家族基金的组织架构

中国家族企业的传承仍然以传统的"遗嘱"模式来实现家族企业控制权的转移，但家族资产并不等同于个人资产，需要科学的规划和完善的组织架构安排才能实现顺利传承。根据国内外的相关案例来看，家族企业的传承需要利用家族基金做科学的架构安排。

家族理事会由最能代表家族利益的核心成员组成，直系亲属或家族内其他人员作为家族内部沟通的主要平台，通过分离家族决策与董事会决策，实现家族利益与企业利益的平衡。家族办公室由长期服务于家族事务的专业人员或专业咨询管理公司担当；根据家族委员会的要求制定规则；负责家族企业成员的培养；监管各基金运行情况等事务性工作。

家族基金提供信托财产的一方作为委托人；由专业信托公司担当受托人；由委托人指定受益人；信托合同由参与家族经营的主要成员作为执行合伙人；家族其他成员作为一般合伙人；合伙协议负责管理家族企业主营业务，对相关事项进行重大决策，以及主营业务以外的项目投资，如实业、证券投资。

（二）家族基金的功能

家族基金会由家族成员或外聘专业人员作为理事会成员，负责公益性工作，如捐赠资金、建立学校等。这种以家族基金为核心的结构安排能够为家族资产的增值和家族财富的传承打下扎实的基础。

1. 为家族企业传承打下坚实的思想基础

家族委员会的建立能够帮助家族建立坚实的家族治理结构，有利于家族价值观的形成，从而引导家族成员确立家族的价值观。这种统一的家族价值观是家族企业实现代际传承重要的思想基础，对于家族企业能够实现代际传承常常起着决定性的影响和长远意义。

2. 缓和家族矛盾

通过建立家族委员会和家族产业基金，能够从机制上缓和家族成员的内部矛盾，实现家族的长期发展。家族委员会和产业基金可以对家族成员之间的冲突形成两次调解机制：首先可以用内部利益作为调和；其次可以用法律决议机制来进行调和。

3. 保障家族控制权

运用家族基金统一管理企业股权，保障家族控股企业的股权集中度。运用家族基金解决接班人的问题，实现财产所有权与管理权的有效分离。家族产业基金以合伙形式存在，可以用法律手段保障核心企业的整体股权不被分割转让，保障了家族作为整体对家族企业的控制权，如爱马仕集团的家族成员就曾联合起来反对路易威登集团的收购。

4. 保障家族成员基本生活

家族保障基金、家族产业基金和公益基金三种基金的分别设立，使得家族成员的生活和家族企业经营风险隔离开来，家族成员既可以在基本生活与教育上有基本保障（家族保障基金），同时企业又能够通过主业上的发展保证家族的持续繁荣（家族产业基金），在未来，无论家族企业经营好坏，家族的基本生活都能够得到保证，从而有利于家族的持续发展。

5. 有利于家族意愿与企业意愿的统一

通过家族委员会的内部沟通，以及家族基金合伙人的决策，在企业层面，家族的意志通过股东会作出的决策而体现，从而转化为企业意志，实现了家族意愿和企业意愿的统一。

6. 有助于家族企业变革发展

因家族产业基金集中了家族成员股权，成为企业的大股东而具有控制权，未来可根据情况引进合作方、投资方参股家族企业，扩大家族企业影响的领域与范围；同时，还可在世界范围内寻找合适的职业经理人参与企业管理而不必担心管理失控。因此，为家族企业未来进行社会化变革预留了空间。

第二节 家族产业基金

一、家族产业基金概述

家族产业基金即是家族企业用来实现扩张和分散企业经营风险的工具，同时，在家族和企业之间嵌入家族产业基金，可以帮助家族企业实现家族成员所有权和经营权的分离，实现家族企业控制权的集中行使，帮助家族企业隔离家族内部矛盾对企业经营造成冲击的风险。

根据家族产业基金在不同投资阶段的表现形式，可以分为家族母基金、天使投资、股权投资、并购投资、特色产业投资等。家族产业基金通过多元化的基金配置，使用各种基金工具的组合实现家族企业的多种目的。家族产业基金依据不同的组织形式，还可以分为公司制、信托制和有限合伙制。

二、家族产业基金的组织形式

早期的家族产业基金以公司制为主要形式，当时美国的风险投资基金普遍采用公司制。目前公认的第一个家族产业基金——1946 年成立的"美国研究与发展公司"（ARD 公司）就是公司制的家族产业基金。

1958 年，美国中小企业局（SBA）受 ARD 公司的启发及当时发展高科技产业的需要颁布《小企业投资法》，确立了小企业投资公司制度。在此后的 20 年，公司制的风险投资基金风起云涌。目前，因为合伙型家族产业基金的发展，公司制在美国已经不是家族产业基金的主流模式，但世界上其他国家或地区则主要以公司制作为家族产业基金的组织形式。

中国家族产业基金的发展时间比较短，初期更多的是政府层面设立的创业投资基金，其后逐步得到发展，尤其伴随中国资本市场的繁荣，家族产业基金在中国迅速成长，其组织形式也逐步多元化，信托制、有限合伙制家族产业基金纷纷涌现，但迄今为止公司制仍是家族产业基金最常见的组织形式，尤其对于创业投资基金而言，公司制比有限合伙制和信托制具有更普遍的意义。

（一）公司制家族产业基金

1. 公司制家族产业基金的设立

公司制企业是一个法人团体，其产权分属投资者即股东，股东享有公司剩余索取权。公司的典型特征是有限责任制，即公司的股东仅以出资为限对公司的债务承担有限责任，而超出出资的债务股东不再负责。公司的治理结构包括股东大会、董事会和监事会，股东大会是公司的权力机构，董事会是公司的执行机构，监事会是公司的监督机构。

鉴于公司制的有限责任特征，大多数国家法律在出资人数、出资金额、出资方式等方面都对公司尤其是股份有限公司的成立做出了较为严格的要求。我国于2006年1月1日起实施的新《公司法》规定，有限责任公司由50个以下股东出资设立，注册资本的最低限额为人民币3万元。根据我国《关于建立风险投资机制的若干意见》的规定，风险投资公司采取有限责任公司、股份有限公司等形式并积极探索新的运作模式，允许风险投资公司运用全额资本金进行投资。

公司制家族产业基金是目前我国家族产业基金中最常见的组织形式。在该经营模式中，基金的管理者通过设立有限责任公司或者股份有限公司，或者间接地以控制子公司的方式设立公司，其主营业务为未上市企业股权投资。它通过合同捆绑的方式来规范投资行为并保障资金的安全，即由投资人出资设立的投资公司与家族产业基金管理人出资设立的投资管理公司共同签订《投资管理合同》，其中规定了投资管理公司发掘、筛选和评估拟投资项目，投资与管理确定的项目，并向投资人汇报投资回报率等财务状况。同时，为了通过银行对投资管理公司资金运用的监督来保证投资基金的安全，需要签订投资公司、投资管理公司和银行三方的《投资账户托管协议》。

公司制基金的设立在程序和组织结构上需符合《公司法》的要求，基金的运作比较正式和规范。但这种方式过于僵化，例如资本金的出资与实缴形式、吸收资金的种种不便等。同时，公司制下的家族产业基金有一个显著的缺点，即需要以公司的名义缴纳企业所得税等各种税费，公司股东还要以个人名义对从基金公司中取得的分红缴纳个人所得税。此外，由于公司制私募基金的所有投资人都是股东，对基金的运作、经营和管理有同等权利，这使得股东的退出或加入都必须通过召开股东会讨论决定，不利于基金的稳定。

公司制家族产业基金的组织结构如图10－1所示。

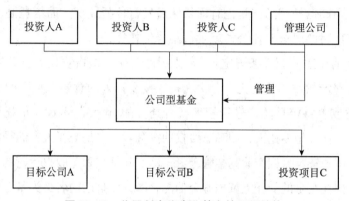

图10－1　公司制家族产业基金的组织结构

2. 公司制家族产业基金的特点

（1）业务为高度不确定的资本经营。家族产业基金的业务主要是寻找高成长的企业并进行投资，以及提供投资后增值服务和寻找退出途径。该类业务不像一般的生产型或服务型公司，其产品或服务集中在某一个领域，在经营过程中原则上不会出现大的偏离。家族产业基金并不局限于一个行业或是领域，而是涉及多个行业或领域的研究和经营。因此，家族产业基金的业务是具有高度不确定性的资本经营。

（2）从业者均为专业精英。家族产业基金的跨行业投资和经营特性要求其从业人员具有基础的财务、法律等知识背景以及某些行业背景，同时需要从业人员具有高度的学习能力、沟通能力、应变能力，综合能力和素质要求非常高。家族产业基金的人数要求不多，一般由投资分析师、投资经理和公司负责人组成，因此，私募股权基金基本是精英人员的组合。

（3）投资人人数不会过多。公司制家族产业基金相比有限合伙或信托型家族产业基金而言，除股份有限公司之外，公司制家族产业基金的投资人会直接参与公司的经营管理。虽然同时也外聘职业经理团队，但资合和人合的双重要求使得公司制私募股权基金的投资人人数不会太多。

（二）信托制家族产业基金

近年来，以信托平台作为私募融资的途径越来越受到关注。所谓信托制基金，实际上是一种通过信托投资公司发行集合资金信托凭证，用募集到的资金投资于未上市企业进行股权投资和提供经营管理服务的利益共享、风险共担的集合投资制度。该模式与当前信托投资公司发行的集合资金信托产品的区别是：当前发行的集合资产信托产品都是先有项目然后发行信托凭证，而信托制基金的模式是先前没有项目的时候信托公司就发行集合信托凭证。

我国《信托法》第2条规定："本法所称信托，是指委托人基于对受托人的信任，将其财产权委托给受托人，由受托人按委托人的意愿以自己的名义，为受托人的利益或者特定目的，进行管理或者处分的行为。"因此，信托制基金一般包括三个主体：一是委托人，即私募股权的投资者；二是受托人，即受托运营投资者资金的主体；三是家族产业基金管理者，即实际管理私募股权运营的主体。在实际操作中，信托基金的受托人依据基金信托合同，以自己的名义为基金持有人的利益行使基金财产权，并承担相应的受托人责任。一般地，信托型基金可以利用一家信托投资公司作为受托人发行信托，然后该信托投资公司聘请外部投资顾问公司作为家族产业基金的实际管理人，或者自己直接作为基金的实际管理人。

信托资金往往是一次性募集，降低了信托制基金由于后期资金不到位而遭受损失的风险。但与此同时，由于家族产业基金业务运作时需要根据每个具体项目投资进行资金的分阶段投入，信托制下募集的资金可能出现暂时闲置现象。

信托制基金的组织结构如图 10-2 所示。

（三）有限合伙制家族产业基金

1. 合伙制

合伙制是指两个或两个以上的合伙人共同投资并分享剩余、共同监督和管理企业。合伙制的特征是多个合伙人共同投资、共同经营和管理企业、共同分享利益和风险。

合伙企业分为普通合伙企业和有限合伙企业，普通合伙企业由普通合伙人（general partner，GP）组成，合伙人对合伙企业债务承担无限连带责任。有限合伙企业由普通合伙人和有限合伙人组成，普通合伙人对合伙企业债务承担无限连

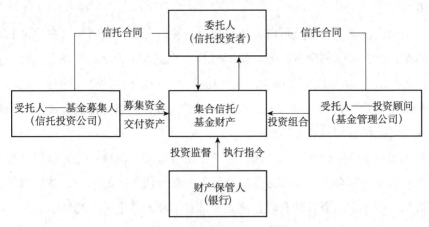

图 10 - 2　信托制基金的组织结构

带责任，有限合伙人（limited partner，LP）以其认缴的出资额为限对合伙企业债务承担责任。一般情况下，有限合伙人是有限合伙的主要出资人，并不参与合伙的经营管理，也不能对外代表合伙组织。而普通合伙人一般是合伙企业的执行人，具有特殊的管理才干，负责合伙组织的经营管理。有限合伙企业中的这种角色和分工使得资金与专业才能相结合，而这一点正与私募基金的特征相符合。

2. 有限合伙制与家族产业基金

有限合伙制在世界上是家族产业基金最受欢迎的组织形式，其原因主要有以下三个方面。

（1）可以更好地解决投资者与管理者之间的委托代理问题。普通合伙人负责基金的运作管理，除了收取管理费外，依据有限合伙的合同虽然只占 1% 或 2% 的出资额但一般享受 20% 的利润，同时要对基金的债务承担无限责任。而有限合伙人是家族产业基金绝大部分的资金来源提供者，但并不参与日常管理工作，并且仅以其出资额为限承担债务。这种组织形式使得基金的运作权责明确，比较好地解决了企业中普遍存在的约束——激励机制问题。

（2）资本制度灵活。有限合伙制家族产业基金最为突出的特点是具有灵活的资本制度，主要体现在五个方面。

一是有限合伙制基金的法定内容较少，比较自由，能够兼具组织实体和合同自由的双重优势，可以通过合伙协议灵活地约定合作内容与经营方式。例如，可以根据基金管理人（GP）的投资经营效益，在协议中约定灵活的分配方法，如收益提成、执行合伙事务的报酬等，从而有效地设置激励措施，调动基金管理人的积极性。

二是由于合伙人的数量可以为 2～50 个，使得有限合伙制基金在保证私募性质的同时，具有较强的融资能力。我国《合伙企业法》第 61 条规定，有限合伙企业由 2 个以上 50 个以下合伙人设立（法律另有规定的除外）。同时，我国《合伙企业法》规定，普通合伙人可以以劳务形式出资，这符合普通合伙人作为基金管理人主要提供管理服务的特点。

三是明确了不同合伙人的资格，保证了基金管理人的独立性。有限合伙人制家族产业基金的基金管理者作为普通合伙人负责合伙事务的执行，并获取执行事务的报酬。而作为出资方的有限合伙人通常并不涉及基金事务的具体工作。

四是有限合伙制基金的合伙份额转让较为灵活，能够满足基金份额转让的要求。按照我国《合伙企业法》第 73 条的规定，有限合伙人向合伙人以外的人转让其在合伙企业中的财产份额时，其他合伙人没有优先购买权，只要提前 30 日通知其他合伙人即可。

五是合伙企业税后利润的分配没有限制，这符合私募基金运作的需要。根据我国《合伙企业法》第 18 条、第 33 条和第 69 条的规定，合伙人利润分配额度无限制，由合伙协议约定，无须强制提留公积金、准备金。有限合伙人制基金可以实现税后利润 100% 的分配，这符合家族产业基金高风险、高回报、高分配的需要。

（3）具有税收优惠制度。在美国，有限合伙企业可以同时享受有限责任制的有限责任（对有限合伙人）和合伙人制的税收优惠。即：有利润时合伙组织并不承担所得税，所以没有二次交税的情形；有亏损的时候，合伙人可以将此亏损用于扣抵其他收入而达到合法避税或合法减税的目的。

我国《合伙企业法》第 6 条采用了国际普遍做法，规定合伙企业的生产经营所得和其他所得由合伙人分别缴纳所得税，即合伙企业在企业层面不需要缴纳所得税，只需在合伙人层面一次纳税。因此，有限合伙制家族产业基金的纳税环节少，税负较低，适合家族产业基金作为专业投资基金的特点。

有限合伙制基金的组织结构如图 10 - 3 所示。

三、家族产业基金的投资流程及管理

（一）项目定位与选择

所谓项目定位，就是站在家族产业基金管理团队的角度，结合基金管理团队

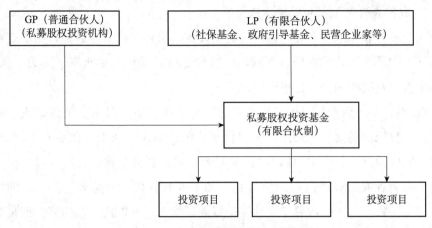

图 10 - 3　有限合伙制基金的组织结构

以及一些基金投资者的专业背景、个人特长、行业认知、风险偏好等因素，对于拟投资的项目有一个基本的范围限定。家族产业基金在开始投资之前应该有一个清晰的项目定位。项目团队在项目定位的指导下，有效地选择符合自己定位的项目，以提高项目选择的效率。

为了降低风险，家族产业基金会考虑投资组合，尽量将多个投资项目放在不同的投资领域，以减少项目之间的关联性，避免"将所有的鸡蛋放在同一个篮子里"。多元化的项目定位能够有效地降低家族产业基金的风险。同时，一只家族产业基金的项目定位不是一成不变的，基金的投资风格也会随时间的改变而发生改变。项目定位应依据时代的发展、投资热点的转移和不同行业的发展态势及状况等适时进行修正。一般来说，家族产业基金选择目标企业的基本标准包括以下四个方面。

1. *所经营业务有巨大的市场前景和行业成长潜力*

无论是民间资本还是政策支持都指向上述优势行业。相比其他企业，投资者更为关注行业"领头羊"——每一个细分行业的佼佼者（即使是通过并购等手段在某些方面成为第一名），概括来讲即为"两优"——优势行业、优秀企业。其中，优势行业是指新兴的、受到各方关注的、有国家支持的、有发展空间的行业；而优秀企业是指在优势行业中具有核心竞争力和成长性、细分行业排名靠前的优秀企业，其核心业务或主营业务要突出，企业的核心竞争力要突出，拥有超越其他竞争者的能力。在选择的顺序上，按照"先选赛道、再选选手"的思路，投资机构通常会先确定投资行业及领域，然后再寻找其中的优势企业。

2. 有优秀的领导人和管理团队

从表面上看，家族产业基金进行的是技术、项目的投资，但归根结底是对核心领导人物及其团队的投资。管理团队特别是核心领导人的水平、能力、信念、道德水准，直接影响到项目投资的成败。

PE界有一句话十分流行，投资只有三个标准：第一是人，第二是人，第三还是人。投资就是投人、投团队。但什么样的团队是优秀的标的呢？不同的PE会有不同的偏好，但就国内知名PE掌舵者普遍的意见归纳，我们可以得出值得投资的创业者或创业团队起码应该具备如下四种特质：一是大气的人，胸怀宽广；二是一根筋的人，执着专注；三是好面子的人，负责任、敢担当；四是清醒的人，审慎、明白、有分寸。

3. 具有高成长性

对于家族产业基金来说，高成长性意味着退出的高收益。可以说，成长性是家族产业基金的关键，没有成长性，就没有投资的价值可言。成长性最重要的指标是净利润增长率。一般情况下，私募股权机构对企业净利润增长率的要求会很高，保底线为30%（与创业板上市要求吻合），高于30%的居多。

4. 有较好的回报预期

由于不像在公开市场那么容易退出，家族产业基金对预期投资回报的要求比较高，至少高于投资于其同行上市公司的回报率，有的外资投资人还期望投资者有"中国风险溢价"，要求25%～30%的年投资回报率是很常见的。我国创业板首批上市的28家公司，平均静态市盈率超过110倍，平均涨幅高达106.23%，为一批家族产业基金机构带来了巨大的造富效应。

（二）尽职调查

尽职调查也称审慎调查，指在家族产业基金投资过程中投资方对目标公司的资产和负债情况、经营和财务情况、法律关系以及目标企业所面临的机会以及潜在的风险进行的一系列调查。

这些调查通常委托律师、会计师和财务分析师等独立的专业人士或机构进行，从而决定是否实施投资。一般来讲，专业机构所做的尽职调查包括财务尽职调查、税务尽职调查、业务尽职调查和法律尽职调查等。但事实上，正如事务所对上市公司的审计存在偏差一样，专业机构所做的调查流于形式的情形也屡见不鲜，因此，很多家族产业基金在聘请专业机构进行调查前还是喜欢先派出自己的人员对目标企业进行摸底。

　　与项目选择阶段的初步研究筛选以及行业与公司研究不同，尽职调查是由第三方或者第三方与家族产业基金联合对拟投资项目进行的调查，调查形成的尽职调查报告具有一定的法律效力。

　　尽职调查的目的是使家族产业基金尽可能地发现有关它们要购买的股份或资产的全部情况。从这个角度来说，尽职调查也是风险管理。对家族产业基金来说，投资存在着各种各样的信息风险，诸如目标公司过去财务账册的准确性、投资后目标公司的主要员工、供应商和顾客是否会继续留下来、是否存在任何可能导致目标公司运营或财务运作分崩离析的义务等。因此，投资方有必要通过实施尽职调查来补救买卖双方在信息获知上的不平衡、不对称。一旦通过尽职调查明确了存在哪些风险和法律问题，投融资双方便可以就相关风险和义务应由哪方承担进行谈判，同时买方可以决定在何种条件下继续进行收购活动。

　　实际上，家族产业基金的尽职调查有两个作用：一是了解企业的真实状况，包括企业的过去、现在和将来，是企业现实和潜在趋势的汇总；二是根据调查结果做出投资判断，包括判断是否符合投资原则、预测企业发展前景、评估企业价值、评估潜在的交易风险等。

（三）投资建议书和决策程序

1. 投资建议书

　　有了尽职调查小组提供的具有较高第三方法律效力的尽职调查报告以后，家族产业基金经营管理团队应该兵分两路：一路是对内，统一思想，向投资委员会建议进行投资；另一路是对外，开始与拟投资项目方进行沟通谈判，落实家族产业基金的细节。当然，这些都是建立在准备对项目进行投资的基础上。

　　为了向投资委员会建议进行投资，基金管理团队需要拟订一份投资建议书，并尽量制作成 PPT 文件，准备在召开投资项目表决会议时向投资委员会进行说明。家族产业基金经营管理团队应结合该建议以及尽职调查报告的项目总体评价、风险提示、交易框架等内容，形成一份完整的新的投资建议书。投资建议书的内容应该包括项目主要信息、总体评价、风险揭示、交易框架设计、资本退出规划设计五个部分。投资建议书的篇幅应该简明扼要，3 000 字左右即可，制作成 PPT 文件大约 20 幅，能够在 30 分钟内讲述完毕。具体内容包括以下五点。

　　（1）项目主要信息。实质是对商业计划书、尽职调查报告的重要信息的复述。主要包括项目背景与团队介绍、组织结构与持股比例、产品与服务、市场需求分析、市场前景预测、主要固定资产和经营设施、盈利模式与财务分析、融资计划与使用方案等。

（2）项目总体评价。主要包括项目投资后的财务分析、盈利预测、行业展望、指标分析（包括净现值 NPV、内部收益率 IRR、投资回收周期、净现金流量等）、不确定性分析（包括盈亏平衡分析、敏感性分析等）等，得出公允评价、评级或评分（比如百分之分值）。

（3）项目风险揭示。主要包括财务风险、市场风险、技术与知识产权风险、政策风险、法律风险等，务求客观真实。风险揭示不等于希望放弃投资，正是由于对风险的充分预见，可能更加促使投资委员会决定投资。

（4）交易框架设计。划定股份交易时建议的股份单价、股份数量、股份比例的区间，即投资的上限和下限。设计风险控制措施与分期投资阶段、激励计划、入资方式、法律变更、行使股东权利的规划、管理人员派驻等。交易框架设计要有一定的弹性，便于投资委员会决策，也方便与项目融资方的沟通和谈判。

（5）资本退出规划设计。主要包括资本退出的方式设计、退出时间规划、预备方案设计（主要为股份回购）、资本退出时成本支出与收益预测等。资本退出规划设计也需要有一定的弹性，以显得更加客观、公正、可行。

2. 投资决策委员会审批

投资建议书撰写完毕，并制作好 PPT 文件，可以适时通知投资决策委员会，召开项目投资决策会议，对拟投资的项目进行表决。

投资决策委员会一般为 5~7 人（已知最多的决策委员会的人数为 12 人），主要由家族产业基金的高级管理人员（如 GP 合伙人、基金经营管理团队的负责人）和外部行业专家构成。有些投资机构里，投资决策委员会成员还包含了出资额较大的前几名出资人。

（1）决策程序。

第一，项目陈述。由家族产业基金经营管理团队的拟投资项目小组负责人——项目经理进行项目陈述，陈述的内容即投资建议书内容，辅助必要的 PPT 文件演示，并论及尽职调查的过程和调查小组成员构成，使投资决策委员会对于项目的接洽过程也有足够的了解。

第二，项目答辩。投资决策委员会在听取了项目经理所做的项目陈述之后，就所关心的问题和不明白的问题向项目经理提问，项目经理作进一步阐述。

第三，磋商。在听取项目经理的陈述和答辩之后，投资决策委员会应该进行一个内部的磋商和沟通，项目经理应该回避。当然，在此过程中，可能就关心的重点问题与项目经理作进一步交流。

第四，投票表决。投资决策委员会每一位委员都有赞成投资、反对投资和弃权的权力，经过充分商讨后作出自己的表决。

（2）决策机制。投资的决策机制就是比较最后的投票结果。一般来说，家族产业基金一般会采用比较保守的方式，需要2/3的人通过，才能确定投资。

当然，不同的家族产业基金有不同的决策制度，比如，有些家族产业基金就规定，投资决策委员会主任委员有一票通过权，但在投资金额特别巨大（超过一定数额）时不能采用或在使用次数上有限制。

（3）投资决策委员会的过程记录。投资决策委员会成员一般情况下无须对投资决策意见造成的损失承担责任，除非投资项目的投资决定由投资决策委员会使用特别程序通过（如一票通过权）。

但为保证每个委员对项目的意见得到完整记录，对投资决策委员会每一步程序、每一步程序中每个人的言论都应当记录在案并经当事人核对后签字确认，由投资管理部备案。

（4）投资决策委员会成员的增减规定。经过全体 LP 和 GP 的共同推举，可以对投资决策委员会的成员进行增减，但是，为了保证投资决策委员会成员独立性不受到任何侵害，对增加的委员必须有充分的依据证明该委员有能力履行投资决策委员会成员的权利和义务，对减少的委员必须有充分的证据证明该名委员已丧失履行投资决策委员会成员权利和义务的能力或者在过去的投资决策委员会中未保持中立、专业和勤勉的操守。

四、家族产业基金的退出

（一）首次公开上市

首次公开上市（IPO）是指被投资企业成长到一定程度时，通过在证券市场首次公开发行股票，将私人权益转换成公共股权，在上市后的一段时间内，家族产业基金管理者逐步抛售手中股票，实现资本回收和增值。由于股票上市可以为家族产业基金家创造巨大的造富效应，因此，首次公开上市是最理想的退出方式。

目前国内家族产业基金采取的上市退出渠道，按发行地点可以划分为境内上市和海外上市；在具体操作方式上，又可以分为直接上市、买壳或借壳上市以及红筹模式等。

（二）产权出售——并购、回购等

家族产业基金的另一种重要的资本退出方式是产权出售。通过公开上市的方法需要的周期很长，再加之家族产业基金机构在 IPO 后还要经历一段"锁定期"，因此，产权出售便成为私募股权资本退出的另一条好的途径。常见的产权出售方式包括财务性股权转让、管理层收购（MBO）、企业并购（M&A）以及产权交易所挂牌上市和柜台交易四种。

（三）破产清算

破产清算（liquidation）是家族产业基金各方最不愿采用的一种方式，也是投资失败后最无奈的退出方式。因为家族产业基金自身的高风险性，不是每一笔家族产业基金都能以 IPO 或企业产权出售的方式退出。当投资企业成长缓慢或者市场出现较大波动，使得项目成功的因素不再成立时，破产清算可以保证收回一定比例的投资额，减少继续经营的损失，使得家族产业基金的损失最小化，并及时为下一个项目做好资金准备。

同其他退出方式相比，破产清算耗时较长，要通过烦琐的法律程序，因此，退出成本较高。而更让投资机构不愿意采用破产清算这种方式的，是因为它会向市场传递一种不好的信号：该投资机构筛选项目能力较差。这种信号会给 PE 投资机构在下一次融资带来阻碍。

第三节　家族保障基金

家族保障基金是独立运作的，用于保障家族成员及子孙后代生活、教育等需求的基金。由于家族信托的保密性、资产保障和税务筹划等重要功能，信托架构和家族保障基金的目的高度契合，设立信托架构成为成立家族保障基金的一种主要形式，目前世界上绝大多数家族保障基金采用信托架构。

一、家族保障基金的功能

（一）信托财产与委托人破产风险隔离

信托一经有效设立，作为信托财产的财产权就从委托人手中转移到受托人名下，基于信托财产所具有的独立性，信托财产是独立于各信托当事人的，在这种情况下，委托人在信托财产转移时即丧失对信托财产所原享有的权利。作为信托财产的财产不再归于委托人名下，也区别于其他未设立信托的财产，委托人自身状况的变化从而也不会影响信托财产的存续。因此，如若委托人破产，信托财产是不可以也不应该被列入破产财产的范围，这样，也就能够实现信托财产与委托人的破产风险隔离。各国法律对此都有相关的规定，如中国台湾地区"信托法"相关法条规定，在信托当事人没有特殊约定的情况下，委托人或者是受托人死亡、破产或者是丧失民事行为能力的，并不影响信托关系的存续。委托人或者是受托人是法人的情况下也适用上述规定。

（二）信托财产与受托人破产风险隔离

信托设立时，基于双方当事人的合意，信托财产从委托人手中转移到受托人名下，受托人承诺并接受信托，从而享有了对信托财产名义上的所有权，但是，信托设立的根本目的是受益人对信托财产的增值收益，受托人占有信托财产但并不享有信托财产的收益，限于信托目的，受托人对信托财产的收益不享有绝对占有、使用和处分的权利。对于此，我国《信托法》第16条第1款、第29条都有具体规定。其他国家的《信托法》在这方面也有相似的规定，如日本《信托法》相关条文中规定，受托人不得将自身所固有的财产与其承诺并接受的信托财产混淆。

破产财产必须是破产人拥有合法权利的财产，此观点是毋庸置疑的。信托制度的一大魅力就在于它实现了信托财产的"双重所有权"状态。一旦设立信托并且信托有效成立之后，信托财产就有了"双重所有权"的属性。也即受托人享有的信托财产就可以归入大陆法系意义上的处分权，也可以归入英美法系意义上的所有权。但是，无论处于哪一种权利状态之下，信托财产都不归受托人所有。因此，对不属于处理信托事务所产生的债务，受托人是无权用信托财产来偿还的。受托人破产的，信托财产不可以也不应当归入破产财产的范围。我国台湾地区"信托法"在这方面也有所规定，受托人破产的情况下，信托财产是不得作为其破产财产的。

破产财产范围确定的理论依据在于，债务人自身享有合法所有权的全部财产都被视为对其债务的共同担保，也就是一般意义上的担保，当债务人破产时，该部分财产即全部成为破产财产，平等地用于清偿其所有债权人的债权。受托人破产的，其自身享有合法所有权的财产都应该成为其破产财产，但是，受托人虽然占有信托财产，其并不享有真正的所有权，因此，在受托人破产的情况下，信托财产是不得作为其破产财产的。

（三）信托财产与受益人破产风险隔离

虽然设立信托的目的是为了受益人的利益，但是，基于信托法理，受益人并不占有信托财产，他对信托财产仅仅享有受益权，对信托财产本身并无权支配占有。受益人虽然因信托行为取得信托受益权，但是，在受托人未向其支付信托收益前，其对于信托财产的受益权并未得到真正实现，即只有在受托人经营管理和运用信托财产取得收益并将其交付给受益人时，由该信托财产产生收益的财产才能成为受益人的固有财产。

信托财产所具有的独立性，使得其本身与受益人自身固有的财产相区别，受益人仅仅享有的是受益请求权，并不直接占有、支配信托财产，其并不是信托财产的所有人，因此，受益人破产的情况下，信托财产也是不可以被列为破产财产的。但是，受益人本身所享有的对信托财产的受益请求权是否可以作为其本身的破产财产，各国法律也对此做出了比较肯定的回答。如我国《信托法》规定，受益人如果不能够偿还到期的债务，其本身对于信托财产所享有的受益权是可以作为清偿财产的。此种清偿，以法律法规规定为限，如果法律法规有其他规定时，得依其他的规定。可见，对于信托财产的受益权是可以为债权人追偿的。

二、家族保障基金的保障范围和运作架构

（一）家族保障基金的保障范围

家族保障基金通常下设教育信托、生活保障信托（大额支出基金）、风险管理信托。其中，生活保障基金用于满足家族成员日常生活，包括：衣食住行、婚丧嫁娶花费等的需要；教育基金，用于支付家族成员教育，尤其是海外留学、深造费用，同时还可以在教育基金下设立奖学金，鼓励子孙后代积极上进；风险保障基金，保障家族成员人生中的一些重大风险，如健康风险，诉讼风险等。具体

如图 10-4 所示。

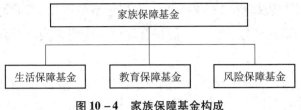

图 10-4　家族保障基金构成

（二）家族保障基金的运作构架

基于目前的法律和税收考虑，保障基金采用信托的架构更能发挥其保障的作用。具体而言，家族保障信托基金由委托人出资，交由受托管理人管理，受托管理人按照信托合同约定进行资产管理和信托收益分配与处置，受托管理人的资产管理和收益分配过程受托管机构监督，且在整个过程中由托管机构对信托资产进行托管。

委托的财产在信托生效后，即成为信托财产，信托财产与委托人未设立信托的其他财产相区别，但是这并不代表委托人对信托资产失去控制。

家族保障基金的运作架构如图 10-5 所示。

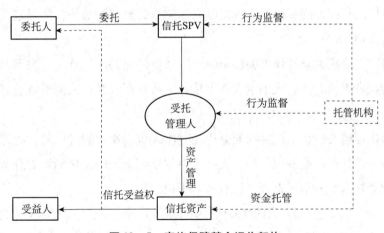

图 10-5　家族保障基金运作架构

1. 主要成员

委托人：家族保障基金的主要发起人，实际出资人。

信托 SPV：专为家族保障信托基金设立的特殊目的工具。通过 SPV，将资产委托给受托管理人，实现信托资产和委托人资产负债的隔离，避免对信托资产的追偿。

受托管理人：受 SPV 委托（间接受委托人委托），按照信托合同管理信托资产，并分配信托受益权的机构。

受益人：家族保障基金的保障对象，可以包括委托人及其后代，具体受益人范围由信托合同明确约定，另外，信托合同中还应明确约定保障范围、保障金额等。

资金托管机构：为具备一定资质的大型银行，负责对受托管理人的投资和受益权分配进行监督。

信托资产：可以是现金，也可以是其他能产生收益的资产，包括公司股权等。但是，必须是依法可以转移登记的资产。

2. 各方权利义务

（1）委托人。

第一，义务。按时完成资产委托，制定信托收益分配原则，与受托管理人共同商讨信托管理的主要原则和事项。

第二，权利。

• 委托人有权了解其信托财产的管理运用、处分及收支情况，并有权要求受托人做出说明；

• 委托人有权查阅、抄录或者复制与其信托财产有关的信托账目以及处理信托事务的其他文件；

• 因设立信托时未能预见的特别事由，致使信托财产的管理方法不利于实现信托目的或者不符合受益人的利益时，委托人有权要求受托人调整该信托财产的管理方法；

• 受托管理人违反信托目的处分信托财产或者因违背管理职责、处理信托事务不当致使信托财产受到损失的，委托人有权申请人民法院撤销该处分行为，并有权要求受托人恢复信托财产的原状或者予以赔偿；

• 受托管理人违反信托目的处分信托财产或者管理运用、处分信托财产有重大过失的，委托人有权依照信托文件的规定解任受托人，或者申请人民法院解任受托人。

（2）受托资产管理人。

第一，权利。

• 受托资产管理人有权依照信托文件的约定取得报酬；

• 受托人有在信托合同约定下独立管理信托资产的权力。

第二，义务。

● 受托资产管理人应当遵守信托文件的规定，为受益人的最大利益处理信托事务；

● 受托资产管理人管理信托财产，必须恪尽职守，履行诚实、信用、谨慎、有效管理的义务；

● 受托资产管理人应该严格保守信托当事人的隐私。

（3）受益人。

第一，权利。

● 有权按照信托合同获得信托受益权；

● 受益人有权了解其信托财产的管理运用、处分及收支情况，并有权要求受托管理人作出说明；

● 受益人有权查阅、抄录或者复制与其信托财产有关的信托账目以及处理信托事务的其他文件；

● 因设立信托时未能预见的特别事由，致使信托财产的管理方法不利于实现信托目的时，受益人有权要求受托人调整该信托财产的管理方法；

● 受托人违反信托目的处分信托财产或者管理运用、处分信托财产有重大过失的，委托人有权申请人民法院解任受托人；

● 受托管理人违反信托目的处分信托财产或者因违背管理职责、处理信托事务不当致使信托财产受到损失的，委托人有权申请人民法院撤销该处分行为，并有权要求受托人恢复信托财产的原状或者予以赔偿。

第二，义务。维护受托管理人和其他信托受益人的合法权益。

（4）托管机构。

第一，权利。

● 在法律授权范围内，对受托人的投资管理行为进行监督；

● 有权获得约定的基金托管费用。

第二，义务。

● 安全保管基金财产；

● 保存基金托管业务活动的记录、账册、报表和其他相关资料；

● 办理与基金托管业务活动有关的信息披露事项；

● 对基金财务会计报告、中期和年度基金报告出具意见；

● 按照规定监督基金管理人的投资运作。

三、家族保障基金的管理

（一）家族保障基金的资金来源

家族保障基金一般来源于原始资金、资产收益和其他来源。家族保障基金前期主要来源于委托人委托，之后在满足支出比例低于资产增值比例的前提下，保障信托基金规模就可以不断地扩张。保障基金的其他资金来源包括：按照遗嘱的继承所得；非委托人的捐赠等。

家族保障基金的收支结构如图 10 - 6 所示。

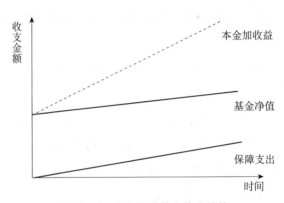

图 10 - 6　家族保障基金收支结构

（二）家族保障基金受益支出管理

家族保障基金支出管理的依据是信托合同。信托受益分配分为日常分配和非日常大额分配两部分。日常分配用于受益人日常开支，由受托人每季度通过托管银行支付给受益人；非日常大额分配用于支付给受益人用于留学、置业、奖学金等非日常支出。非日常分配的范围以及额度在信托合同中明确规定。

信托受益每年平均分配比例不超过前五年年末信托基金净值的 10%，大额消费支出平均每年不超过前五年年末信托基金净值的 2%。

1. 资产配置原则

家族保障基金应兼顾安全性、流动性和收益性。保障基金成立的初衷是保障受益人支出需求，因此，保证信托基金资产的安全性是管理的首要原则，其次是在满足流动性需要的前提下适当追求收益性。受托人对一些非日常大额消费支出有预判，这样可以更好地进行流动性管理。

2. 资产配置基本框架

鉴于家族保障基金的特点，对该信托基金的资产配置作如下基本要求。

（1）固定收益类产品投资比例不得低于 30%，且投资标的信用等级至少为投资级；

（2）固定收益类投资组合的周期不大于 5 年，其中到期期限在半年以内的标的总金额占基金上一交易日末净值的比例不得低于 2%；

（3）衍生品投资比例不得高于上一财务年度末基金净值的 10%，不得投资于风险不可控的复杂衍生品，如累积购进期权等；

（4）各类股权投资比例不得高于最近三年财务年度末平均基金净值的 50%，其中 PE、VC 以及定向增发等流动性受限的非二级市场股权投资比例累计金额不超过最近三年财务年度末平均基金净值的 30%；

（4）二级市场股权投资不得投资于 ST、＊ST，SST，S＊ST 类高风险的股票。

第四节　家族公益基金

一、家族公益基金的概念和功能

（一）家族公益基金的概念

家族公益基金，又称为家族基金会，是由家族发起的资助和开发非营利性的公益事业，包括文化、科学、教育、科学研究、社会救济等。通过设立家族公益基金，家族可以实现回馈社会的理念，也可以避免由遗产继承产生的大量税收。

虽然家族公益基金会只有一个世纪的历史，但却是一种机构创新，它吸收了很多以前的慈善传统和历史悠久的法律构架，创造了一种具有法人治理模式的新型的慈善机构。为区别于此前的慈善信托基金，一定要将这类新的慈善机构称为"基金会"，而不能称为"基金"。尽管全球用基金会名称的非营利机构有很多差异，不过，一般而言，基金会可以被简单地理解为拥有自己的资产、由受托人或负责人管理、追求明确确定的某项公共目标的非政府、非营利的机构。

基金会是慈善组织发展到现在机构创新的体现，在吸收了之前慈善传统与历史架构的前提下，作为一种现代基金会的最优越之处在于引进和消化吸收了公司法人治理结构、从而形成了在非营利部门中的独特功能。

现代基金会保留了信托基金受托人所具有的私有性特点，不过受托人不再是个人，而是集体——受托人理事会。这个理事会是由独立的具有承担能力和责任的个人组成的。理事会成员不能由政府任命，因而是私有性质的。这样的理事会才能承担类似公司法人治理结构下的功能，即以基金会章程赋予受托人理事会掌控基金的经营权，给予受托人及其继任受托人以决定基金会重大决策事项的权力。现代基金会的主要功能是可以摆脱各种社会势力制约，独立、自主地支持社会公益。

（二）家族公益基金的功能

1. 团结家族成员

家族是中国社会的基石。但是，当为了进步而做出的共同牺牲被财富和享乐所取代时，富足的家族可能不会有太多机会来重申他们的核心价值观，包括刻苦用功、自我牺牲和仁义之心。家族基金会提供了一个独特的机会，可以让家族成员经常加强家族联系以及提醒大家提高社区质量的责任。同时，基金会还可以延续家族的价值观念。

2. 保证社会和谐

每年有很多人都享受到了中国经济增长所带来的可以改变一生的机遇。但是，还有更多人在等待他们致富的机会。为了让整个社会急需秉持人人致富的理念，那些已经得到财富的人们应该给予那些还缺少给予的人关键的支持作用。建立家族基金，为乡村地方教育、环境健康和社会服务建设做出贡献的同时，家族可以充分体现个人财富在帮助改善整个中国人民生活中的重要意义。

3. 树立成功典范

在经济发展的过程中，兴建高楼大厦被视为被人铭记的光荣传统。但是，在中国持续发展的过程中，更多的家族走向成功，开创新产业、兴建新建筑已经不能在大多数中国人的心中留下深刻印象。只有给那些不幸的人提供机会，让世界更美好，富足的家族才能真正给国家留下持久的传统。在美国，早先的百万、亿万富翁建立了家族基金会，捐赠了部分财产造福他人，直到今天他们仍然被人记得。

4. 表达理念和兴趣

富裕的家族有一个特殊的机会在整个社会来表达他们的理念和兴趣。有些人相信企业家精神可以给自己带来持续的成功，通过选择建立基金会，他们也可以在那些正式教育贫乏的地区支持商业才能培训。其他人可能相信资助艺术培养可以鼓励创造性人才的发展，从而对社会长期的成功起到至关重要的作用。

5. 利用天赋和才能

有些家族可能会自我选择捐赠方向，但赋予员工和顾问选择受益人和分配捐款的权利。但是，还有些人选择参与基金会的日常工作，这样可以提供大量机会，让他们的慈善事业取得更大的成功，富裕的家族一般都会拥有有关帮助他人成功的重要理念，他们的企业专家顾问也同样可以帮助他们寻找有创意的办法来解决现今社会所面临的问题。

二、现代家族公益基金的意义及其与政府的关系

（一）现代家族公益基金的意义

自现代基金会建立以来，慈善事业"不仅可以是大规模的、组织结构良好的、有广泛前景的，而且还应该是更科学的"。它不仅"考虑组织和效率"，而且"痴迷于 19 世纪伟大的科学进步"，希望在慈善领域也能取得"像生物学和医学那样的成功"，使现代基金会从传统法律意义上的古典慈善步入了科学慈善。

1. 聚集了大批公益资产

现代基金会的主要作用和意义，首先在于以自愿的方式集聚了大规模的可用于社会公益的社会资产。据不完全统计，2000 年美国基金会达到 56 600 多家，资产总额达 4 860 亿美元，每年向社会资助达 290 亿美元。据欧洲基金会中心统计，全欧洲总计有 8 万 ~ 10 万家基金会。其他国家也出现了大量基金会，如据估算，阿根廷有 1 700 家基金会，韩国有 4 000 家，土耳其在过去 30 年中建立了约 3 600 家基金会①。

2. 独特的理念代表着家族品牌

例如，卡内基公司基金会的使命是"增进和推广知识与理解"，洛克菲勒基金会则是"促进全球的人类幸福"。

3. 较完善的治理结构和先进理念使得公益基金运作效率较高

现代基金会具有类似公司的法人治理结构，加上筹集资金的稳定方式，这使现代基金会具有适应新的社会需要和时代变化的应变能力与可持续发展能力，其运营效率一般要高于其他非营利机构，而且可以通过创造高效率的赠款途径带动

---

① 资料来源：基金会中新网（http：//www.foundationcenter.org.cn）.

受赠机构同样高效率地运营。

4. 公益基金的全球化运作具有开放意义

凡大规模的基金会都把慈善与社会公益的业务范围界定在国家或国际的水平，而并未限制在某个城市或地区，这对于推动公益事业的发展具有开放的意义。

（二）家族公益基金与政府的关系

由于基金会是法律认可的可以积聚和分配大宗社会财产并以此直接影响社会政策和社会意识的重要社会组织，所以各国政府对基金会的重视都超过其他非营利社会组织和机构。

作为第三部门的重要组成部分，基金会一直是以独立部门的形象出现的，它们独立于政府，自行决定自己的资助方向。因此，国际社会一般认为，基金会应该比政府的目光更远大，甚至在人类发展历程中最具高瞻远瞩的能力。

在与政府的关系中，基金会要做政府做不了、做不到的事情，例如，政府短视，基金会就要注重长远效益；政府在某一领域干预过多，基金会应避免再干预这个领域；如果政府在某一领域做得不够，基金会理应多做一些。无论政府的态度如何依据社会时势而变，基金会都不会改变自己的使命和目标，所以基金会的独立性是根深蒂固的，几乎不受政府的影响。基金会与政府之间的关系是在保持各自独立基础之上的合作伙伴关系，两者互帮互助。

三、家族公益基金的运作

家族公益基金并没有统一的运作模式，各个基金会的理念、运作方式都存在较大的不同，但是，不同的公益基金也有很多共通的东西，通过对世界著名基金会梅琳达盖茨基金会、洛克菲勒基金会、福特基金会等案例研究可以看出，成功的基金会运作包含以下几种元素。

（一）有明确的基金使命

使命，是一个组织的发展方向，包括组织的核心业务是什么、谁是组织的服务对象、服务对象重视的价值又是什么，等等。回答了这些问题，就能够给组织一个定位。

1. 使命引领既是基金会的行动也使捐赠人受益

1911 年，美国工业巨头安德鲁·卡内基在纽约注册成立卡内基基金会。基金会宗旨是"增进和传播知识，并促进美国和曾经是英联邦海外成员的某些国家之间的了解"。1919年卡内基逝世前，他本人任基金会董事长兼会长，个人的意图起主导作用。

卡内基在致董事会的第一封信中就特别授权董事根据形势变化安排工作重点。20世纪60年代之前，基金会的工作重点是教育，包括教育普及和提高、推广先进教学手段、捐赠黑人教育等。60年代末至80年代，倾向于平等和改良。80年代之后，重点在早期教育问题；关注国际和平与安全问题；反对核扩散，防止致命冲突，增进各个集团间了解；防治各种对儿童和青少年的伤害，包括吸毒、酗酒和少女怀孕等社会问题；在第三世界培训和开发人力资源。另外，还资助一些特殊项目，例如加强美国国内民主等。

但并非所有的家族公益基金都能明确自己的使命。有的家族公益基金宗旨过于宽泛，没有明确的使命，在实际运作时也就不能确定系统的长短期计划，可能会比较随意地安排一些目的性分散的公益活动。在具体项目落实上，没有使命的指导，基金会对项目的价值和社会效益就没有清醒的估计。结果是，基金会用了很多钱，却不能使某类群体集中受益，对社会的实际贡献与基金会资金的投入不成比例，基金会本身树立不起一个鲜明的形象，也很难提高捐赠人的社会形象。长此以往，基金会确定不了发展方向，不利于内部管理，还容易使捐赠人对基金会丧失信心而不再给予支持。

2. 发起者的战略目标与基金会使命相一致

在中国，无论是企业还是个人设立家族公益基金，基本上还不能达到完全以奉献社会为目的，不考虑企业或个人发展的境界。特别是企业设立的基金会，设立的目的之一就是要配合企业发展战略。只要能够真正对公益事业有利，企业出于自身发展而设立基金会也是无可厚非的。在这种情况下，企业战略目标是否会与基金会使命出现矛盾呢？基金会是为不特定公众服务的公益组织，如果企业基金会过度倾向于关注企业利益，而不是帮助服务对象，那么基金会的行为可能会违背公众意愿，不能满足公众的期望，从而使基金会形象受损、企业形象受损，那么基金会就丧失其设立的目的。另一种情况是，基金会确立的使命与企业的发展方向无关。在现阶段来说，如果出现这种情况，那么企业在设立基金会问题上就比较难以获得它所期待的社会效益。

理想的状态是企业与基金会互惠互利、共同发展，既实现基金会服务社会的功能，又帮助企业因支持公益慈善事业得到合理回报。基金会使命的确定，有时是帮助加强企业的社会形象，有时却是对企业社会形象进行补充。一家生产儿童用品的企业，如果它设立一个基金会，以提高儿童福利为使命，那么基金会就可以帮助企业强化"为了孩子"的社会形象。一家在生产过程中曾经被批评为损害环境的企业，如果它除了进行环保方面的技术改造以外，又设立一个以环保为目的的基金会，那么可能对企业形象进行多方面的弥补。两种做法都应当顺势而为，不能妄图欺骗公众。如果在设立基金会支持环保项目的同时，企业被曝光继续有污染环境的行为，那么基金会和企业都没有诚信可言，两者的策略都是失败的。

在确定了组织使命之后，家族公益基金应当怎样通过行动来实现使命，同公募基金会一样，作为非政府的非营利的个体组织，家族公益基金可以确定一个宏大的使命，但基于组织个体力量的有限，只能在使命的指引下确定一些具体的计划，通过具体的活动，有针对地选择自己的"客户群"即服务群体来体现组织为实现使命而做出的努力。因此，家族公益基金的外部活动，无论是长期的活动，还是一次性的资助，基金会的活动基本上都可以划分为一系列项目的组合。

3. 项目与基金会使命相吻合

对于家族公益基金来说，项目的选择非常重要。首先，关注项目与基金会使命的匹配；其次，关注它们所资助项目的成效。基金会要选择做什么项目，有这样一些评价标准：项目的质量和重要性；受助对象对这笔捐赠的需求程度；受助对象有效使用资金的能力；基金会通过资助项目可以得到的受益情况；等等。家族公益基金筹款的压力要大大低于公募基金会，但它们的难题是怎样把钱花好，这绝不是一件简单的事。我国家族公益基金应当学习国外基金会的成功经验，特别是学习它们的风险意识和决策方式。

凯洛格基金会提出了基金会提高资助项目成效的思路。凯洛格基金会由美国凯洛格集团创始人威尔·基斯·凯洛格创建于1930年，最初为一家儿童福利基金会，关注儿童的就学和健康，后来改名为"凯洛格基金会"，成为世界上最著名的基金会之一。它全面关注社会进步和稳定，宗旨是"通过知识与资源的运用，帮助那些资助的人提高他们及其子女的生活质量"。凯洛格基金会的基本哲学理念是总结、推广从捐赠实践中获得的经验。同样，它也重视评估工作、市场营销和方法论。基金会借用"风险分析"的方法制定战略从而进行创新性的捐赠社会变革，包括：界定捐赠的风险，分析风险并排序，制定相应的应对措施，最后确定最有效的战略。这套方法有助于降低捐赠目标变化的风险。基金会用"战略规划论"来解释其项目发展和捐赠。战略规划论分为八个阶段：

第一，通过环境评估，决定目标地区捐赠的需求和社会环境；

第二，依据环境分析得到的信息，研究决定该地区环境是否处于基金会优先考虑的序列范围；

第三，在决定活动的地区后，制定包括目标、战略和实施方法等在内的战略规划；

第四，整合行动计划；

第五，实施捐赠后，监督计划的执行；

第六，对项目执行的文件和结果进行评估、分析和总结；

第七，总结经验教训，为今后的项目开展提供创新性的营销方法；

第八，收集和使用大量前期活动的信息和经验，指导基金会在新领域实施项目的规划。

（二）确定运作模式

家族公益基金在选择它们具体做什么事情、怎样开展资助时有两种方式：一种是直接运作项目，自己既扮演出资者又扮演运作者的角色；另一种是规划和设计项目之后，委托其他公益机构完成。很多基金会目前比较倾向于自己直接行动。这样，基金会要做好宏观上的活动规划设计、公布。除此以外，基金会还要负责候选受助人员的层层遴选、一对一发放资金，至于受助人员信息沟通、每人受助效果的回馈等也要全部由基金会自己来完成，这个任务对基金会有限的人力、物力来说显然是过于沉重了，直接深入自己所不熟悉的领域，工作的效率也不可能高。成本高，效率低，获得的社会效益必然低于期望值。在这种工作压力下，有的家族公益基金可能还不得不削减项目规模。如果依靠一些已经建立专门渠道、专门活动方式的专业公益慈善机构来做具体工作，效率可能会大大提高。

美国管理学家提出，基金会应当向风险投资家学习，考虑将仅仅局限于非营利组织的服务项目的投资扩大到公益机构本身的组织需要上。在家族公益基金对运作型公益机构进行资助，进行项目合作的过程中，基金会经常忽略影响公益机构兴衰的问题。它们认为公益机构本身运作的各项常规开支不应当占用项目资金，公益机构的发展与基金会等资助者无关。基金会的这种态度鼓励公益机构把注意力放在近期职责的实现上，而忽视组织的生存能力。目前，我国公益机构普遍面临着严重问题：很少人愿意为这些机构本身的发展注入资金，从而导致公益机构经费不足，组织建设中的迫切要求往往被忽视，包括：对服务对象跟踪的实施；策划新项目；员工的培训和发展；财务管理、质量管理、人力资源管理的改进；等等。这些都是提高公益机构工作水平的重要因素。事实上，基金会与运作型公益机构有一个共同的目标：改善它们服务的社会领域的状况。但是，基金会等出资人一般只关注其项目的效能，而运作型公益机构则要保持组织本身的健康发展。

因此，风险投资公司的运作模式是值得借鉴的。这类公司除了投入资金以外，还严密监管被投资公司，提供管理上的支持，并在长时间内渗入公司内部，以确保被投资公司的发展。同样，家族公益基金也可以采取这套规则，培养自己选中的运作型公益机构，与其建立长期的关系，使这些公益机构能长期帮助基金会开展工作。基金会可以雇用组织机构方面的专家来帮助受资助的机构；可以延长对受助机构的资助期，帮助它们加强能力。运作型公益机构可以明确提出包括短期项目和机构长期发展在内的资金使用需求，向基金会提出申请长期资助的要求，当然要给出明确的具体计划，使基金会的长期资助合理有效。甚至家族公益基金可以根据需要创建一些运作型公益机构。

目前，国内的家族公益基金和其他运作型公益慈善机构（包括公募基金会）还没有形成这种成熟的分工合作。但应当可以预料到，这是一个有利于资源整合的双赢的发展趋势。要实现这种分工合作，需要家族公益基金和其他运作型公益慈善机构的共同努力。家族公益基金也负有培养专业的公益慈善机构的责任。

（三）外部关系

1. 公共关系

公共关系是一个管理功能，它评估重要的公众态度，确定与组织或者个人有关的公共利益的政策和手续，执行一个项目以获得公众更多的理解和接受。作为一个公益组织，特别是以社会效益而不是可衡量的产品或服务为主要产出的非营利机构，公共关系对家族公益基金来说是举足轻重的。家族公益基金要做些什么、做了什么，不是仅仅满足自身或捐赠者的认可，它需要接受公众的评判，只有被公众承认，它的工作才能算是有效果的。

2. 政府关系

如何与业务主管单位建立良性关系是家族公益基金外部关系中的另一个方

面。没有政府的认可，基金会的任何活动都寸步难行。首先，如果基金会自行其是，违背法规和政策导向，那么它的活动可能干扰政府的决策与行动，必然会遭到阻止。基金会要注意，某些领域涉及国家安全和社会稳定，草率行动给国家可能带来的负面影响要大于积极作用，必须谨慎行事。其次，没有政府的同意，基金会做很多事情会遇到障碍。比如，基金会要在某个贫困地区开展扶贫，如果未与当地政府沟通好，在当地就可能不被信任，遇到阻力。而如果事先与当地政府进行了沟通，达成了一致，还会得到当地政府的帮助，使工作效率和实际成效大大提高。另外，良好的政府关系也可能给基金会带来税收等方面的优惠，政府对基金会的正面评价也是提高基金会声誉的重要力量。在国外，那些历史悠久的大型基金会与当地政府的关系是友善的、合作的。虽然它们在很多领域发挥引导和前驱作用，可能比政府还要超前，但它们的活动绝大多数符合政府的希望，并得到政府认可和支持。很多基金会与政府有长期合作关系。

家族公益基金与其业务主管单位的关系，是政府关系中重要的一环。按照我国法律的规定，家族公益基金必须接受业务主管单位的监管，那么家族公益基金也应当把业务主管单位当作自己可以利用的资源。

（四）基金保值、增值

家族公益基金掌管捐赠人捐赠的财产，除了要考虑怎样把钱花好，还要考虑怎样妥善管理资金。家族公益基金的支出包括：与公益事业直接相关的事业支出，加强基本建设的支出，日常管理费用，筹资费用，人员的工资福利等。家族公益基金依靠捐赠收入或商业行为对基金进行保值增值来满足支出的需要，维持组织的生存。目前，《基金会管理条例》对基金保值增值没有作具体规定，只规定了"合法、安全、有效"的原则。基金会能否进行商业投资，要依据捐赠人的意愿和基金会自身的需要，如果捐赠人明确不允许将捐赠用于投资，那么基金会不能违背捐赠协议。家族公益基金的收入来源有三种模式：第一，全部依靠捐赠。基金会所有的支出需要，都依靠现金捐赠、非现金捐赠和志愿劳动来满足。第二，部分自给。基金会获得的捐赠收入不足以完全满足支出需要，还要进行资本投资等商业活动对基金会的支出进行补充。第三，全部自给。基金会只在成立之初或是某些特殊情况下接收到大额捐赠，这些捐赠全部并入基金会所管理的基金。基金会的支出，无论是事业支出还是维持组织日常运作的费用，全部依靠基金会对基金的投资运作所获得的收入。基金会的投资行为是非常容易引起公众关注的环节，是公众评价基金会是否公平、公开、公正以及是否是真正的公益组织的依据之一。当基金会的投资行为与主要投资人发生关系时，公众也会据此评价基金会的主要捐赠人是否真地奉献于公益事业，而不是利用基金会沽名钓誉或是获取经济利益。《基金会管理条例》规定了基金保值增值必须合法、安全、有效，如果因理事会决策不当，致使基金会遭受财产损失，参与决策的理事应当承担相应的赔偿责任。

在不久的将来，如果国家对个人、企业的捐赠行为给予大幅度的税收减免，那么对捐赠后资金的用途也会更加关注。届时，家族公益基金的投资行为必须更加谨慎。

家族信托与大额保单

所谓大额保单，是指缴纳保费额度较高、超出件均保费一定金额的保单，投资性强于保障性，具备"避税、避债、传承"作用。各家保险公司对大额保单设定的保费"门槛"不一样，有些20万元、30万元，也有公司要求100万元以上才算大额保单。

外界对大额保单（Jumbo Insurance Policy）的用途，第一反应便是资产传承。其是一种隐含利益冲突和道德风险的安排，为海外私人银行广泛运用在各种资产规划的方案中。

目前在境外，许多高净值人士更喜欢采用信托与人寿保险组合的方式进行遗产传承，提高资金运用效率。保单可提供杠杆和现金流，信托则用来实现长期稳定的资产传承，并一定程度地消除利益冲突。

目前在中国香港地区，各类保险公司都为高资产人士提供不同的大额保单安排。虽然这些大额保单的原理基本相同，但其保费金额、身故赔偿金数额、保险受益的计算、保单的现金价值以及保险成本的计算都不尽相同。

环亚资产规划有限公司管理合伙人叶一舟介绍了一个基本的大额保单与家族信托组合的传承、融资方案。2010年，内地人孙刚（化名）通过置业投资移民香港，其中在香港购买物业的房屋按揭为200万美元。在内地，孙刚的职业为一家项目工程公司的老板。已经到达不惑之年的孙刚，仍是家庭唯一的经济支柱，且背负了包括房贷在内的大额负债。

这一背景下，孙刚产生了购买大额人寿保险以转移风险的想法。

目前，孙刚手上拥有约60万美元的现金流。为避免自己发生意外后，生意上的债务债权会牵扯到家庭成员，孙刚想以房屋按揭的负债额为标准，买一笔保额为200万美元或以上的人身险保单。若以60万美元作为保费，保险公司核保评估后，认为孙刚能获得的人身保额高达300万美元。即，向保险公司一次性缴付60万美元后，此保单的受益人会在孙刚身故后，获得保险公司偿付的300万美元，杠杆比例为5倍。

正当孙刚人寿保单核保时，他被告知，公司拿下了一个大型工程项目，亟须100万美元左右的前期投入。这时，捉襟见肘的孙刚陷入纠结。如果将60万美元用做购买寿险，公司工程就无法兼顾；最好的打算是，将60万美元投入项目中，再向银行贷款40万美元，这个工程将会在几年后收获颇丰。

这时，叶一舟给孙刚提出了保费融资的资产规划思路，此方案既能解决孙刚的保险需求，又可使其从银行就此保单的保费部分获得融资。首先，孙刚与保险公司签订协议时，需要将这笔保单的受益人定为他所成立的一个家族信托。他的家庭成员都是这个信托的受益人。同意向孙刚贷款的银行，将与这个信托签订一份协议，并以这份保单的现金价值作为抵押品，向孙刚提供一笔保费融资。

在香港的市场情况下，融资额可以做到保单现金价值的九成。保单首日的现金价值一般为缴付保费的80%。也就是说，孙刚一次性缴纳了60万美元的保费，大概能从银行获得43万美元的贷款。这样，孙刚购买这份300万美元保额的保单，只花了约17万美元的成本。这时，保额与实际支出保费的杠杆已由5倍上升至约18倍。

此外，若将孙刚在香港资产（物业、股票、股权等）抵押给香港的商业银行，申请一笔贷款，上述17万美元的现金流压力也能被释放。

孙刚实现了在无须投入现金的情况下，即时拥有了一份保额为300万美元的大额保单。他每年需承担银行保单贷款利息为1.95%（贷款利率一般为LIBOR加1~1.5个百分点，保费融资贷款利息1.5%，资产抵押利息3%，计算公式为：$1.5 \times 0.7 + 3 \times 0.3 = 1.95\%$），这低于万能寿险保单的给付利率（市场行情约在4%~5%），意味着可以稳收息差。他也可将保单现有的利息收入存于保单内滚存，以提升保单的未来利息收入。

另一个发生在美国的真实案例是，2005年6~11月间阿瑟·克拉姆（Arthur Kramer）通过其名下的三家公司购买了七份大额寿险保单，所有的身故赔偿金都指向一个家庭信托。他的三个成年子女作为该家庭信托的受益人。阿瑟是纽约州律师，纽约律所 Kramer Levin Naftalis & Frankel 的创始人之一。

阿瑟不仅使用了大额保单与家族信托结合，而且通过转让信托受益权，让受益人贴现了身故赔偿金。

事实上，除了资产保障与传承外，高净值人士还可以通过转让保单受益权的方式，提前兑付保额。

例如，阿瑟后来又通过转让家族信托受益权的方式，间接将保单的受益权转让给了包括瑞信银行（Credit Suisse）在内的众多机构投资者，由投资者支付对价给其子女，从而提前兑现了身故赔偿金。

然而，这种提前兑付有可能造成一些法律冲突。

2008 年阿瑟去世后，其遗孀爱丽丝（Alice）拒绝将阿瑟的死亡证明交给包括瑞信银行在内的投资者。对于这些投资者来说，没有阿瑟的死亡证明，他们就没法向保险公司要求赔偿。双方就保单的有效性问题诉争至法庭，从而使这个案例进入了公众的视野。

段和段律师事务所香港分所高级顾问王小刚认为，从财富传承与保障的角度来看，这个精巧而又复杂的安排，体现了方案设计者设计结构的高超技巧和对实践的准确把握。对于中国的高资产人士来说，颇有借鉴意义。

此外，并不是所有投资者都能够受益于这种保单与信托结合的形式。保险公司在批复核保保额时，普遍按是否具有可保性的原则来考量，其一是被保险人所拥有的保额是否与其家庭净资产相匹配；其二是被保险人个人的健康状况。

在上述孙刚的例子中，他需要满足保险公司为他开出的两个条件。首先，其资产净值为所拥有保额的 4~5 倍，即 1 200 万美元或以上；其次，孙刚购买上述保险时，身体健康。因为每份保单的杠杆比例由被保险人的年龄、生活习惯（是否吸烟）等条件决定。

资料来源：新浪财经 http：//finance.sina.com.cn/roll/20 120 723/010 012 637 210.shtml

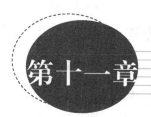

第十一章　家族企业绩效评价

"绩效"一词来源于管理学，不同的人对绩效有不同的理解。有的人认为，绩效是指完成目标的效率与效能；有的人认为，绩效是指那种经过评估的行为、方式及其结果；更多的人认为，绩效是对企业的目标达成具有效益、具有贡献的部分，是组织为实现其目标而开展的活动在不同层面上的有效输出。综合各种观点，可以认为绩效是成绩与成效的综合，是一定时期内的工作行为、方式、结果及其产生的客观影响。

家族企业绩效则是由多方面因素共同构成的综合结果。相比非家族企业，家族企业是一个系统性的整体，包括了家族系统和企业系统。家族企业在运行中所发生问题会引起不同的效果，这些问题可能发生在家族系统，也可能发生在企业系统，还可能发生在社会系统。所以三个维度的测度都不可忽略。如图 11 - 1 所示。

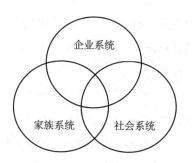

图 11 - 1　家族企业三元系统图

资料来源：盖尔西克. 家族企业的繁衍［M］. 北京：经济日报出版社，1998.

因此，家族企业绩效评价是为达到家族企业健康发展的目标，对家族、企业的行为及其影响的测度，有助于自身诊断及同业比较，从而有效地进行更正和补充的一种管理活动。

第一节　家族企业绩效评价概述

家族企业绩效评价的实施，首先要明确评价目标，明确的目标是有效评价的前提；其次要明确评价的主体、客体以及标准；最后要有评价的方法。

一、家族绩效评价目标

评价目标在评价活动中有着至关重要的作用，评价目标的确立是评价的前提，也是绩效评价活动的第一个环节，它制约着评价客体、评价视角、评价范围和评价标准的确立，从而制约着整个评价活动。

家族企业绩效评价的目标可以概括为评判家族与家族企业的综合能力，包括获利、和谐以及可持续发展等多方面能力，发掘自身的潜在力量，诊断发展的不足，预防未来可能潜在的威胁，为家族与家族企业健康发展提供保障。

国际会计学家乔伊·米勒和霍尔茨认为，一个设计得很好的业绩评价系统，能使管理高层正确判断各种经营活动的获利能力，追踪并监控公司目标的实施进度，发现尚未控制的领域，有效配置资源评价管理者业绩，充分发挥激励作用。因此，家族企业绩效评价具有判断、预测、导向和协调四大目标。

（一）判断价值

什么样的家族是好的家族？什么样的家族企业是好的家族企业？需要有一个评价的标准体系，将定性评价转化为定量评价，从而可以定量衡量以及相互比较家族企业运营及其成效的价值。

1. 自身判断

价值判断是家族企业绩效评价的基本目标。评价的过程就是对家族企业综合业绩进行价值判断的过程。它通过对各种评价指标的测算，反映家族及企业经营管理的状况并将测算的指标值与历史状况、管理目标、同业或相似家族发展水平等进行综合比较，然后对家族企业的综合能力做出价值判断，从而客观、全面、公正地反映和衡量家族企业管理的水平。

2. 同业比较

通过家族企业间的价值比较，可以借鉴同业家族企业的优秀经验识别自身的弊端，也可以通过先驱的经验避免自身出现问题，少走弯路，从而达到取长补短、后发先至的效果。

总之，家族企业绩效评价工作的首要任务是发挥评价的判断功能，准确地度量和判断家族企业的管理成果，协调家族相关利益，全面认识家族和家族企业的需求满足情况。

（二）预测未来

了解过去、认识现在是为了预测未来。家族企业绩效评价的重要功能是通过对企业过去和当前综合业绩的评价去预测、判断家族企业经营活动的未来发展趋势，从而使企业相关利益方能更好地规划未来，把握企业发展的方向。

（三）纠正偏差

纠偏目标是家族企业绩效评价的执行目标。因为评价结果不管是好是坏，对企业行为都会产生深刻影响，家族企业领导者可以通过评价指标及其结果，分析家族企业发展的偏差，包括方向和细节上的偏差，找出企业的弱势和存在的差距，进而依据评价结果对经营管理者和职工实施奖惩，对家族成员的行为进行奖惩，引导经营管理者采取有效措施弥补差距，促使企业快速、健康发展。

（四）协调利益

家族企业开展绩效评价的根本目的在于强化家族协同、企业管理以及社会责任，提高企业的经营管理能力和综合竞争力，形成竞争优势。但是，三者之间也必然存在冲突，有目标上的冲突，也有财务上的冲突，更有情感上的冲突，综合而言，多方面冲突的关键在于利益的协调。如何在家族、企业、社会三个维度上平衡利益，需要有标准，更需要有制度。于是家族企业绩效评价的标准和结果，使得家族企业内外部的利益协调有的放矢、有理有据，就不会盲目进行，利益协调的结果才可以使人信服。

二、家族企业绩效评价要素

（一）评价主体

评价主体是指由谁来评价，一般指与评价对象的利益密切相关、关心评价对象业绩状况的相关利益人。目前在业绩评价主体上有两大代表性观点：一是"单一主体观"；二是"多元主体观"。

1. 单一主体观

"单一主体观"认为，企业是出资人的企业。评价主体就是出资人，目的在于实现出资人收益最大化。为此，业绩评价的逻辑思路是，是否对企业业绩作出评价、由出资人决定，采取什么样的方式和评价指标对企业业绩进行评价决定于出资人的需要，出资人依据评价结论对经营管理者实施奖励和惩罚措施，从而实现出资人对经营管理者的有效控制，因为这种业绩评价将直接影响到经营管理者的利益和声誉。企业经营业绩评价的任务就是保证出资人利益的最大化。

2. 多元主体观

"多元主体观"认为，企业业绩评价的主体是企业的相关利益方，包括出资人、职员（含管理者与成员）、债权人、政府。

（1）出资人。出资人是企业经营业绩评价的基本主体。根据古典的资本雇佣劳动的理论，资本家投资购买设备、雇用工人。资本的投入是实现价值增值的关键因素，企业经营业绩的好坏直接关系到投入资本的增值及其增值程度，资本家最关心企业的经营业绩，资本的投入者，也即股东或所有者，是唯一的留剩风险的（residual risk）承担者和留剩权益的（residual income）享有者，理所当然就是经营业绩评价的主体。

（2）管理者及职员。企业管理者及职员的人力资本价值实现和薪水高低在很大程度上取于企业的经营业绩。在"新经济"时期，企业无形资产价值攀升的现象充分说明了知识与智力资本已越来越成为企业价值增值的重要资源，管理者及职员与股东一样承担了与企业经营效益相关的风险。尤其是，如果职员的劳动技能具有较强的专属性，他们通过投入时间、精力、资金而发展起来的人力资本价值就与企业命运紧密相连，当企业经营失败时，他们就可能面临价值降低甚至完全丧失的风险。因此，对于具有较大程度企业专属性的人力资本来说，企业的各项决策所带给职员的人力资本的风险和财务资本投资者所承担的风险是相同的。对这些人力资本价值的保护，要求在企业决策过程中充分考虑职员利益。随着知识经济的发展、高新技术企业的崛起，越来越多的企业成为财务资本和知识与智力资本共有的企业。股权的分散和流动使股东承担的剩余风险下降，资本市场的发达使股东可以通过投资组合来分散风险，其关注企业经营效益的动力在减弱。

（3）债权人。债权人在贷款之前，必须进行企业资信状况评价，以确定企业的偿债能力及信誉。债权人尽管通过契约明确了自身权益，但如果企业破产、倒闭，债权人也会遭受损失，因此，债权人为了确定企业偿债信誉的可靠程度及其贷款的安全性，也必须关注企业的经营业绩。

（4）政府。政府为完成其管理社会的职能，非常关注企业上缴利税的能力，以及家族企业所提供的就业机会、职工的社会福利、环境保护状况等方面的情况，也需要对家族企业进行评价。"多元主体观"把绩效评价工作建立在相关利益人的充分关心上，有利于对家族企业绩效做出客观评价，形成具有可比性的评价结论；有利于企业了解自身的优势和弱势，提高企业的综合实力。需要指出的是，"多元主体观"并不是否定出资人在企业各项业绩评价中的作用，而是要充分调动各方面因素来关心企业的发展，并把绩效评价工作与家族企业的经营管理活动及家族活动、个人活动有机结合起来，这样就更有利于企业长期竞争优势的形成，并使企业保持长久、旺盛的生命力，从而最终实现出资人长期利益最大化的目标。

（二）评价客体

评价客体是指实施评价行为的对象。任何客体都是相对于确定的主体而言的，它由主体的需要而决定。家族企业绩效评价的客体由家族、企业、社会三个相关利益方的需要所决定，既要考虑家族和谐，又要考虑企业业绩，还要考虑社会责任等多方面的表现，而这些方面具体的行为和效果，即是评价的客体。

家族维度的客体包括家族人员满意度、家族成员凝聚力、传承计划等；企业维度的客体包括利润率、销售增长率、每股收益等；社会维度的客体包括环保、罚款、员工发展、就业、交税等。

（三）评价指标

评价指标是指根据评价目标和评价主体的需要而设计的、能反映评价对象特征的具体项目。指标是实施家族企业绩效评价的基础和客观依据，是自身绩效评价和家族间比较的客观工具，是家族企业绩效评价的重要内容。

（四）评价标准

评价标准是指判断评价对象业绩优劣的基准。家族企业绩效评价标准是对家族企业多维度绩效进行价值判断的标尺和参照。评价标准一般根据数理统计方法经测试和调整后确定。评价的标准是在一定前提条件下产生的，随着社会的不断进步、经济的不断发展以及外部条件的变化，评价的目的、范围和出发点也会发生变化，作为评价判断尺度的评价标准也会发生变化。从这种意义上说，评价标准是发展变化的。然而，在特定的时间和范围内，评价标准必须是一定的，应具有相对的稳定性。评价标准的选择对评价结论产生深刻影响，如我们对某企业经营业绩按历史标准评价和按同行标准评价，其结论可能大相径庭。

（五）评价方法

评价方法是获取绩效评价信息的手段。有了评价指标与评价标准，还需要采用一定的评价方法，从而实施对评价指标和评价标准的运用，以取得公正的评价结果。没有科学、合理的评价方法，评价指标和评价标准就成了孤立的评价要素，也就失去了其本身存在的意义。

目前，家族企业绩效评价的方法主要有财务指标法、EVA法、平衡计分卡等。不管哪一种方法，基本原理都是将定性的评价转化为可以量化的指标，通过指标体系来进行评价。

第二节 家族企业绩效评价原则

一、家族企业绩效评价指导思想

家族企业与非家族企业相比，家族涉入对企业绩效构成多方面的影响，家族企业具有更复杂的人际关系和情感因素。家族企业绩效评价既需要考虑到企业的因素，又要考虑到家族的因素，因此，在家族企业绩效评价的指标体系选择和设计中，家族方面的设计和选择成为关键和难点。

指标体系的建立和发展在一定程度上要求对其能够进行客观、系统、科学的评估。评估体系的建立，不仅要考虑现状，还要考虑到发展；不仅要考虑财务，还要考虑到社会责任。多方面权衡，家族企业绩效评价的指导思想如下：以实现经济、社会的可持续发展为基本方针，以实现家族企业与自然、社会、环境的可持续和谐发展为目的，以整体、系统把握家族企业绩效特点和发展能力为主线，科学、系统地构架家族企业绩效评价指标体系，并探讨其评价方法。

总而言之，家族企业绩效评价指标系统应该是一个同时具有科学性、系统性、可操作性、可比性、准确性、导向性、简明性和实用性的，可以提供一个可判定家族企业绩效的客观评价标准与方法，同时也可以指导家族企业发现和挖掘自身能力，扬长避短，指导和推动家族企业创造、挖掘和发展可持续竞争优势，以形成、发展、获得新的超额利润的增长点和新的持续性竞争优势的一个可以参照的系统。

二、家族企业绩效评价基本思路

基于客观、实用、系统、科学、简明、准确等指导思想和编制准则，家族企业绩效评价指标体系的设计应遵循系统论的思想，综合考虑家族企业的内外环境和自身的优劣势，构建一个由一系列能客观准确反映、评价家族企业各方面内容和现实优劣势的相关指标所组成的系统结构。家族企业绩效评价系统，既要考虑一般企业的普遍共性，又要兼顾家族企业发展的特殊性，以评价企业财务效益为核心，运用系统论的相关研究方法，综合评判家族企业绩效，实现客观有效评价的目的。主要有以下特点。

（一）指标体系多因素互补

家族企业绩效评价指标体系应以家族企业效益为核心，重点突出家族企业的生产经营效益，以净资产收益率为主导指标，根据各项评价指标对家族企业净资产收益影响程度的大小，从家族企业经营管理的财务效益、资产营运、偿债能力和发展能力四个方面着手，重点选取与家族企业净资产收益率密切相关且对家族企业经营、管理、发展具有较大影响作用的重要指标，建立相辅相成、协调统一的指标体系结构。另外，还根据经济社会发展和当前行业发展特点等选取人力资源状况、企业经营管理能力、企业信息化程度等补充指标，以使家族企业评价指标体系的结构和内容更为全面、详尽。

（二）指标体系以系统评价为主

家族企业绩效评价指标体系以系统性评价为主，评价方法主要有因子分析、TOPSIS方法、结构方程等。即根据家族企业绩效评价目标，把所要评价的各项指标根据各指标说明和标准计算期权数，通过对各指标的汇总，求得总的评价分数。系统评价的优势在于，可以降低专家评价过程中存在的诸多人为因素，使评价结果更为客观公正。

三、家族企业绩效评价基本原则

系统论认为，企业本质上是一种资源转化体。家族企业绩效评价的实质是通过定量描述和比较分析经济、社会、文化、政治等因素对家族企业资源配置方向、人员流动趋势、战略经营管理前景的影响，寻求和明确对企业经营绩效最具影响力的外部环境和内部能力，为家族企业进一步配置资源、采用技术、创新变革提供科学依据，进而达到提高家族企业产品发展活力、增强家族企业市场绩效、促进家族企业持续发展的目的。因此，立足当前经济社会发展现实，在分析家族企业与一般企业共性和特性的基础上，以家族企业的特性发展为基本着眼点，全面把握家族企业未来发展趋势，有效解决家族企业发展面临的各种"瓶颈"问题，是我们亟须解决的重要问题。但是，由于各家族企业发展模式和演化路径等的多样性，家族企业绩效评价指标体系还应体现一定的企业发展特殊性及企业所承担的社会责任和道德责任。总而言之，家族企业绩效评价指标的科学选择和确立是建立与评价家族企业绩效的基础和根本出发点，然而指标选择的关键在于评价方法是否科学、规范和可行以及评价结果的信度和效度是否符合一般要求甚至最优化。要科学地构建家族企业绩效评价指标体系，应遵循以下基本设计原则。

（一）科学性和系统性原则

1. 科学性原则

科学性包括客观性、真理性和历史性。科学性原则要求指标体系的设计必须以科学理论为指导，选择那些能够客观描述事物本质的最重要和最具代表性的指标。设计评估指标体系，首先应该严格从家族企业竞争能力的内涵和特点出发，多角度、多方位地综合分析运用各项主客观指标对家族企业绩效进行评价，客观真实反映家族企业的生存能力和发展能力；其次要能够客观揭示影响家族企业竞争能力的内部要素与外部环境；最后要能够全面考察家族企业的竞争实力与竞争潜力。

2. 系统性原则

系统性原则，也称为整体性原则，它要求将指标体系视为一个系统，以最优化系统整体目标为准绳，协调各分系统之间的相互关系，达到完整、平衡系统的目的。家族企业绩效评价指标体系是一个涉及企业经营管理、财务管理、资源能力、人才结构、科技水平等因素的多目标、多层次综合系统，家族企业绩效评价指标体系的设计要求充分考虑各指标之间的有序、有机联系和内在逻辑性，选择对家族企业整体发展最具影响力的指标系统，以达到全面、客观、公平、公正地评价家族企业绩效状况的目的。

（二）导向性和准确性原则

1. 导向性原则

导向性原则是指所选取的评价指标要有前瞻性、权威性和可持续性，因为评价的目的不是单纯评出名次及优劣的程度，更重要的是引导和鼓励被评价对象向正确的方向和目标发展。家族企业绩效评价指标体系涵盖家族企业的发展前景、战略目标、管理层结构、财务能力等方面的定量和定性指标，有助于明确自身优势和劣势，合理制定家族企业的发展目标和发展策略，达到优化资源配置、构筑家族企业绩效，实现家族企业可持续发展的目的。

2. 准确性原则

准确性是指所选取的指标要恰当，选取的数据要真实。首先，家族企业绩效评价指标体系要准确反映家族企业绩效发展的特征和根本动力，反映经济、文化、社会、科技等领域对家族企业绩效的发展贡献，要统筹兼顾各家族企业绩效指标之间的关系，正确选择各项指标之间的有机联系方式和合理数量关系，达到评价指标体系的整体功能最优。其次，家族企业绩效评价指标体系选取的数据要真实、可靠，要能与统计部门发布的各相关数据相互补充和检验，不能出现自相矛盾的情况。

（三）简明性和实用性原则

1. 简明性原则

简明性原则是指指标体系设计要力求层次清晰、简明扼要。指标的本质在于给具体事物以明确的规定性。家族企业绩效建设和发展的影响因素错综复杂，因此，评价家族企业绩效发展状况的指标应具有代表性、关键性和概括性，而且有助于剖析问题。家族企业绩效评价指标体系的设计应结合家族企业绩效发展的现状和特点，选取那些简易直观、易于理解和便于操作并能反映家族企业绩效发展本质的典型性指标，避免选择意义相近、重复、关联性过强或具有导出关系的指标，力求使指标体系简洁易用。

2. 实用性原则

实用性原则是指评价指标体系要繁简适中，计算评价方法要简便易行。家族企业绩效评价指标体系的设计要体现企业经营管理能力、市场绩效和财务管理绩效。但是，家族企业绩效评价指标体系设计切勿太烦琐，应在能基本保证评价结果客观性和全面性的前提下，尽可能简化，减少或去掉一些对评价结果影响甚微的指标。

（四）可操作性和可比性原则

1. 可操作性原则

可操作性原则是指评价指标数据易于获取，评价过程整体操作规范。家族企业绩效评价指标体系的构建应充分体现评价的目的性，以理论分析为基础，切实考虑统计实践的可操作性和现实数据资料的可获取性。因此，在构建家族企业绩效评价指标体系时，首先，应尽量选择那些可测量的规范化指标和测度工作量少、技术难度小、经济成本低的指标；其次，所选择指标的侧重点应有所不同，即指标体系应该逐层细化，每一层的指标本身也应具有良好的层次结构特性，越基层的指标门类越具体，越高层的指标综合程度越高。

2. 可比性原则

可比性原则是指不同时期以及不同对象间的比较，包括纵向比较和横向比较。家族企业绩效评价指标体系所选取的指标，既可以纵向测算家族企业整体发展水平，又可以横向比较各家族企业发展水平的差异（包括国际比较和国内比较、与发达国家比较和发展中国家比较）。注重同一指标在时间上的纵向可比性，尽量选择随着家族企业经营管理发展而变化显著的通用指标，指标的口径、范围尽可能与国家、省市总体统计指标体系衔接，使家族企业绩效指数能够实现多层次的比较；注重总体评价指标体系的横向可比性，一般选用相对数（如比例数、平均数等）指标以保证指标在不同的空间范围内具有可比性。

第三节　家族企业绩效评价指标体系

评价指标是指根据评价目标和评价主体的需要而设计的以指标形式体现的能反映评价对象特征的因素。指标是实施家族企业绩效评价的基础和客观依据。如果没有反映家族企业绩效方面的指标，绩效评价将依靠主观意志进行，绩效评价就会失去客观性和可比性，评价很难有效开展。

Chrisman（2004）指出，"把经济绩效作为家族企业的目标似乎成了既定的假设，这显然是对家族企业绩效一种带有偏见的理解。"尽管有些文献将家族企业的目标划分为"以家族为中心或以企业为中心"，如 Singer and Donoho（1992），但也有很多研究者认为家族企业目标是家族需要和企业需要的一种动态互动，如 Danco（1975）；Davis and Tagiuri，McGive（1989），Hab-bersbon and Astrachan（1997）。Dunn（1995）认为，衡量家族企业应涉及如下指标：卓越的质量，为家族和非家族创造就业和财富，在产业和社区中建立和保持家族荣誉，兼顾企业的健康与盈利。Rosenblatt（1991）认为，家族的目标包括良好的家族收入、和谐的家族关系、为家族年轻成员提供有希望的前途、家族成员的聚散平衡以及退休后的保障；企业的目标则包括盈利、长期生存、员工健康、良好信誉、与供应商的稳定关系、足够的资本和信用以及适度的增长。

在绩效评价具体指标的筛选上，Riehnardt（2001）和 Singh（2005）采用量表衡量家族企业的战略绩效，提出信任、社会控制、员工动机、冲突解决、管理控制、持续性以及企业氛围是衡量家族企业可持续发展的重要因素。除了家族企业经营绩效指标外，对家族因素的指标同样给予了关注。Zhara（2002）认为，家族企业的二权合一、家族创业者的 CEO 任期、家族涉入获得的收益是衡量家族企业绩效的重要因素。Danes（2004）认为，家族企业的健康发展绩效衡量应包含家族的功能整合以及 Heck（1998）和 Staferd（2002）提出的家庭生活质量满意度等方面的指标。

综上所述，国内外学者及实务界提出了构建可持续发展的家族企业社会责任绩效评价体系的设想，在操作层面建立了适用于一般行业的绩效评价指标体系，但在具体绩效评价指标的选择上并没有得到统一，在定性指标如何具体量化上也没有很好的说明。

一、家族绩效的评价体系

（一）家族绩效评价观点

什么是好的家族？如何评价家族利益与家族发展？Miller and Rice（1967）指出，对于家族而言，最有价值的东西就是团结；Churchill and Hatten（1987）认为，对于家族企业而言，家族成员关系高度和谐的家族企业往往生存得更久；Curran（1983）总结了健康家族的 15 个特征，即学会沟通与倾听、成员间的认可与支持、学会尊重、建立信任、具有娱乐和幽默感、共同的责任感、能够辨明是非、遵守家族的利益传统、能够互动平衡、有共同的宗教信仰、尊重个人隐私、为他人提供有价值的服务、形成家族聚会的习惯、共享休闲时光、共同的价值取向；Habbersbon and Astrachan（1997）用 13 个测项来界定家族目标，包括沟通目标、家族和谐目标、家族和睦目标、为下一代提供在企业发展的机会、在家族中保持企业地位的重要性、在企业中保持家族控制的重要性、家族价值观、家族任务描述、一个人挑战其他人观点的程度、企业中姻亲的角色、企业中家族的角色、家族成员何时为企业做出牺牲、企业何时为家族利益做出牺牲。

目前关于家族绩效评价的观点层出不穷，我国学者也做出了很大的贡献。李新春（2010）、郭萍等（2010）从家族接班人意愿和企业继任计划等角度评价家族绩效；耿成轩（2011）、谢宏等（2010）则从家族情感方面进行分析，认为家族收入满意度、就业压力等方面是评价家族绩效的重要因素；洪梅（2011）、梁强（2010）认为，家族荣誉感也是家族成功的重要标志，一个家族成员以自己家族的名誉为荣，说明家族的各方面都是成功的，更说明家族的成员有着相似的价值观和愿景。

综合而言，家族绩效的评价，主要从家族凝聚力、家族财富传承、家庭成员发展、家族荣誉感、家族知识传承五个角度进行。我们根据目前的研究成果，并结合可比性、可行性原则，选择评价指标，设计指标体系。

（二）家族绩效指标体系设计

根据目前主要的研究观点，选择家族凝聚力、家族财富传承、家庭成员发展、家族荣誉感、家族知识传承五个角度，家族成员凝聚力、家族成员间信任度、继任计划等共10个指标，作为家族维度评价的依据，如表 11 - 1 所示。

表 11 - 1　　　　　　　　　家族维度绩效评价指标

家族绩效评价指标	指标来源
家族成员凝聚力	Miller and Rice（1967）；
家族成员间信任度	Churchill and Hatten（1987）；
成员对家族企业的忠诚度	马军（2007）；Schulze（1992）等
企业有明确的继任计划	李新春（2010）；
家族成员经济收入满意度	Cábrera-Suarez 等（2001）；郭萍等（2010）
家族成员就业压力不断减少	Heck&stafford（2001）；birley（1999）；
家族成员有更多的培训或进修机会	olson（1999）；masuo（2001）；
家族存在关联产业	耿成轩（2011）谢宏等（2010）
家族荣誉感	洪梅（2011）；梁强（2010）

二、企业绩效的评价体系

（一）企业绩效评价观点

企业绩效评价的观点有很多，财务绩效的评价是核心，我国学者陈殷华（2010）、顾玲艳（2010）等从财务指标的角度对企业绩效进行了评价；Litz（1995）、辛金国等（2006）等在财务绩效的基础上补充了人才因素的评价指标；杨亚男（2010）、林丽萍（2003）、李婧（2010）等学者则对企业研发和企业家创新进行了研究，认为企业的研发投入和创新也是企业绩效的重要方面。

　　总之，就企业绩效的评价而言，财务数据是重要的依据。但是，仅从财务数据的角度来评价企业的绩效，会忽略人的因素以及发展的因素，需要结合人才保持与发展、企业创新等方面的指标，共同组成评价体系，才能更加准确、全面地评价企业的绩效。

（二）企业绩效指标体系设计

　　根据目前主要的研究观点，从企业财务、人才保护、创新发展三个角度，选择核心员工保持率、员工劳动生产率、资产负债目标、销售增长率、企业家创新能力等共 15 个指标作为企业绩效评价的依据，如表 11 - 2 所示。

表 11 - 2　　　　　　　　　　经营维度绩效评价指标

经营维度评价指标	指标来源
核心员工保持率	Litz（1995）；
员工劳动生产率	Borman & Motowildlo（1993）；
职业经理人占主要管理人员比例	辛金国等（2006）
客户满意度	Plan & Norton（1996）；
新客户增长目标	Tokarczyk（2007）；
产品市场占有率	Plan & Norton（2001）；
客户保有率	Kellermanns & Eddleston（2006）
资产负债目标	陈殷华等（2010）；
经营现金流目标	顾玲艳（2010）；
资产收益率目标	Villalonga & Amit（2006）； McConaughy 等（2001）；
销售增长率	Olson 等（2003）；Chrisman（2004）
新产品销售收入比	Amit & Schoemaker（1993）；
研发费用占比	杨亚男（2010）；
研发人员占比	林丽萍（2003）；
企业家创新能力	李婧等（2010）

三、社会绩效的评价体系

（一）社会绩效评价观点

　　衡量家族企业社会绩效的指标，也即社会责任的履行评价，M. A. Goal（2004）认为包括内部社会责任和外部社会责任。企业内部社会责任包含的内容有：创造企业的经济财富；向社会提供消费者需要的、对人类发展有益的产品和服务；为企业内的员工提供自我发展的机会；确保企业持续经营的需要。而外部社会责任主要包含的内容有：在力所能及的、法规许可的范围内，服务公共利益。赵杨（2010）基于利益相关者理论及分项评价模式构建了我国企业社会责任履行绩效评价体系，提出企业作为社会公民，遵守国家法律法规是最基本的责任和义务。如企业是否自觉承担纳税责任，是否没有逃税、偷漏税以及非法避税等行为。Zellweger and Nason（2008）从利益相关者理论的角度认为，家族企业绩效除了需要考虑财务绩效之外，还应该考虑对各种利益相关者的影响，包括个体（如雇员、所有者、管理者、家族成员等）和社区。具体包括"员工条件、个人荣誉、决策自主程度、家族成员的情感关系、雇员的收入和工作的安全性、公司荣誉、供应商的及时付款、为客户提供优质产品、社会责任"等。

（二）社会绩效指标体系设计

根据目前主要的研究观点，选择产品退货率、员工教育培训经费、公益捐赠资金比重等共 7 个指标，作为社会责任维度评价的指标。如图 11 - 3 所示。

表 11 - 3　　　　　　　社会责任维度家族企业绩效评价指标

社会责任维度评价指标	指标来源
产品退货率	M. A. Gallo（2004）；谭岚（2008）；马丽波等（2009）；陈凌等（2008）
员工教育培训经费	
企业对员工奖罚公平	
公益捐赠资金比重	Dyer 和 Whellen（2006）；Niebm 等（2008）；李红岩等（2010）；颜节礼等（2011）；赵杨（2010）；Morck 和 Yeung（2004）
营业外支出中无政府部门处罚支出	
就业贡献率	
循环利用物料率	Reinhard（1998）；温素彬（2010）

四、家族企业绩效评价体系

将前面部分指标进行整合，最后从家族绩效、企业绩效、社会绩效三个维度共保留 32 个指标，具体如表 11 - 4 所示。

表 11 - 4　　　　　　发展维度家族企业绩效评价指标体系

一级指标	二级指标	指标计算
家族绩效	家族成员凝聚力	1 - 家族亲情代数/5
	家族成员间信任度	对家族管理层满意度
	成员对家族企业的忠诚度	家族成员任职平均年数/30
	企业有明确的继任计划	有则为1，没有为0
	家族成员经济收入满意度	满意度平均值
	家族成员就业压力不断减少	小则为1，大有为0
	家族成员有更多的培训或进修机会	有则为1，没有为0
	家族荣誉感	家族成员对家族认可度
	家族存在关联产业	关联企业数/5，大于5 为1

续表

一级指标	二级指标	指标计算
企业绩效	核心员工保持率	核心员工增量/核心员工数
	员工劳动生产率	（销售额/员工数）/行业平均值
	职业经理人占主要管理人员比例	职业经理人数/管理人员总数
	客户满意度	1－客户投诉率
	新客户增长目标	（实际－目标）/目标客户数
	产品市场占有率	企业产值/行业产值
	客户保有率	老客户数/上期老客户数
	资产负债目标	（实际－目标）/目标资产负债率
	经营现金流目标	（实际－目标）/目标现金
	资产收益率目标	（实际－目标）/目标资产收益率
	销售增长率	销售额/上期销售额
	新产品销售收入比	销售收入/总收入
	研发费用占比	研发费用/期间费用
	研发人员占比	研发人数/总人数
	企业家创新能力	新业务数/业务总数
社会绩效	产品退货率	退货量/销售总量
	员工教育培训经费	培训经费/平均工资
	企业对员工奖罚公平	制度罚款/总罚款
	公益捐赠资金比重	捐赠/营业外支出
	营业外支出中无政府部门处罚支出	1－罚款/营业外支出
	就业贡献率	员工增量/就业率增量
	循环利用物料率	回收物料/消耗物料

五、指标权重的计算

计算各项评价指标的权重，目前主要的做法是通过回归分析、定性分析等方法。这里仅采用结构方程方法来确定各指标权重。由于本书重点不在于讲授计量方法，所以简单地讲述计算原理，略去调查和软件计算的过程。

（一）模型的构建

家族企业追求基本经济利益的同时，必须保证经济利益、家族利益和社会利益相统一。Habbersbon（2002）等提出了家族企业综合系统模型，认为家族企业是由家族、企业和家族成员个人这三个不可分割的系统构成，三个系统是一个整体且互相影响。后来，Habbersbon在引入了社会经济环境变量后，又提出了生态系统模型，如图11-2所示。

本书在Habbersbon生态系统模型的基础上，从家族、经营、社会三个维度来构建模型，并利用家族企业的运营成效作为因变量，确定各维度指标的权重。构建模型如下：

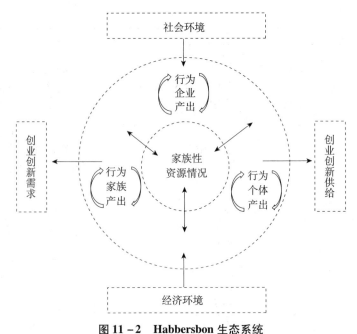

图 11 - 2 Habbersbon 生态系统

资料来源：Timothy G. Habbershon. Commentary：A Framework for Managing the Familiness and Agency Advantages in Family Firms. Entrepreneurship Theory and Practice. 2006，Vol. 3.

$$FS = \alpha_1 \times FP + \alpha_2 \times BP + \alpha_3 \times SP + \beta$$

其中，FS 代表运营成效；FP 代表家族绩效；BP 代表经营绩效；SP 代表社会绩效；β 表示误差项价指标。为了需要对家族企业运营的结果进行衡量，进而采用回归等方法来测算各指标的贡献度，需要进一步测度运营成效。因而对运营成效的指标进行筛选。

（二）家族企业运营成效评价指标

为了保证指标的可行性以及客观性，主要从家族企业的股东数、股权权益的市值变化以及政府奖励、媒体曝光率（包括各种荣誉表彰）四个角度进行测度，设置的指标体系如表 11 - 5 所示。其中股东数按照母公司、子公司、联营、合营公司的家族股东人员数量合计计算（但不重复计算）。

表 11 - 5 　　　　　　　　　发展维度家族企业绩效评价指标

成效测度指标	计算公式
家族成员股东数增长率	家族新增股东数/原家族股东数
市值增长率	市值增长/基期市值
政府奖励	政府奖励增长/营业外收入
正面曝光率	获奖、曝光/10，大于 10 为 1

（三）权重计算

通过选取上市公司作为样本，计算样本公司的各项指标值，再通过 AMOS 软件进行结构方程计算，计算方法可参看中央财经大学林嵩编撰的《结构方程模型原理及 AMOS 应用》。最终计算获得的评价指标体系以及权重结构如表 11－6 所示。

表 11－6　　　　　　　　　家族企业绩效评价指标权重

一级指标	二级指标	权重
家族绩效 0.284 2	家族成员凝聚力	0.188
	家族成员间信任度	0.162
	成员对家族企业的忠诚度	0.135
	企业有明确的继任计划	0.098
	家族成员经济收入满意度	0.095
	家族成员就业压力不断减少	0.052
	家族成员有更多的培训或进修机会	0.074
	家族荣誉感	0.082
	家族存在关联产业	0.114
企业绩效 0.487 4	核心员工保持率	0.082
	员工劳动生产率	0.126
	职业经理人占主要管理人员比例	0.026
	客户满意度	0.077
	新客户增长目标	0.043
	产品市场占有率	0.079
	客户保有率	0.072
	资产负债目标	0.081
	经营现金流目标	0.088
	资产收益率目标	0.023
	销售增长率	0.075
	新产品销售收入比	0.039
	研发费用占比	0.059
	研发人员占比	0.034
	企业家创新能力	0.096
社会绩效 0.228 6	产品退货率	0.099
	员工教育培训经费	0.075
	企业对员工奖罚公平	0.165
	公益捐赠资金比重	0.233
	营业外支出中无政府部门处罚支出	0.058
	就业贡献率	0.245
	循环利用物料率	0.125

案例 ·+·

家族企业绩效比较

建立评价指标体系的目的不仅在于自身评价，更重要的是进行家族间的对比。这里选择宁波雅戈尔集团李如成家族与银亿集团熊续强家族进行评价。

雅戈尔集团主营服装、房产与金融，目前市值 645 亿元。李如成任雅戈尔集团董事长，持有雅戈尔 34.24% 股权，李如成资产及股权财富总计为 71.44 亿元，为雅戈尔集团实际控制人；其大弟李如刚担任雅戈尔副董事长，李如刚的持股数为 702.45 万股；二弟李如祥担任雅戈尔监事长；其女儿李寒穷担任雅戈尔董事，同时为宁波银行董事。

银亿集团主营房地产、金融业务，目前市值 260 亿元，熊续强、欧阳黎明夫妇及其弟熊续宁持有 56.67% 的股权，其子熊基凯持有 9.32% 的股份。

两家企业都有较典型的家族控制特征，并且有明显的传承意愿和计划，接班人明确，家族成员股权结构及参与脉络清晰，较方便做出评价。最终得出两个家族企业的绩效评价结果如表 11 - 7 所示。

表 11 -7 家族企业绩效评价结果　　单位:%

一级指标	二级指标	李如成家族	熊续强家族
家族绩效	家族成员凝聚力	60	60
	家族成员间信任度	86	77
	成员对家族企业的忠诚度	72	84
	企业有明确的继任计划	100	100
	家族成员经济收入满意度	100	100
	家族成员就业压力不断减少	100	100
	家族成员更多培训或进修机会	100	100
	家族荣誉感	95	95
	家族存在关联产业	60	40
企业绩效	核心员工保持率	12	23
	员工劳动生产率	137	142
	职业经理人占管理人员比例	81	84
	客户满意度	98	92
	新客户增长目标	25	35
	产品市场占有率	7	9
	客户保有率	100	100
	资产负债目标	80	85
	经营现金流目标	67	60
	资产收益率目标	67	60
	销售增长率	6	11
	新产品销售收入比	22	35
	研发费用占比	25	17
	研发人员占比	12	8
	企业家创新能力	13	21

续表

一级指标	二级指标	李如成家族	熊续强家族
社会绩效	产品非退货率	97	95
	员工教育培训经费	6	8
	企业对员工奖罚公平	100	100
	公益捐赠资金比重	15	42
	政府部门处罚支出率	100	100
	就业贡献率	88	92
	循环利用物料率	15	16

根据权重进一步计算获得各维度评分及总得分，如表11-8所示。

表11-8　　　　　　　　　家族企业绩效评价结果

家族	家族绩效	经营绩效	社会绩效	总得分
李如成家族	81.46	55.08	59.28	63.54
熊续强家族	79.34	57.48	66.63	67.73

从表11-8可以看出，熊续强家族在家族企业绩效的综合得分优于李如成家族，有更好的综合绩效；从单项得分来看，李如成家族在家族绩效方面优于熊续强家族，主要是因为李如成家族更好的家族信任度；而在经营绩效以及社会绩效方面熊续强家族优于李如成家族，主要是因为熊续强家族在家族业务创新以及社会公益方面都做得更好。

资料来源：银亿集团博士后工作站。

主要参考文献

［1］Barbara R. Rowe, George W. Haynes, and Marion T. Bentley. Economic Outcomes in Family-Owned Home-Based Businesses ［J］. Family Business Review, Dec 1993; vol. 6.

［2］Barney, J B, Clark, D, and Alvarez, S. Where does Entrepreneurship Come from? Network Models of Opportunity Recognition and Resource Acquisition with Application to the Family Firm ［R］. Paper presented at the Theories of the Family Enterprise Conference, University of Pennsylvania, Philadelphia, 2003.

［3］Catherine M. Daily and Sandra S. Thompson. Ownership Structure, Strategic Posture, and Firm Growth: An Empirical Examination ［J］. Family Business Review, Sep 1994; vol. 7.

［4］Churchill, Neil C.; Lewis, Virginia L.. The Five Stages of Small Business Growth ［J］. Harvard Business Review. 198 3, Vol. 61 (No. 3): 30.

［5］Creating a Single Family Office for Wealth Creation and Family Legacy Substainability, http://family offfice assotiation. Com/dwnld/FOA-White-Paper.

［6］Gartner, W. B.. A Conceptual Framework for Describing the Phenomenon of New Venture Creation ［J］. Academy of Management Review, 1985, 4 (10): 695 – 705.

［7］Habbershon, T G, and Mary Williamson. A Unified Systems Perspective of Family Firm Performance ［J］. Journal of Business Venturing, 2003, (18): 451 – 465.

［8］Heck, R. K. Z, Jasper, C. R, Stafford, K, Winter, M, Owen, A. J. Using a Household Sampling Frame to Study Family Businesses: the 1997 National Family Business Survey. Databases for the Study of Entrepreneurship: Advances in Entrepreneurship. 2000, Vol. 12.

［9］Joseph H. Astrachan and Thomas A. Kolenko. A Neglected Factor Explaining Family Business Success: Human Resource Practices ［J］. Family Business Review，Sep 1994，Vol. 7.

［10］Kathryn Stafford，Karen A. Duncan，SharonDane，MaryWinter. A Research Model of Sustainable Family Businesses ［J］. Family Business Review. 1999，Vol. 3.

［11］M. A. Gallo. The Family Business and Its Social Responsibilities ［J］. Family Business Review . 2004，Vol. 9.

［12］Miguel A. Gallo and Alvaro Vilaseca. Finance in Family Business ［J］. Family Business Review，Dec 1996，Vol. 9.

［13］Reinhard T F L. Environmental Product Differentiation：Implications for Corporate Strategy ［J］. California Management Review . 1998，Vol. 11.

［14］Rosenblatt，P. C.，deMik，L.，Anderson，R. M.，and Johnson，P. A. The Family in Business：Understanding and Dealing with the Challenges Entrepreneurial Families Face. San Francisco：Jossey-Bass，1985，Vol. 15.

［15］Shaker A. Zahra，James C. Hayton，CarloSalvato. Entrepreneurship in Family vs. Non-Family Firms：A Resource-Based Analysis of the Effect of Organizational Culture ［J］. Entrepreneurship Theory and Practice. 2004，Vol. 6.

［16］Sharon M. Danes，Virginia Zuiker，RitaKean，Jeanette Arbuthnot. Predictors of Family Business Tensions and Goal Achievement ［J］. Family Business Review. 1999，Vol. 7.

［17］Timothy G. Habbershon. Commentary：A Framework for Managing the Familiness and Agency Advantages in Family Firms. Entrepreneurship Theory and Practice . 2006，Vol. 3.

［18］（美）比尔·邦纳，威尔·邦纳著；穆瑞年，林凌，徐长征译. 家族财富 ［M］. 机械工业出版社，2013.

［19］（美）彼得·德鲁克. 大变革时代的管理 ［M］. 上海：上海译文出版社，1999：29.

［20］（美）弗兰西斯·福山. 信任——社会道德与繁荣的创造 ［M］. 呼和浩特：远方出版社，1998.

［21］（美）杰恩·巴尼. 获取持续竞争优势（第二版）［M］. 北京：清华大学出版，2002.

[22]（美）克林·盖尔西克等．家族企业的繁衍——家族企业的生命周期 [M]．北京：经济日报出版社，1998．

[23]（美）钱德勒．看得见的手——美国企业中的经理革命（中译本）[M]．北京：商务印书馆，1987．

[24]（美）伊查克·麦迪思．企业生命周期理论 [M]．北京：中国社会科学出版社，1997．

[25]（美）詹姆斯·E. 休斯著；钱峰，高皓译．家族财富传承 [M]．北京：机械工业出版社，2013．

[26]（美）詹姆斯·E. 休斯．家族财富传承，富过三代 [M]．北京：东方出版社，2013．

[27]（英）雷丁．海外华人企业的管理思想——文化背景与风格 [M]．上海：上海三联书店，1993．

[28] 安增军，杨洁．我国家族企业人力资源管理模式重构探析 [J]．中国行政管理，2009（5）：94 – 97．

[29] 包发根．继任管理与创新：家族企业基业长青的根本——浙江家族企业接班人问题考察 [J]．安徽行政学院学报，2006（4）：31 – 35．

[30] 曹彤，张秋林．中国私人银行 [M]．北京：中信出版社，2013．

[31] 陈丹妮．关于对中国私人财富管理及传承问题的认识 [J]．区域金融研究，2013（8）：69 – 74．

[32] 陈文婷．家族价值观助企业成员树立信心 [J]．北大商业评论，2014．

[33] 陈文婷，杨学儒，李新春．基于过程视角的家族创业研究 [J]．外国经济与管理，2009（2）：50 – 57．

[34] 陈万思，赵曙明．家族企业人力资源经理的招聘管理——基于人力资源经理胜任力模型的视角 [J]．中国人力资源开发，2009（5）：63 – 66．

[35] 储小平．家族企业研究：一个具有现代意义的话题 [J]．中国社会科学，2000（5）：51 – 58．

[36] 储小平，罗头军．信任与中美家族企业演变的比较及其启示 [J]．学术研究，2001（5）：9 – 11．

[37] 储小平，王宣喻．私营家族企业融资渠道结构及其演变 [J]．中国软科学，2004（1）：62 – 67．

[38] 窦军生，张玲丽，王宁．社会情感财富框架的理论溯源与应用前沿追踪——基于家族企业研究视角 [J]．外国经济与管理，2014（12）：64-71，80.

[39] 范博宏．交托之重：范博宏论家族企业传承 [M]．北京：东方出版社，2014.

[40] 方向新．家族主义精神与人口控制 [J]．人口研究，1993（1）：41-45.

[41] 费孝通．乡土中国 [M]．北京：生活·读书·新知三联书店，1985.

[42] 冯华，孙燕．家族企业的人力资源配置与生命周期 [J]．改革，2009（6）：135-141.

[43] 付文阁．中国家族企业面临的紧要问题 [M]．北京：经济日报出版社，2004.

[44] 葛玉辉．人力资源管理（第三版）[M]．北京：清华大学出版社，2007.

[45] 郭菊娥，孙卫等．家族企业财富管理理论与实践 [M]．西安：西安交通大学出版社，2014.

[46] 韩海浪．家族研究中的几个概念问题 [J]．学海，2001（3）：72-76.

[47] 韩良．家族信托——法理与案例精析 [M]．北京：中国法制出版社，2015.

[48] 郝云宏，杨松．中国家族企业内部冲突分析 [J]．南京社会科学，2007（3）：6-13.

[49] 基金会蓝皮书：中国基金会发展报告（2015~2016）[M]．北京：社会科学文献出版社，2016.

[50] 蒋松丞．家族办公室与财富管理：家族财富保护、管理与传承 [M]．广州：广东人民出版社，2014.

[51] 焦豪，邬爱其．国外经典社会创业过程模型评介与创新 [J]．外国经济与管理，2008（3）：29-33.

[52] 柯丁斌．企业文化与我国家族企业可持续发展初探 [D]．厦门大学，2007.

[53] 李宏彬，李杏，姚先国，张海峰，张俊森．企业家的创业与创新精神对中国经济增长的影响 [J]．经济研究，2009（10）：99-108.

[54] 李军，杨学儒，檀宏斌．家族企业国际化研究综述及未来展望 [J]．

南方经济，2016（5）：62-86.

[55] 李青，朱仁宏．机会观视角的创业理论研究［J］．国际经贸探索，2010（3）：75-79.

[56] 李善民，毛雅娟，赵晶晶．利益相关者理论的新进展［J］．经济理论与经济管理，2008（12）：32-36.

[57] 李生校，周鸿勇，盛锡红．从人力资源社会化看家族企业转型——以浙江家族企业人力资源管理成功经验为例［J］．经济与管理研究，2005（6）：77-80.

[58] 李新春．信任、忠诚与家族主义困境［J］．管理世界，2002（6）．

[59] 李新春，张书军．家族企业：组织、行为与中国经济［M］．上海：上海人民出版社，2005.

[60] 梁强，周莉，宋丽红．家族内部继任、外部资源依赖与国际化［J］．管理学报，2016（4）：524-532.

[61] 廖文剑．资本的力量［M］．北京：中国发展出版社，2012.

[62] 林俐．民营企业国际化进程研究基于沿海小区域的考察［M］．杭州：浙江大学出版社，2012.

[63] 林强，姜彦福，张健．创业理论及其架构分析［J］．经济研究，2001（9）：85-94，96.

[64] 刘金凤，许丹，何艳婷等．海外信托发展史［M］．北京：中国财政经济出版社，2009.

[65] 刘巨钦，荣海军．论中国家族企业外部治理机制的优化［J］．经济与管理，2006（11）：44-47.

[66] 刘绵勇．家族治理模式的三种类型［J］．科学管理，2008（12）：97-99.

[67] 刘炜．企业内部冲突管理研究［M］．北京：经济管理出版社，2010.

[68] 刘新．企业组织冲突管理研究——以石油企业为例［D］．中国地质大学，2010.

[69] 刘彦文，张晓红．公司治理［M］．北京：清华大学出版社，2010.

[70] 罗炜斌．我国家族企业的发展现状和问题分析［D］．北京交通大学，2010.

[71] 吕洪霞，丁文锋. 家族企业治理模式的国际化比较及其对中国的启示 [J]. 当代经济科学，2006（1）：103－107.

[72] 马红娟. 中国家族企业可持续发展的企业文化研究 [D]. 河北师范大学，2008.

[73] 潘安成. 家族性、社会认知与家族创业行为 [J]. 南开管理评论，2011（3）：91－100.

[74] 邱琼，高建. 创业与经济增长关系研究动态综述 [J]. 外国经济与管理，2004（1）：8－11，21.

[75] 任瑞媛，杨璇，王彦博. 家族办公室中外差异 [J]. 银行家，2016（2）.

[76] 苏晓华，郑晨，李新春. 经典创业理论模型比较分析与演进脉络梳理 [J]. 外国经济与管理，2012（11）：19－26.

[77] 汪涛，万健坚. 西方战略管理理论的发展历程、演进规律及未来趋势 [J]. 外国经济与管理，2002（3）：7－12.

[78] 王金玉. 涉外信托关系法律适用新论 [M]. 北京：法律出版社，2011.

[79] 王琨，闫伟. 创业对经济增长的影响 [J]. 经济与管理研究，2016（6）：12－19.

[80] 王连洲，王巍. 金融信托与资产管理 [M]. 北京：经济管理出版社，2013.

[81] 王明琳，周生春. 家族企业内部冲突及其管理问题探讨 [J]. 外国经济与管理，2009（2）：58－64.

[82] 王沛. 李锦记：用"家族宪法"守护126年传承 [J]. 进出口经理人，2014（2）：38－39.

[83] 魏江，邬爱其，彭雪蓉. 中国战略管理研究：情境问题与理论前沿 [J]. 管理世界，2014（12）：167－171.

[84] 魏磊. 我国家族企业传承研究 [D]. 河南大学，2013.

[85] 邬京京. 中国家族信托财富管理模式研究 [D]. 宁波大学，2015.

[86] 吴健. 财富的极点：罗斯柴尔德家族 [M]. 北京：时事出版社，2015.

[87] 吴敬琏. 论现代企业制度 [J]. 财经研究，1994（2）：3－13，64.

［88］肖成民．制度环境与民营企业治理结构变迁——基于国美电器的案例分析［J］．财经论丛，2012（5）：105－109．

［89］谢玲丽，张钧．家族办公室：家族（企业）保护、管理与传承［M］．广州：广东人民出版社，2013．

［90］谢玲丽，张钧，李海铭．家族信托——全球视野下的构建与运用［M］．广州：广东人民出版社，2015．

［91］兴业银行与波士顿咨询公司（BCG）．中国私人银行全面发展报告《中国私人银行2015：千帆竞渡、御风而行》，2015．

［92］徐扬杰．中国家族制度史［M］．北京：人民出版社，1992．

［93］杨学儒，陈文婷，李新春．家族性、创业导向与家族创业绩效［J］．经济管理，2009（3）：53－59．

［94］应焕红．代际冲突：家族企业传承困境及解决路径［J］．现代经济探讨，2009（4）：16－20．

［95］叶明海，王吟吟，张玉臣．基于系统理论的创业过程模型［J］．科研管理，2011（11）：123－130．

［96］于保平．良好的家族治理是成功接班的保证［J］．新领军，2011（4）：94－94．

［97］于海涌．英美信托财产双重所有权在中国的本土化［M］．北京：中国政法大学出版社，2011．

［98］于立，马丽波，孙亚锋．家族企业治理结构的三环模式［J］．经济管理，2003（2）：4－11．

［99］曾向东．中国家族企业发展研究［M］．南京：东南大学出版社，2009．

［100］张呈琮．人力资源管理概论［M］．杭州：浙江大学出版社，2010．

［101］张维迎．产权、政府与信誉［M］．上海：上海三联书店，2001．

［102］张维迎．企业的企业家——契约理论［M］．上海：上海三联书店，1995．

［103］张一青，孙春晓．民营企业文化与竞争力［M］．北京：经济科学出版社，2006．

［104］赵曙明，高素英，周建，刘建朝．企业国际化的条件、路径、模式及其启示［J］．科学学与科学技术管理，2010（1）：116－122．

［105］郑敬普．家族企业传承之顶层设计［M］．广州：广东旅游出版社，2014.

［106］周新德．家族企业内部治理演进的逻辑分析及启示［J］．商业时代，2006（10）：30－31.

［107］周朝霞．民营企业国际化现状、模式及对策研究：以温州为例［M］．杭州：浙江大学出版社，2010.

［108］朱沆，叶琴雪，李新春．社会情感财富理论及其在家族企业研究中的突破［J］．外国经济与管理，2012（12）：56－62.

［109］朱丽娜．瑞银："家族委员会"章法［N］.21世纪经济报道，2014－7－26.

［110］朱仁宏．创业研究前沿理论探讨——定义、概念框架与研究边界［J］．管理科学，2004（4）：71－77.

［111］邹菁．私募股权投资基金的募集与运作：法律实务与案例［M］．北京：法律出版社，2014.